UN NŒUD DANS LE CŒUR
est le deux cent soixante-treizième livre
publié par Les éditions JCL inc.

JCL
1977-2002
25
ANS
d'histoires

Données de catalogage avant publication (Canada)

T., Élisa, 1957-

Un nœud dans le cœur

2e éd.

(Collection Second souffle)
Autobiographie.
Fait suite à : Des fleurs sur la neige.

ISBN 978-2-89431-273-5

1. T., Élisa, 1957- . 2. Enfants maltraités - Québec
(Province) - Biographies. 3. Enfants maltraités devenus
adultes - Québec (Province). Biographies. I. Titre. II.
Collection : Collection Second souffle (Chicoutimi, Québec).

HV745.Q8T33 2002   362.76'092   C2002-940869-5

© **Les éditions JCL inc., 1990**
Édition originale : février 1990
Édition format de poche : juin 2002
Première réimpression : août 2009

Un nœud dans le cœur

Collection
Second
Souffle

© **Les éditions JCL inc., 1990**
930, rue Jacques-Cartier Est, CHICOUTIMI (Québec) G7H 7K9
Tél.: (418) 696-0536 – Téléc.: (418) 696-3132 – www.jcl.qc.ca
ISBN 978-2-89431-273-5

Élisa T.

Un nœud dans le cœur

LES ÉDITIONS JCL

Nous reconnaissons l'aide financière du gouvernement du Canada par l'entremise du Programme d'aide au développement de l'industrie de l'édition (PADIÉ) pour nos activités d'édition. Nous bénéficions également du soutien de la SODEC et, enfin, nous tenons à remercier le Conseil des Arts du Canada pour l'aide accordée à notre programme de publication.

Gouvernement du Québec – Programme de crédit d'impôt pour l'édition de livres – Gestion SODEC

À oncle Guy.

À tante Marie,
à qui je demande,
dorénavant,
d' être mon ange gardien.

DE LA MÊME AUTEURE :

Des fleurs sur la neige, Chicoutimi, Éd. JCL, 1985, 370 p.

Un nœud dans le cœur, Chicoutimi, Éd. JCL, 1990, 412 p.

La Mal-aimée, Chicoutimi, Éd. JCL, 1996, 357 p.

Des fleurs sur la neige, Chicoutimi, Éd. JCL, 2002, 308 p. (livre de poche).

Un nœud dans le cœur, Chicoutimi, Éd. JCL, 2002, 300 p. (livre de poche).

Avant-propos

Il aura fallu ce regrettable bain de violence de décembre 1989, à Montréal, pour que jeunes et vieux, hommes et femmes réclament, à juste titre et à hauts cris, leur portion de tendresse. Denrée toutefois difficile à donner pour celui ou celle qui ne l'a pas reçue, pour celui ou celle dont toute la période de l'enfance a été soustraite à ce sentiment extraordinaire, tellement naturel pourtant, qu'est l'amour humain.

Ce second livre d'Élisa T., qui retrace la période de sa vie située entre seize et trente-deux ans, n'avait pas été prévu initialement.

Cependant, les deux mille lettres reçues par l'auteure de ce témoignage exceptionnel *Des fleurs sur la neige* nous ont convaincu d'apporter réponse aux nombreuses questions posées par les lecteurs et les lectrices sur le destin d'Élisa, une fois retirée de son foyer « maudit ».

Le dépouillement de ce volumineux courrier nous a appris également l'énormité du cratère que nous avions mis à jour par la publication de ce témoignage. C'est à se demander si les problèmes soulevés par cet écrit ne sont pas beaucoup plus graves que nous ne l'avions alors cru. Plus encore, toutes ces histoires prouvent jusqu'à quel point la violence faite aux enfants cause des ravages irréparables aux adultes qu'ils deviennent tôt ou tard, et même souvent aux enfants qu'ils mettent au monde et, par conséquent, à la société tout entière.

En effet, comment une enfant violentée de cette façon, privée d'amour, de tendresse et d'affection pendant seize ans, pourra-t-elle faire pour s'adapter par la suite au monde extérieur? À un monde qu'elle ne soupçonne même pas, tellement il est différent du sien. Pis encore, à un monde auquel elle refusera de croire.

Il sera toutefois très ardu à celui ou celle qui n'aura pas lu *Des fleurs sur la neige* de bien comprendre les divers comportements d'Élisa T., une fois rendue adulte. À travers sa propre recherche d'équilibre, à travers mille efforts d'adaptation et de compréhension d'un monde trop méconnu pour elle, on comprendra aisément cependant qu'elle puisse être constamment, et ce, d'une façon presque maladive, en quête d'amour dans ce second livre autobiographique.

Nous avions édité initialement *Des fleurs sur la neige* à l'occasion de l'Année internationale de la jeunesse en 1985. Cinq ans après, nous vous offrions la suite, *Un nœud dans le cœur*, en formulant le vœu que ce récit puisse nous aider à mieux comprendre la gravité de ce phénomène et à apprécier également la bonté et l'importance des gens qui nous entourent.

L'Éditeur

Prologue

J'ai longuement hésité avant d'écrire ce deuxième livre. *Des fleurs sur la neige* fut un exercice qui m'a marquée pour le reste de ma vie. Près de cent mille personnes se sont procuré ce livre. On dit qu'un million de lecteurs l'auraient lu. Incroyable!

Nous sommes tous à la recherche de bonheur, d'amitié, de tranquillité, de quiétude. Moi, je n'ai pas encore trouvé le véritable bonheur. La recherche, jusqu'à présent, s'est avérée vaine. L'instabilité et l'angoisse continuent à me ronger.

Depuis 1985, la vie a continué. Les moments de bonheur ont été rares. Ils ont, pour la plupart du temps, toujours été reliés à mes enfants. Depuis *Des fleurs sur la neige*, je n'ai cessé de ressasser ces années où ma vie a été marquée par la cruauté physique et mentale, par ces années où ma créativité d'enfant et d'adolescente fut complètement étouffée.

Les deux mille lettres reçues, à la suite de la parution du livre, les nombreux témoignages touchants, parfois très émouvants, m'auront convaincue que le premier livre avait sa raison d'être.

La cruauté que j'ai subie dans mon enfance continue à me marquer. J'ai beaucoup de mal à trouver mon équilibre. Je suis de plus en plus convaincue que la violence de ma mère, à mon égard, à été le résultat d'amours perverties, désordonnées, corrompues. Les raisons qui l'ont poussée à cette constante cruauté seront peut-être connues, expliquées un jour. Ma mère a probablement tout fait ça par inconscience. Les parents qui sont libres, heureux et équilibrés n'ont aucune raison d'être cruels.

Quand des enfants sont violents, cruels envers les plus jeunes qu'eux, souventes fois, c'est le fruit d'une cruauté qu'ils ont vue ou apprise d'un adulte. Ma mère me battait, me violentait, peut-être parce qu'elle croyait, dans son innocence, qu'il fallait qu'il en soit ainsi pour que je puisse survivre dans un monde qui n'était là, selon elle, que pour nous faire souffrir.

Je suis de plus en plus certaine que ma mère détestait la vie, son mari, et que, probablement, elle n'avait eu d'amis véritables. Dans une certaine mesure, si elle avait eu un mariage heureux, une vie commune équilibrée avec Arthur, une vie sexuelle positive, intéressante, plaisante, satisfaisante, au moins, je pense qu'elle n'aurait pas eu cette attitude d'acharnement sur sa fille aînée, moi. Pour elle, « fesser » exprimait littéralement un besoin, un désir. Si elle s'était aimée elle-même, elle n'aurait jamais eu besoin de briser la chair de son enfant, c'est-à-dire sa propre chair.

Physiquement, je ne souffre plus de ces raclées encaissées régulièrement. Mon corps s'est endurci et les plaies se sont cicatrisées depuis longtemps. Par contre, il est beaucoup plus long de digérer la cruauté mentale et l'humiliation dont j'ai été victime.

Les propos cyniques d'Arthur et de ma mère, à l'endroit de cette petite fille que j'étais, m'ont fait un mal irréparable. J'ai été constamment dénigrée, intimidée, à un âge où un enfant a besoin d'amour, de confiance et de sécurité pour se développer normalement.

Moi, je n'ai rien connu de tout cela. Arthur, tout autant que ma mère, a exercé sur moi son pouvoir, sans se soucier des séquelles et de tout le mal que cela me causerait plus tard. Ce faisant, peut-être ont-ils pratiqué la forme la plus subtile et la plus spécialisée de la cruauté, soit celle de faire passer sur leur enfant la haine, le manque d'amour qu'ils avaient l'un envers l'autre. Inconsciemment, bien sûr.

Pendant toutes ces années de terreur, c'est toujours la crainte de l'autorité et mon complexe d'incapacité qui me faisaient obéir. Et par mon obéissance, sans le savoir, je satisfaisais la soif de pouvoir de ma mère et d'Arthur. C'est encore cette crainte qui me faisait demeurer, pendant des heures, assise sur une chaise, sans avoir le droit de tourner la tête pour regarder la télévision. Un vrai supplice chinois. Je n'étais pas libre de faire ce que je voulais, ce qui me plaisait, jamais libre d'exercer mes goûts naturels d'enfant, soit de jouer, de m'amuser. Je n'ai jamais connu cela.

C'est vrai que la discipline est nécessaire dans une famille, mais pas celle que j'ai vécue. J'ai grandi dans un milieu où la discipline était utilisée comme une arme de haine, où les enfants étaient de véritables esclaves.

Tous mes problèmes ont été le résultat d'un manque d'amour. Toute la violence physique que j'ai vécue n'a fait qu'augmenter ma haine. Voilà aussi toute ma difficulté de vivre, moi qui veux pardonner et semer l'amour.

Oui, je suis une femme maintenant divorcée. Souvent, on entend des parents qui disent qu'ils ne se séparent pas pour les enfants. Un couple qui ne s'entend plus, où il y a absence d'amour, qui vit dans un climat tendu, d'agressivité, devrait se séparer parce qu'il forme un milieu de mort lente pour un enfant.

Le bonheur est un grand bien-être intérieur; on ne le retrouve que dans la liberté. Les enfants libres ont des visages épanouis. Ils ne connaissent pas la peur. J'ai grandi dans un foyer de haine, de conflits, de déséquilibres psychologiques, de boisson, de mépris.

Des fleurs sur la neige a fait connaître cette petite fille battue, violentée au plus profond de son être. *Un nœud dans le cœur* est le fruit de ces semences de violence physique et mentale que j'ai subies pendant seize années de ma vie. Cependant, je garde espoir de retrouver mon équilibre, de pouvoir fonctionner normalement dans ce monde difficile, qui vit lui aussi le déséquilibre et, souvent même, la violence.

L'équilibre de la terre passera toujours par celui de l'individu, par l'amour, la tendresse et l'amitié.

Chapitre 1

Le prix de la liberté

Il faisait froid. Il y avait un de ces silences dans les couloirs de l'hôtel de ville. Ça me donnait la chair de poule avec la frousse et la peur qui me rongeaient. J'avais l'impression que mon cœur allait bientôt s'arrêter. Accompagnée de Diane, j'étais assise dans l'escalier. On n'osait même pas se regarder, de peur de dévoiler aux autres pourquoi on était là. C'était le silence complet. On aurait pu entendre mes battements de cœur à deux kilomètres.

Au mur, il y avait une horloge. Chacun des mouvements de ses aiguilles me faisait sursauter. J'espérais que la vie s'arrête là. Je savais que mon sort était entre les mains du juge. Il était en train de se jouer. J'avais peine à avaler. Ma gorge était comme nouée. Je respirais difficilement comme si l'air ne voulait plus passer. J'essayais de ne pas bouger, mais mes jambes tremblaient malgré moi.

Je n'osais pas me lever pour placer ma jupe qui cachait mal mes jambes. Tant bien que mal, j'essayai de la rallonger le plus possible pour dissimuler le « rapiécé » de mes vieux collants. La honte me rongeait l'esprit à la pensée de me montrer dans cette enceinte, tout en guenilles.

L'attente était très longue. J'étais de plus en plus anxieuse. Ma mère, qui était non loin de moi, fulminait :

— S'ils ne se grouillent pas, on va crisser notre camp d'icitte.

Je la sentais mal dans sa peau, prise de panique :

— Ils nous font niaiser. On sait même pas pourquoi on est icitte.

Et, se tournant vers Arthur, elle ajouta :

— Pourquoi fallait-il que tu sois icitte, toé? Et Diane? Et la Grande Noire? C'est pas normal tout ça. S'ils avaient affaire à moé, y avaient rien qu'à m'en parler au téléphone. C'est louche, tout ça. J'ai envie qu'on câlisse notre camp au plus sacrant.

Arthur réussit à la calmer.

— On va attendre un peu. Dénarve-toé, crisse. On n'a rien fait. Attendons pour voir.

J'avais une peur bleue qu'Arthur et ma mère décident tout d'un coup de retourner à la maison. Diane et moi, on savait pourquoi on était là. Quand mon regard se tourna vers eux, je me sentis coupable. Toute ma démarche pour quitter ce milieu familial ne pouvait pas s'arrêter là. Je devais faire un immense effort pour avaler. J'avais la bouche sèche et les larmes aux yeux.

J'aurais bien voulu parler à ma sœur, mais je ne le pouvais pas : j'avais tellement peur qu'Arthur et ma mère pensent qu'on complotait ensemble. Et j'avais aussi peur pour Diane. C'est à cause d'elle qu'on était tous là. Je pouvais facilement m'imaginer ce qu'elle aurait à subir si Arthur et ma mère apprenaient qu'elle était responsable de cela.

J'étais déjà reconnaissante envers Diane de m'aider à me défaire de l'emprise de ces deux démons. Je ne pense pas que Diane était vraiment consciente de toutes les conséquences de sa décision. Sa démarche en ma faveur m'a démontré que ma sœur devait beaucoup m'aimer pour se mettre ainsi la tête sur le billot. Si ma mère et Arthur avaient été au courant de tout ça, je suis certaine que Diane aurait été violentée et que sa vie aurait pu être en danger.

Quoi qu'il arrive, je priai Dieu que Diane ne subisse

rien et que les deux « démons » ne sachent jamais la vérité.

Je regardais ma sœur avec peine. J'aurais bien voulu savoir ce qu'elle pouvait ressentir à ce moment important, décisif. J'imagine qu'elle regrettait d'avoir témoigné en ma faveur devant tous ces gens. Je pensais à cette journée où elle avait parlé pour moi.

Je la revois au moment de sa sortie du bureau de la pastorale. Il y avait beaucoup de monde qui chuchotait à cet endroit : des professeurs et des gens que je n'avais jamais vus. En refermant la porte, m'apercevant, elle n'avait pas dit un mot : un petit regard de surprise cependant, parce qu'elle ne s'attendait pas à ce que je sois là.

Je me remémore le regard de Diane quand je lui avais demandé ce qu'elle était allée faire dans ce bureau. Tristement, elle m'avait répondu que, depuis quelque temps, elle rencontrait régulièrement le frère responsable de la pastorale. « Quand ça ne va pas, je vais parler avec lui. Il est compréhensif », m'avait alors déclaré ma sœur.

C'est lors de cette rencontre fortuite que Diane m'avait révélé avoir tout raconté au responsable de la pastorale, à mon sujet. « Ne te fâche pas. Je lui ai tout dit pour t'aider à te sortir de ce bourbier. Je veux t'aider, Élisa. Je ne veux pas que notre mère et Arthur apprennent ce que j'ai dit au responsable de la pastorale », avait ajouté Diane.

J'ai été quelque peu bouleversée lorsque ma sœur m'a appris que le frère savait que j'étais une enfant battue.

Ce jour-là, ma sœur Diane m'avait montré son amour. Elle avait pleuré.

Devant le juge

Arthur et ma mère étaient impatients d'en finir. Moi, je me faisais du mauvais sang pour Diane, me disant qu'elle subirait elle aussi la cruauté physique. Mon Dieu! Qu'est-ce qu'on va devenir? J'étais très inquiète. Tous ces gens à l'intérieur, c'étaient peut-être des espions de ma mère. Qui sait?

Finalement, la porte s'entrouvrit. On venait me chercher pour enregistrer mon témoignage. J'ai pensé mourir. Je me levai de la marche de l'escalier où j'étais assise et suivis une dame qui m'indiqua où aller, droit en avant, près d'un grand bureau. Trois messieurs étaient là. L'un me montra la Bible. On me fit poser la main dessus. Elle n'était pas assez grande pour y déposer ma main qui ne cessait de trembler. Et j'ai répété le rituel « Je le jure ».

Devant moi, il y avait une grande chaise. Je m'y rendis et me plaçai devant.

Le juge me dit que je pouvais m'asseoir si je le désirais. Ce que je fis. J'avais l'impression que la chaise tremblait. Je la tenais par les bras pour que cela s'arrête, mais, peine perdue, c'est moi qui tremblais. J'étais tellement nerveuse et gênée. Comme toujours, j'étais apeurée devant l'inconnu.

On me questionnait sans arrêt. Du mieux que je le pouvais, je répondais. Des fois, je ne comprenais pas ce qu'ils me demandaient. Je répondais souvent par un oui ou un non. Ils revenaient, essayant à nouveau de me faire comprendre, tentant de me soutirer un propos, une phrase cohérente qui les aideraient à se faire une idée.

Le juge, un peu décontenancé de se retrouver devant une jeune fille avec si peu de moyens, incapable de parler, me dit : « Tu peux avoir confiance et tout nous raconter ce que te faisait ta mère. »

Je repris mes sens et poursuivis, en bégayant. Je revenais toujours aux mêmes choses : les coups de poêlon, de bâton, l'égoïne, le couteau, la barre de fer, etc.

Mais ils en voulaient plus. Après plusieurs minutes de cet interrogatoire infernal, je me suis sentie incapable de poursuivre. Rien ne voulait plus sortir de ma bouche. Sans plus tarder, ils m'indiquèrent que je pouvais quitter la salle.

Témoignage de ma mère

Mon intérieur bouillait. J'étais dans un état indescriptible.

En franchissant le seuil de la porte de cette salle, j'ai regardé ma mère, assise près d'Arthur. Je vis sa colère. Passant près d'elle, je l'entendis me lancer :

— Qu'est-ce qu'ils t'ont demandé?

— Je n'ai rien dit. Ils m'ont seulement demandé si j'étais heureuse et je leur ai dit que oui.

Mais, dans mon for intérieur, je savais que cette réponse était vague et que ma mère n'en croirait rien.

— Tu ne me dis pas la vérité. Ils ne t'ont pas seulement demandé ça. Ça fait une heure que t'es partie.

Au même moment, on appela ma mère. C'était à son tour d'être interrogée. Elle se leva et, passant devant moi, me jeta un regard féroce.

Pour la première fois de ma vie, je sentais ma mère « dans le trouble ». Elle avait enfin des comptes à rendre. Elle ne pouvait plus fuir, continuer à mentir devant toutes ces personnes.

Le temps a passé. L'attente fut longue. Je me remémorais tout ce que j'avais dit lors de l'interrogatoire. Depuis ma naissance, j'étais sous l'emprise de cette femme violente, cruelle; depuis seize ans que j'étais son vulgaire bien, sa propriété, petite, frêle, inférieure, capable de rien devant son pouvoir. Habituée à la défaite, j'étais embarrassée, confuse, déconcertée, intimidée. Cet état était en train de me rendre totalement folle.

J'enviais les gens calmes, ordonnés. Dans mon

for intérieur, il me restait un peu d'optimisme. Était-il possible que, pour une fois, ma mère soit désarçonnée?

Finalement, la porte s'ouvrit. C'était ma mère qui s'amenait. J'ai failli mourir de peur quand je l'ai aperçue. Elle était furieuse :

— Ma p'tite crisse, je vas te couper la langue. T'as pas fini avec moé quand on va arriver à la maison. Tu vas voir que tu vas être heureuse dans ton trou! Envoye! Grouille! On s'en va d'icitte.

J'étais encore une fois trouée, déchirée. Mais je me demandais pourquoi Diane et Arthur n'avaient pas été interrogés. Peut-être que les témoignages de ma mère et le mien avaient suffi...

L'autorité de ma mère, comme jamais, s'était imposée à moi à ce moment-là. Habituée à ramper, je la suivis. On s'est dirigés tous les quatre vers l'extérieur. Je n'avais pas été capable de dire : « Non, je reste ici. »

Ce n'est pas vrai. Mon Dieu! Qu'ai-je donc fait pour mériter ça?

J'aurais voulu hurler, crier de toutes mes forces jusqu'à ce que mes tripes se déchirent. J'aurais voulu pouvoir dire à cette femme méchante tout ce que je ressentais dans mon cœur : la haine, la terreur, la peur qui me rongeaient.

J'aurais voulu, pour une fois, défaire ce nœud qui m'étranglait le cœur. Mais je ne pouvais pas me révolter contre eux, ma faiblesse était trop grande pour aller jusqu'au bout. Je tremblais de toutes mes forces. Mes membres ne voulaient plus m'écouter. Je sentais que c'était fini, que l'espoir, à jamais, avait été anéanti.

Et je continuais à penser à Diane, à sa démarche, à ses efforts pour me sortir de cette vie d'enfant battue. Impossible que tout cela n'ait servi à rien. Ma sœur me paraissait, elle aussi, dans un total désarroi, très peinée, ne sachant quoi dire. Encore une fois, allais-je retourner dans cet enfer?

Les yeux méchants de ma mère, pleins de haine, me fixaient comme des rayons laser. Il n'y avait pas de place dans son cœur pour la moindre pitié, pour la plus petite compréhension.

— T'as rien à dire?

Je ne lui ai pas répondu, incapable d'ouvrir la bouche.

Elle continua :

— T'es mieux de suivre au plus vite!

Je me jurai que je ne ferais pas le voyage jusqu'à la maison. Ma décision était prise devant sa colère trop profonde. Je ne l'avais jamais vue dans un pareil état. Devant sa haine et ses propos des plus vulgaires, j'étais fermement décidée à me jeter en bas de la voiture lorsque Arthur, au volant de l'auto, atteindrait une grande vitesse. J'étais vraiment décidée à ouvrir la porte et à me jeter dehors, pour en finir, pour mourir. Je n'en pouvais plus. Mes forces me laissaient tomber. Je ne voulais plus revivre cette souffrance journalière, ces sévices. Je ne voulais plus retourner dans cet enfer pour me faire torturer, tenailler, martyriser, jusqu'à ce que j'en meure.

J'avais si mal que ma douleur devenait atroce. Je savais, depuis toujours, que ma mère était la plus forte, une femme de fer, invincible. Personne ne pouvait rien contre ses mensonges, sa cruauté, son hypocrisie. Toujours, elle avait eu le meilleur, même devant le pire.

Sa personnalité était double : l'une teintée de gentillesse, aimable, délicate, généreuse, pleine d'amour envers ses enfants, mais seulement en la présence d'étrangers. Sitôt qu'ils avaient franchi le seuil de la porte, qu'ils avaient le dos tourné, son autre personnalité, la vraie, refaisait surface, comme l'éclair. Un vrai démon, une femme dangereuse, grossière, brutale, vulgaire et cruelle.

Je regrettais d'avoir parlé à ces gens-là. Je suis

sûre qu'ils me croyaient menteuse. Ma mère m'agrippa par le bras et me tira vers elle, avec sa poigne dure, caractéristique, son bras de fer. Mais ce fut la dernière fois de ma vie et de la sienne qu'elle put afficher sa cruauté, son pouvoir envers moi. Au même moment, la travailleuse sociale s'amena.

— Non, madame! Vous laissez Élisa ici! On ne vous avait pas autorisée à quitter ce lieu. On vous avait dit d'attendre. Vous n'avez plus aucun droit sur Élisa.

Ma mère ne me l'avait pas dit, mais elle avait signé le papier lui enlevant le droit de me garder.

Furieuse, elle apostropha la dame :

— Ce n'est pas vrai! Elle est encore ma fille.

Mais, d'un ton énergique et qui ne laissait place à rien d'autre, la travailleuse sociale lui rétorqua :

— Vous pouvez partir, madame T., c'est fini. Nous nous occuperons d'Élisa. Elle sera placée dans un endroit qui lui conviendra mieux.

Ma mère tourna les talons et, passant devant moi, elle me cracha au visage, ajoutant :

— Ma câlisse de menteuse, ça finira pas comme ça.

Puis, se tournant vers Diane, elle lui dit :

— Viens-t-en, toé, qu'on crisse notre camp d'icitte.

Je regardais Diane, confondue, l'air embarrassée, peinée, sans défense. Nos regards se sont croisés. Son petit sourire me disait qu'elle était quand même contente. Pauvre Diane! J'espérais qu'elle ne soit pas violentée à son tour. J'espérais qu'elle ne me remplace pas à la maison. J'avais peur que, pour elle, ce soit le début d'un calvaire. Intérieurement, je lui souhaitais bonne chance.

Le cordon ombilical

Ma mère quitta ce lieu, sans pleurs, sans regret, sans remords, sans honte, sans l'ombre d'un geste pour me montrer qu'elle venait à tout jamais de perdre sa fille aînée.

J'espérais encore, dans ma grande naïveté, qu'elle revienne sur ses pas, qu'elle me prenne dans ses bras, qu'elle me demande pardon pour tout le mal qu'elle m'avait fait depuis ma naissance. Je croyais encore, à cet instant, qu'il était possible de repartir à zéro, que jamais plus elle ne me ferait souffrir, qu'elle apprendrait à m'aimer pour ce que j'étais. Je croyais qu'il était encore possible que je sois une enfant libre avec elle, une enfant créative, pleine d'imagination, une jeune adolescente capable d'évoluer normalement, dans une famille équilibrée, dans un foyer d'amour, d'amitié.

Mais tout cela n'était qu'un rêve futile. Je venais de prendre conscience que c'était fini, que cette minute était celle de la vérité où je me devais de tourner la page, une fois pour toutes, pour refaire ma vie, me rebâtir, repartir à neuf, en tentant d'oublier toutes ces années, ce passé négatif, ce passé qui m'avait littéralement détruite.

Maintenant, j'étais seule dans cette salle. La travailleuse sociale me dit de l'attendre quelques minutes, qu'elle devait s'absenter.

Je regardai par la fenêtre. Je ne voyais plus l'auto amenant ma mère et Diane à la maison. J'avais beaucoup de peine, un immense chagrin. J'avais envie de pleurer.

La dernière image de ma mère en fut une de haine, celle d'une femme agitée, coléreuse, déchaînée, violente, qui ne se contentait pas de me rejeter, mais aussi qui voulait m'anéantir, me piétiner jusque dans mes entrailles.

Je sentis en moi-même un grand vide, un trou sans fond, un creux qui me faisait souffrir, une grande brûlure. La chaîne qui me liait à ma mère venait d'être coupée. Le cordon ombilical, sectionné. Je venais de renaître à seize ans.

Ma mère, dorénavant, ne pouvait plus rien envers cette petite fille laide, cette « pas pareille aux autres », cette enfant qu'elle avait battue pendant seize années où ce fut l'enfer terrestre.

Je me sentais quand même abandonnée. J'étais maintenant seule au monde, sans famille, ni frères ni sœurs. À ce moment-là, j'eus une pensée positive, d'amour envers ces derniers.

Dans ma tête, c'était la confusion totale. Tout était embrouillé, comme dans un cauchemar. Dans un élan d'innocence qui caractérisait cette petite fille ingénue que j'étais, je voyais encore ma mère faire demi-tour pour me dire qu'elle ne voulait plus jamais se séparer de moi, qu'elle regrettait tellement, qu'elle m'aimait. Les larmes coulaient sur mes joues. J'aurais tant espéré ce miracle qui ne vint jamais...

Malgré tout, même dans l'état où j'étais, je ressentais encore, quelque part, dans un petit coin de mon cœur, du chagrin pour elle. À ma façon, je l'aimais encore : une mère restera toujours une mère, quoi qu'il arrive.

Maintenant, quel serait mon sort, seule au monde? J'eus l'idée de m'enfuir n'importe où. Il fallait que je me sauve. À cet instant, la travailleuse sociale vint me rejoindre. Elle s'approcha de moi et me dit :

— Je vais te conduire dans ta famille d'accueil, un vrai foyer. Tu y seras bien et en sécurité.

Très gênée et décontenancée, je suivis la dame, ne pouvant dire un seul mot.

La page était tournée. Je n'avais plus le choix de m'embarquer dans ce nouveau bateau, de laisser faire le temps. J'étais résignée à entreprendre ce nouveau départ, cette nouvelle vie qui, pour moi, était une pure aventure.

Ma maison d'accueil

J'étais assise dans l'auto de la travailleuse sociale : une belle auto. Je me disais que cette dame devait être riche pour se permettre un tel luxe. Je me tenais bien appuyée sur la portière. Madame Benoît faisait les frais de la conversation. J'étais comme glacée. Ses paroles faisaient comme un bruit de fond. Je n'entendais presque plus rien. J'étais abasourdie. Entre nous deux, c'était une discussion à sens unique : un monologue. Elle n'arrêtait pas de parler, comme si je n'étais pas là.

Peu à peu, je pris conscience du mouvement de l'auto, du bruit du moteur. Dans l'auto, ça sentait bon, un parfum un peu envoûtant. Je me sentais en sécurité avec cette dame d'une gentillesse certaine qui se tenait à mes côtés et qui conduisait sa voiture avec une assurance qui m'impressionnait. Il fallait avoir réussi pour avoir une auto aussi belle et pour la conduire avec une confiance comme le faisait madame Benoît. Je rêvais de pouvoir en faire autant, un de ces jours. Je me laissais bercer à la fois par les mots et par la grande route. J'essayais d'oublier ma mère, Arthur et tous les châtiments qu'ils m'avaient infligés depuis ma toute première enfance.

Je n'étais pas encore convaincue que je ne retournerais pas au foyer de mes parents. J'essayais d'oublier ma peur... Et j'avais de la peine... En moi, c'était le vide.

Madame Benoît me dit :

— Tu vas voir, Élisa, où je t'amène, c'est une très bonne famille. Ce sont des gens intéressants, gentils, agréables. Ils t'accueilleront comme si tu étais leur propre fille. Ils vont t'aimer. Tu es attendue à bras ouverts. Je suis certaine que tu vas bien t'entendre avec eux. Ils vont prendre soin de toi.

Je faisais semblant de ne rien entendre. Je ne voulais pas répondre à cela. Dans ma petite tête, je me disais que tout le monde était pareil. J'étais assurée que, dans cette famille où la dame m'amenait, il y avait également une enfant battue. J'avais bien hâte de connaître ce mouton noir. Je me demandais si c'était « une » ou « un » enfant battu. Toutes les familles devaient être pareilles : un père et une mère, ça doit avoir au moins un enfant à battre dans une maison.

Même si je me sentais en sécurité, sur le chemin de mon nouveau foyer, je n'avais pas confiance totalement. Je ne me faisais pas à l'idée que tout ce que la travailleuse sociale me disait, c'était la vérité. Pour elle, c'était facile de me faire voir tous les côtés positifs, tout le bonheur qui m'attendait. C'était encore facile de me montrer que, dans cette famille, tout se passait bien. Mais moi, je persistais à croire que tout cela, c'était du pareil au même, que je retrouverais là le même milieu de cruauté et de violence.

Et je ne pouvais faire autrement que de me rappeler les deux fois où nous avions fait le trajet pour l'orphelinat, en taxi. Toutes les angoisses vécues lors de ces années où ma mère nous avait placés, avec mes frères et sœurs, me revenaient. Encore une fois, je me sentais abandonnée, seule au monde, malgré toutes les bonnes volontés et les bons mots de la travailleuse sociale. Mon cœur battait encore très fort. J'avais une peur terrible qu'on m'amène à l'école de réforme. Ma mère m'avait tellement fait peur avec ça que toute ma pensée était concentrée là-dessus. À maintes reprises, elle m'avait prédit qu'un jour je serais placée dans ces prisons déguisées, pour adolescents qui tournent mal dans leur famille ou dans la société.

Mon Dieu! Mon Dieu, me dis-je, les yeux fermés... J'espérais que cette dame me dise la vérité, qu'elle ne me conte pas de mensonges. J'espérais que la famille d'accueil, ce soit du vrai. Comme d'autres l'avaient souvent fait, elle pouvait bien avoir inventé une histoire, un scénario, pour me mettre en confiance afin que ce soit plus facile de me faire gober l'école de réforme.

Si c'était vrai qu'on me plaçait dans une nouvelle famille bien intentionnée à accueillir cette jeune « orpheline par obligation », j'étais prête à mettre toutes les chances de mon côté, à faire tout ce qu'on me demanderait. Je ferais le ménage, je laverais la vaisselle, etc. Peut-être qu'ainsi je ne serais pas battue, ni violentée. Je ne serais plus une jeune fille continuellement en chicane avec son entourage. À bien y penser, tout le monde ne pouvait pas être comme ma mère et Arthur. Dans cette attente d'arriver dans ma famille d'accueil, j'espérais que le voyage ne finisse jamais.

Tant de questions me trottaient dans la tête. Je n'arrivais pas à m'imaginer à quoi pouvait ressembler la vie qui m'attendait.

Pourtant, la voiture finit par s'arrêter devant une maison, une jolie maison, avec beaucoup de pelouse en avant : elle était toute soignée, comme si on l'avait fraîchement tondue avec des ciseaux. Il y avait sur ce terrain, et le long de la maison, de belles fleurs aux coloris éblouissants. J'ouvris la portière de la voiture tout en continuant à m'émerveiller à la seule pensée de vivre là. Comme c'était beau!

Mais, en enfant craintive que j'étais, je pris bien soin de regarder tout autour de moi, de ce lieu, au cas où ma mère et Arthur nous auraient suivies. Ils étaient peut-être bien cachés, m'épiant et se préparant à m'attraper à tout jamais, m'obligeant à retourner dans leur monde à eux.

Je suivais de près madame Benoît. Et en même temps, j'avais si peur d'entrer dans cette maison. Mais je n'avais plus le choix. Je me devais de prendre mes responsabilités. Et l'éternel manque de confiance refaisait surface. Je savais qu'un jour ou l'autre, ma mère finirait par me retrouver, qu'elle me ferait payer tout ce qui s'était passé cette journée-là. J'espérais que cela se fasse le plus tard possible. Je savais combien ma mère était une femme très maligne, combien elle pouvait obtenir tout ce qu'elle voulait et que, devant ses quatre volontés, on ne pouvait pratiquement rien faire.

Et Arthur était pire qu'elle.

La première rencontre

La tête entre les épaules, l'allure d'une petite fille, toute frêle, très gênée, j'entrai dans la maison. Je trouvai ça bien, me disant qu'il devait y avoir beaucoup de gens qui faisaient le ménage ici. Il y avait deux cuisines. Je ne comprenais pas pourquoi. Il y avait tellement de belles choses à voir. Je trouvais cette famille très riche pour avoir pu acquérir tant de biens, de si beaux meubles. Je n'avais jamais rien vu de semblable dans toute ma vie, surtout pas chez nous. La maison était très propre. Les planchers reluisaient. Ils devaient certainement savoir que j'arrivais. Probablement qu'ils avaient fait le ménage pour m'impressionner, pour montrer que c'était toujours propre. Je me disais que ce devait être ainsi seulement lorsqu'ils recevaient de la visite ou un étranger.

Avec ma mère, quand il y avait de la visite, c'était la corvée du ménage. Il fallait donner une belle image, une bonne impression. Elle criait tout le temps :

— Dépêche-toé. Grouille-toé le cul!

Madame Benoît me prit par la main et m'amena devant cette dame de ma famille d'accueil :

— Madame Vaillancourt, voici Élisa, la petite fille dont je vous ai parlé.

Elle me regarda et voulut me mettre à l'aise dès les premières présentations.

— C'est ici que tu vas habiter, ma belle. Nous allons bien nous entendre. Tu vas faire partie de la maison. J'espère que tu vas écouter et que tu pourras aussi m'aider à certaines occupations. Ça te convient, Élisa?

— Oui, madame.

J'écoutais les deux dames. Ma première impression sur madame Vaillancourt me faisait peur. J'étais certaine que ses enfants mangeaient, eux aussi, des volées, qu'ils étaient violentés. J'essayais de l'étudier, mais j'avais peur de la regarder. Et madame Benoît, sur le point de nous quitter, me dit :

— Fais de ton mieux et tu vas voir que tout va bien aller.

Elle n'avait pas besoin de me dire cela. J'étais bien décidée à faire de mon mieux. La travailleuse sociale, se tournant vers madame Vaillancourt, lui dit :

— Si vous avez des problèmes, vous me le ferez savoir.

— Je sais que je n'aurai pas besoin de vous appeler. Élisa est une grande fille de seize ans. On va bien s'entendre.

Je ne me sentais pas capable de répondre à cette phrase de madame Vaillancourt. Je me disais : « On verra. Probablement qu'elle fera comme ma mère. » Mais il y avait une différence. Je me retrouvais dans une famille qui me paraissait à l'aise, avec beaucoup d'argent. Chez nous, c'était la pauvreté. Je ne sais pas pourquoi, mais ma première impression envers cette dame était négative. Je détestais les gens qui parlent fort et elle avait une voix forte. Tout le monde devait s'écraser quand elle se mettait à crier.

Ce que je voyais devant moi, c'était le plus beau des châteaux, comme dans un conte de fées. Je me promettais de ne rien toucher, pour ne rien casser. Car aussitôt que je prenais quelque chose dans mes mains, ça m'échappait rapidement et, avec moi, tout finissait par se casser...

Je n'avais pas hâte que madame Benoît nous quitte.

Je me sentais nerveuse. Quand elle était là, je me sentais protégée.

— Élisa, il faut que je parte. Je te dis bonjour et te souhaite la meilleure des chances. Écoute bien madame Vaillancourt. Tu me le promets?

— Oui.

— Si quelque chose ne va pas, parles-en à madame Vaillancourt. Elle communiquera avec moi. Sois bien sage et tout va aller pour le mieux.

Madame Benoît venait de nous quitter. Je ne savais pas quoi faire, quoi dire. J'avais envie de pleurer. Je faisais de gros efforts pour me retenir.

Mon cœur était tellement lourd. Je ne pouvais rien y faire. J'avais la gorge nouée. Quelques larmes me coulaient sur les joues. Je savais que si j'essayais de parler, je me mettrais à pleurer pour de bon.

Pour moi, le départ de la travailleuse sociale signifiait qu'elle m'avait abandonnée. J'avais le regard fixé à la fenêtre. Je regardais l'auto qui s'éloignait de la maison. J'étais comme figée. Madame Vaillancourt, voyant que j'étais mal à l'aise, m'invita à venir m'asseoir.

— Viens, Élisa. On va s'asseoir et parler un peu. On a certainement des choses à se dire.

J'acquiesçai à son invitation. J'étais immobile, au bout de ma chaise, morte de peur. Je sentais son regard rivé sur moi, comme si j'étais une bête rare. Je jouais avec mes doigts, ne sachant quoi faire pour masquer ma nervosité et mon embarras.

Nous étions assises l'une près de l'autre. Madame Vaillancourt se leva et partit quelques minutes. Elle revint, me demandant :

— As-tu d'autres vêtements que ceux que tu portes en ce moment?

— Non, madame. Je n'ai que ceux-là.

Oui, je n'avais que ces vêtements trop serrés et

rapiécés. Mes vieilles chaussures étaient également très usées.

Madame Vaillancourt s'avança vers moi. Doucement, elle me prit les mains, mais rapidement, dans un geste sec, je les cachai derrière mon dos. Puis, elle m'inspecta la chevelure. Elle me dit de ne pas avoir peur. Et, avec un petit sourire, elle ajouta :

— Je veux juste voir si t'as des « bibittes ».

Elle m'avait fait peur. Je tremblais comme une feuille. Voilà, ça recommencerait. Je serais encore battue, bousculée.

Elle me tenait fermement la tête, me farfouillait dans les cheveux. J'eus si peur de me faire tirer les cheveux que je me mis à me débattre :

— Laissez-moi tranquille. Je n'ai pas de bibittes. J'en ai jamais eu.

— Élisa, tiens-toi tranquille. Je vérifie toujours la tête des enfants qui arrivent ici. C'est au cas où ils auraient des poux. Car je n'ai pas l'intention que la maison soit infestée de ces petites bibittes. N'aie pas peur, je ne te ferai aucun mal. Je ne fais que regarder. C'est tout.

Finalement, elle cessa son inspection et me laissa tranquille. Enfin...

Voyant à quel point j'étais nerveuse, elle s'exclama dans un rire qui se voulait amical.

— Je te mangerai pas, voyons donc, Élisa.

Ensuite, elle me fit comprendre que je devais prendre un bain, un « bon bain » comme elle le mentionna.

— Chez nous, des bains, on n'en prend pas. Je ne sais pas ce que c'est. Je me suis toujours lavée avec une débarbouillette quand ma mère m'ordonnait de le faire. Autrement, je devais lui demander la permission.

Madame Vaillancourt me regardait drôlement. Elle paraissait très surprise de ce que je venais de lui dire :

— Ici, Élisa, le bain, c'est trois ou quatre fois par semaine. Tu vas t'en souvenir?

— Oui, madame.

— Bon, viens, je vais faire couler ton eau. Tu seras très propre, après. Et cela va te calmer les nerfs. Ça va te faire relaxer.

Je lui indiquai de me laisser seule, que j'étais capable de prendre mon bain sans l'aide de personne.

— Bien sûr que tu es capable. À l'âge où tu es rendue, je ne commencerai pas à te donner ton bain.

J'étais tellement nerveuse. Je pense qu'elle le ressentait.

— Ici, tu ne risques rien, Élisa. Tu es en sécurité. Si ta mère et Arthur venaient, on appellerait la police.

Mais en dedans de moi, je n'y comprenais plus rien.

— Viens, Élisa. Je vais te montrer ta chambre en attendant que l'eau coule dans le bain.

Arrivée dans ce lieu qui serait désormais mon refuge, je fus impressionnée. Je trouvai ma chambre très belle. Il y avait un téléviseur. Elle voyait que je le fixais.

— Quand tu voudras être seule pour regarder la télévision, tu sauras quoi faire. Que ce soit pour tes émissions préférées ou pour regarder des films. Personne ne viendra te déranger.

Je n'en revenais pas. Je me demandais si elle fonctionnait. Dans ma grande naïveté, je lui dis :

— Elle marche-tu?

— Bien sûr qu'elle fonctionne. Voyons, Élisa.

Ensuite, elle me montra ce qu'elle m'avait acheté, soit du savon, du shampoing, du dentifrice avec une brosse à dents. Et elle me fit cadeau d'un paquet de cigarettes.

Moi qui n'avais même pas le droit de regarder la télévision chez nous, ici je me retrouvais avec un téléviseur dans ma chambre. Étais-je rendue au ciel? J'éprouvais, en dedans de moi, un sentiment merveilleux. Mais, en même temps, je me sentais triste.

Je regardais la brosse à dents. Je ne savais même pas comment on se brossait les dents. Et elle me remit une serviette rose, moelleuse. Je pris le savon, le portai à mon nez. Il avait une odeur de fleur que j'aimais bien.

Une fois étendue dans cette eau savonneuse, toutes sortes d'idées noires me sont revenues. J'étais un peu fâchée, me disant que tout cela pouvait bien être un piège. Je ne voulais rien de tout ce qu'on venait de me montrer, de cette nouvelle vie. Je ne pourrais jamais accepter cette propreté, cet ordre. J'étais habituée au contraire. Je me sentais une jeune fille achetée. Comment avait-elle su que je fumais? M'étais-je fait avoir, une fois de plus?

En sursaut, je sortis de la baignoire. Je venais de me souvenir que j'avais oublié de mettre le verrou sur la porte. J'imaginais Arthur apparaître dans la salle de bains, comme il avait déjà voulu le faire quand je demeurais chez nous. Je me sentais à bout de nerfs, au bout de mes émotions. Je ne savais plus contre qui, contre quoi j'en avais vraiment. En sortant de la baignoire, voyant cette jeune fille dans le miroir, je me trouvai laide, si maigre, si moche. Je me mis à sangloter. Je me suis assise de nouveau dans l'eau qui avait un peu refroidi.

Je pleurai de toute mon âme, sur moi, sur mes nouveaux ennemis que je ne connaissais presque pas ou pas du tout. Et je pleurais encore plus fort en pensant à mes frères et à mes sœurs, surtout à Diane, celle qui avait toujours été plus près de moi et celle qui avait enclenché le processus de ma délivrance de cette famille où j'étais le mouton noir, l'enfant battue. Je pleurais pour ma sœur Diane, étant certaine qu'elle avait déjà eu sa volée au même moment où je commençais à apprivoiser ma nouvelle demeure. J'étais sûre qu'elle avait été battue en arrivant à la maison, même si elle n'avait pas eu besoin de témoigner à la Cour.

Je repensais à tout ce qu'elle avait fait pour moi, jamais je ne l'oublierais. Il lui avait fallu de l'audace, du courage, pour me défendre. Je demandai à Dieu de bien vouloir la protéger et de prendre soin d'elle.

Revenue à la réalité et sortie de mon rêve, je continuai à vouloir tout sentir dans cette maison, comme un petit animal, un chien ou un chat qui entre pour la première fois dans un lieu nouveau. Le moindre bruit de cette maison étrangère me faisait un peu peur. Je ne pouvais vraiment pas cesser de penser que ma mère et Arthur se présenteraient à un moment ou à l'autre pour me ramener chez moi. Je dis « chez moi » parce que ces seize années, malgré toute la violence, ne pouvaient me faire oublier que mon chez-moi, c'était avec ma mère. J'écoutais les pas, les allées et venues, pour connaître tous les secrets de cette maison.

Je le répète, je me sentais piégée. Je pleurais. Je réalisais très mal que l'Élisa que j'étais ne vivait plus chez sa mère et près d'Arthur. Je me retrouvais dans une famille d'inconnus, me demandant ce que je faisais là.

***

— Dépêche-toi, Élisa, tu vas être en retard à ton rendez-vous.

Madame Vaillancourt m'avait pris un rendez-vous chez la coiffeuse. J'étais tellement énervée. Je n'avais pas eu le temps de finir ma toilette. « Tant pis! Ça ne paraîtra pas. » Je m'attendais à ce qu'elle m'accompagne. Exception faite de l'école, jamais on ne m'avait permis de quitter seule la maison.

Elle me donna de l'argent et m'expliqua mon itinéraire pour me rendre chez la coiffeuse. J'étais mal dans ma peau. Je ne savais pas où c'était. La peur, encore une fois, me rongeait. J'aurais bien voulu changer de visage. Et si ma mère se trouvait sur mon chemin et qu'elle me reconnaisse? Je signalai à madame Vaillancourt que je ne pouvais aller seule chez la coiffeuse.

Madame Vaillancourt me réexpliqua le trajet et me mit en confiance. Finalement, prenant mon courage à deux mains, je partis en lâchant un grand soupir.

En chemin, je ne pus faire autrement que d'avoir la trouille en pensant que je pourrais me retrouver devant ma mère et Arthur. Mon rythme de marche était accéléré. C'était presque du jogging. Je marchais très près des maisons, où il y avait de l'ombre. Je n'avais réellement pas de raison d'avoir peur, le salon de coiffure était situé du même côté de la rue et à cinq maisons, seulement, de ma maison d'accueil. Mais le trajet me parut très long.

Enfin, j'arrivai à destination. Je me présentai avec mon allure caractéristique de jeune fille gênée et pas très sûre d'elle. Je me tenais près de la porte, ne sachant pas quoi faire. Je restai plantée là un bon bout de temps. Toutes me dévisageaient, me déshabillaient. Je me demandais bien pourquoi. Leur attitude me rendait encore plus nerveuse. Enfin, une jeune femme s'avança vers moi et me demanda mon nom.

— Je suis Élisa T. C'est vous la coiffeuse?

— Oui! Préfères-tu une autre coiffeuse? Tu peux choisir.

— Non, je voulais juste savoir.

La coiffeuse s'est vite aperçue que ce lieu ne m'était pas familier et que, probablement, j'y venais pour la première fois. Elle me dit de la suivre et m'indiqua un fauteuil. Avec curiosité, j'observai chaque détail de cet univers parfumé. J'avais envie de rire de ces femmes avec des trucs sur la tête, les cheveux mouillés. Oh! que cela changeait leur visage!

C'était maintenant à mon tour. En me voyant dans le miroir, assise sur cette chaise très confortable, je me trouvai laide. Elle venait de me mouiller les cheveux et c'était encore pire. Je me baissai la tête pour qu'elle ne me regarde pas.

— Élisa, lève-toi la tête si tu veux que je te fasse belle.

Je me laissais faire. Elle ne me tirait pas les cheveux comme ma mère l'avait toujours fait. Je trouvais ça drôle qu'elle ne prenne pas un bol pour ramasser mes cheveux, comme le faisait ma mère. Comme elle était douce. Pendant qu'elle me coiffait, je ne pouvais pas m'empêcher de toucher à toutes les choses qui étaient à ma portée. Je me trouvais chanceuse d'être là. Je me disais que si un jour j'avais de l'argent, j'y amènerais mes sœurs et mon petit frère. Ils viendraient avec moi et je leur donnerais tout ce que j'avais, sachant que cela leur ferait plaisir. La coiffeuse me demanda si c'était la première fois que je venais dans un salon de coiffure et je lui répondis que oui.

— Pourquoi me demandez-vous cela, madame?

— Bien, ça se voit que c'est la première fois. Tu vas voir, je vais te faire quelque chose de très beau. Tu ne te reconnaîtras plus.

C'est ça que je voulais. Je me dis que ma mère et Arthur ne pourraient me reconnaître avec cette nouvelle allure, ce nouveau look. Mais j'avais un petit doute sur cette beauté qu'elle était en train de me refaire. Plus mes cheveux tombaient, plus je voyais mon visage. Je ne croyais pas que toute cette démarche en valait la peine, si ce n'est pour montrer encore plus ce que j'avais toujours eu peur de montrer, c'est-à-dire ma honte.

Découragée et déçue de ce visage qui ne pouvait plus être caché par une longue chevelure, je revins à la maison en me traînant les pieds. Je pensais que madame Vaillancourt regretterait d'avoir gaspillé son argent quand elle me verrait la tête. Immobile sur le trottoir de ciment, je n'osais pas entrer. Par la fenêtre, je voyais madame Vaillancourt qui parlait avec une très belle fille. Elles semblaient avoir du plaisir. Elles riaient.

Tout en levant les yeux, cette jeune fille m'aperçut. On m'ouvrit la porte. Elles n'avaient d'yeux que pour ma nouvelle coupe de cheveux. Je gardais les yeux baissés. J'étais malheureuse et très mal à l'aise. Ma timidité était incontrôlable.

Je venais de faire connaissance avec la fille de madame Vaillancourt, Jeanne. Je la trouvai sympathique au premier coup d'œil. Elle me dit qu'après le souper, elle m'emmènerait magasiner, pour faire quelques achats.

Je ne pus lui parler. Je ne savais quoi lui dire et quoi lui répondre, sinon lui faire un vague signe de la tête. Je me réfugiai près de la fenêtre où il y avait une chaise berceuse. Silencieuse, hébétée, je me berçai en pensant que tout ce qui m'arrivait n'était qu'un rêve. Je ne pouvais croire que ce soit la réalité. Tout cela ne me rendait même pas joyeuse. Pourtant, ç'aurait dû être le contraire. J'aurais dû jubiler, être en liesse. Il est vrai, cependant, qu'on ne m'avait jamais montré à être heureuse, à rire et à fêter.

En moi, il y avait toujours ce nœud, un grand nœud qui ne voulait pas se défaire...

J'avais peur, si peur, que j'étais au bord des larmes. Plus personne ne parlait dans la cuisine. Alors, Jeanne me prit la main et m'amena avec elle dans sa chambre. Mais après quelques minutes seulement, le temps de s'apprivoiser et de faire quelques échanges, sa mère nous appela pour le souper.

Le premier repas

Ce premier repas, c'était comme un supplice. Tous ces visages nouveaux...

Je sentais monter en moi l'angoisse. Je n'étais qu'une étrangère. J'étais tellement tendue que je sursautai d'affolement quand la porte s'ouvrit devant une madame Vaillancourt venant nous chercher pour le souper.

— Élisa, ce n'est que moi. Pourquoi tout cet effroi? De quoi as-tu peur? Si c'est concernant ta mère et son chum, je te répète que tu n'as pas à t'en faire. Ici, tu es en pleine sécurité. Ils ne peuvent plus rien faire.

Finalement, on descendit. Loin d'être rassurée, je me décidai à entrer dans la cuisine. Je pris la chaise qu'on me désigna. Je n'osais pas lever les yeux. Je me demandais bien lequel des deux allait me frapper quand ils verraient que je ne pouvais rien avaler. Chez nous, à chaque repas, je vomissais presque tout. J'avais toujours mal au cœur. Mais ici, il me fallait essayer. Je portai la première bouchée à mes lèvres. Le cœur me levait. J'en essayai une deuxième. Puis une troisième. C'était pire. J'avais peine à me retenir pour ne pas vomir. La tête basse, je repoussai mon assiette.

— Je n'ai pas faim, madame Vaillancourt.

Elle me regarda.

— Tu peux aller dans ta chambre si tu le veux.

Elle avait l'air triste de me voir ainsi. Humiliée, je me levai et quittai la table en me cognant partout. Je m'enfermai dans la toilette, de peur d'être malade. Je les entendais qui parlaient de moi, tout bas. Je me dis qu'ils étaient en train de décider de mon sort, ou peut-être riaient-ils de moi. Peut-être qu'ils voulaient que je parte au plus vite. Ce premier repas fut donc un cauchemar, un échec. Je ne leur avais certainement pas fait une bonne impression. Je me rendis à ma chambre, bien déçue de moi.

Le magasinage

Plus tard, Jeanne vint me chercher pour aller au magasin. Là, ce fut pire encore. Je ne connaissais rien de ces lieux où on achète, encore moins la taille des vêtements qui pourraient me faire, les choix de couleurs. De toute ma vie, je n'avais jamais porté de vêtements neufs. La notion des prix à payer et de la valeur des vêtements, c'était encore du chinois pour moi. Je pensais que je pouvais prendre n'importe quoi et que cela était gratuit. Finalement, Jeanne et la vendeuse choisirent pour moi un ensemble complet de vêtements, même les souliers et un joli sac à main.

Je serrai dans mes bras les sacs qui contenaient tous les vêtements achetés. Je me sentais mal parce que je ne pouvais pas dire merci. J'essayai plusieurs fois, mais les mots refusaient de franchir mes lèvres. Je me sentais indigne, et de ce fait, encore plus étrangère. J'aurais voulu que mon frère et mes sœurs aient les mêmes choses que moi. Je trouvais cela injuste d'être seule à pouvoir profiter de ces vêtements neufs. Tous les efforts que ma famille d'accueil faisaient pour se montrer chaleureuse avaient eu, depuis les débuts, l'effet de me rendre malheureuse. Il ne fallait pas que cela se poursuive ainsi. Je redoutais ce moment où je ferais une gaffe et qu'ils se rendraient compte enfin jusqu'à quel point j'étais bête, idiote et maladroite. Pour moi, ce moment signifierait également une fessée, le recommencement de cette situation d'enfant battue que j'avais toujours été.

J'étais alors tout à fait convaincue qu'on finirait bien par me battre, que cette famille « idéale » était bien comme la nôtre, c'est-à-dire comme toutes les familles du monde. Car, pour moi, une famille, c'était un lieu de violence, de cruauté, de pauvreté, de mensonge, d'hypocrisie et de manque constant de délicatesse. Voilà aussi toutes les bases de l'éducation que j'avais reçue et avec laquelle je me préparais à affronter la vie.

***

Rendue dans ma chambre, j'ai regardé tous ces beaux vêtements. Maintenant, en dedans de moi, je n'avais plus de remords à la pensée que, lorsque je ne les mettrais plus, je les donnerais à mes sœurs qui en seraient bien contentes.

Épuisée de cette première journée qui fut difficile, je demandai à madame Vaillancourt la permission d'aller me coucher. J'espérais qu'elle me dise oui, car j'avais besoin d'une bonne nuit de sommeil. La tête basse, je m'adressai à elle :

— Est-ce que je peux aller me coucher, s'il vous plaît?

— Vas-y, ma fille. Dors bien et passe une belle nuit.

J'arrivai à ma chambre, les nerfs à fleur de peau. Je me sentais mal avec moi-même. J'allumai le téléviseur pour chasser un peu les idées noires. Rien ne réussissait à me calmer. Je ne tenais pas en place. J'étais tellement inquiète. En même temps, je croyais rêver. Je me retrouvais seule dans cette belle chambre, dans cette grande maison propre, couchée dans un grand lit douillet, avec la possibilité de regarder la télévision. C'était trop en même temps. J'étais dépassée. Voilà que, dans une seule journée, tous les bonheurs de la terre m'arrivaient. Je devais, inconsciemment, refuser le sommeil de peur de me réveiller et d'être déçue. Je regardais tout autour de moi. Je disais que tout cela ne pouvait être vrai et que, bientôt, j'allais me faire sauter dessus à coups de bâton ou de ceinture.

Et le sommeil vint quand même.

Soudainement, tout d'un coup, je me réveillai en

sursaut, toute mouillée, mes couvertures aussi. J'avais
si peur. Je criais, je pleurais. J'étais perdue, égarée, ne
sachant plus où j'étais... Arthur et ma mère étaient bien
là. Ils voulaient me « sacrer une volée ». Lui, en plus,
il essayait de me « poignasser ». Je n'avais aucune
défense. Les secondes s'écoulaient. Je cherchais à savoir ce qui se passait réellement. Pourquoi personne
n'était là? Où étais-je? J'écoutais et n'entendais absolument rien. Je venais de me rendre compte que c'était
un cauchemar.

L'adaptation

Le temps passait. Je continuais à observer tout
autour de moi, voulant tout comprendre, déceler toutes les failles de cette nouvelle famille. Je notais tout.
Lentement, je m'adaptai à ma nouvelle vie. Le stress
et la méfiance étaient toujours dans ma peau. Je ne
faisais confiance à personne. Pour moi, ils étaient des
gens nouveaux. Leur façon de vivre, leurs agissements
ne me plaisaient pas beaucoup. Jamais de fessées, jamais de volées, jamais de violence ni de cruauté. Parfois, ils se taquinaient entre eux, quelques haussements
de ton, mais ça n'allait jamais plus loin. Je pensais que
cette atmosphère familiale qui caractérisait mon
nouveau foyer n'était pas vraie, qu'ils étaient gentils,
doux, parce que, moi, l'étrangère, j'étais avec eux.
Quand j'étais chez nous, quand des étrangers étaient
dans la maison, ça se passait toujours bien. Il y avait
sûrement anguille sous roche. Aussitôt que je serais
absente, ils seraient violents, cruels, comme ça se passait chez nous. Dans cette ligne de pensée, je me dis
que, sûrement, ils devaient attendre mon départ ou que
je sois couchée pour se battre. Ils étaient hypocrites.
J'aurais voulu qu'ils le fassent devant moi, devant mes
yeux. Ça me choquait.

Bien souvent, j'avais le cœur très serré. J'attendais que pleuvent les inévitables coups. Alors je me protégeais. Je ne pouvais supporter la moindre marque de tendresse.

Les semaines passaient. Peu à peu, je m'habituai à manger à la table comme les autres, sans vomir, mais la tête très basse, de peur de recevoir une gifle ou des taloches par la tête. Parfois, il m'arrivait de rire avec la famille. Même si je ne comprenais pas ce qu'ils disaient, je voulais faire comme eux, pour ne pas paraître plus niaiseuse que je ne l'étais déjà. Mais je ne prenais jamais les devants pour converser, pour parler avec eux, parce que je ne me sentais pas à la hauteur.

Rencontre inattendue

Un jour, Jeanne et son chum décidèrent de m'emmener prendre une « liqueur » au restaurant du coin. À cet endroit, ils rencontraient des amis, des gars et des filles. Ils s'amusaient beaucoup. Nous étions installés à une table en buvant un Coke. Jeanne jasait avec son chum. Ils se taquinaient. J'avais l'impression d'être de trop, tellement, que j'avais envie de m'en aller et de les laisser seuls. Mais j'avais trop peur de refaire toute seule le trajet vers la maison. De moins en moins, je regardais mes deux compagnons qui semblaient vivre des moments heureux. Je regardais les gens, avec mon air de timidité.

Tout à coup, à ma grande surprise, je vis entrer ma mère. Ce fut comme un choc terrible. Au même instant, un frisson de peur m'envahit. Je chuchotai rapidement à Jeanne que la dame au comptoir, c'était ma mère. Jeanne essaya de me camoufler le plus possible. J'étais tout écrasée dans le fond de mon banc pour ne pas être vue. Je pouvais quand même voir si elle me regardait. Il m'a semblé que non. Elle était en train de s'acheter des cigarettes. Ma mère et Arthur étaient de gros fumeurs. Elle s'adressa à la serveuse, puis l'apostropha :

— Câlisse! Les cigarettes sont chères en crisse, icitte.

J'avais hâte qu'elle s'en aille. J'avais mal aux reins. J'étais fatiguée, dans une position inconfortable : à genoux par terre et le haut du corps sur le banc. Jeanne me cachait. Je me disais : « Ça y est, elle m'a vue. Elle sait que je suis ici. » Ça lui prenait du temps pour quitter le restaurant. Les secondes me paraissaient des minutes. Je demeurais dans cette position, figée, comme terrorisée. Qu'est-ce qui allait m'arriver? Mon Dieu! Après plusieurs minutes, j'entendis ses pas. Elle s'est retournée et elle est sortie. J'espérais qu'elle ne revienne pas. Mon cœur battait très fort, si fort que j'avais peur qu'il éclate et qu'elle l'entende, même de la porte. Jeanne et son chum me dirent de ne pas bouger pour encore quelques minutes. Le chum de Jeanne est allé vérifier s'ils étaient encore là. Il revint à la table pour nous dire qu'ils étaient dans l'auto, qu'ils semblaient bavarder.

Je me dis que probablement ils m'avaient vue, malgré toutes les précautions. Ça devait être au début quand elle était entrée. Je me demandais bien quoi faire. À nouveau, le chum de Jeanne alla vers la fenêtre pour une autre vérification. À son retour, à ma grande joie, il m'annonça qu'ils étaient partis.

— Tu peux te lever, Élisa.

C'était plus que le temps. Je n'en pouvais plus. J'étais presque paralysée. J'avais eu si peur. Je tremblais encore. Ma frayeur était invivable, indescriptible.

Tous les trois, un peu pris de panique, on quitta le restaurant comme trois flèches. Sur le chemin du retour, chacun regardait de tous les côtés pour voir si on n'était pas suivis. Enfin, nous arrivâmes à la maison, tous les trois, le souffle court. Madame Vaillancourt est venue nous rejoindre même si elle avait de la visite.

— Qu'est-ce qui se passe? Vous est-il arrivé quelque chose de grave?

Et Jeanne lui raconta tout ce qui s'était passé au restaurant du coin. Elle expliqua le tout avec détails.

Madame Vaillancourt s'approcha de moi et, par tous les moyens, elle tenta de me calmer, de m'apaiser. Une fois de plus, elle me dit que ma mère et Arthur n'avaient plus aucun droit sur moi. Elle ajouta que, si je le voulais, on pouvait appeler la police pour leur demander de faire une ronde dans le village.

— Oui, je veux que vous appeliez la police.

Je ne sais pas si elle l'a fait vraiment. Je la vis toutefois parler au téléphone. Peut-être qu'elle le fit pour me rassurer. Cela m'a quand même calmée.

Je regardais par la fenêtre pour voir si leur auto ne circulait pas dans la rue. J'avais l'impression qu'ils passaient lentement devant la maison et qu'ils savaient maintenant où je demeurais. Je me dirigeai à ma chambre. Je m'y suis enfermée et j'ai baissé toutes les toiles. J'avais si peur. Il faisait presque noir. Je croyais que ma chambre était habitée par les fantômes de ma mère et d'Arthur, comme dans les films d'horreur. Madame Vaillancourt vint me rejoindre, essayant encore une fois de me calmer. Elle me rassura en me signalant qu'elle avait appelé la police.

— J'espère que ça te rassure, Élisa. Et après tout, on est plusieurs ici dans la maison. Il n'y a plus de raison d'avoir peur.

— Vous ne pouvez pas savoir. Ma mère n'a peur de rien, et Arthur, c'est un bandit, un dangereux.

— Je te répète que, s'ils osaient venir ici, ils ne pourraient même pas franchir le seuil de la porte.

— Vous verrez bien ce qu'ils peuvent faire quand ils viendront ici.

— C'est assez, Élisa. Bon sang! Viens, on va aller voir la visite.

— Je ne sais pas. Cela me gêne.

— Viens! Viens! Ils ne sont pas gênants, tu vas voir. On va manger quelque chose. Ça va te faire du bien. Après, si tu veux, tu iras regarder la télévision dans ta chambre ou dormir.

— O.K., d'abord, je vais y aller.

Je marchais derrière elle, de peur que les autres ne me regardent. Je me faufilai comme l'éclair sur une chaise. Et je les regardai.

Elle, la dame en visite, avait l'air plus agressive que ma mère. Son visage était sévère. Elle était grosse. Elle devait peser plus de deux cents livres. Elle avait sa fille avec elle. Cette dernière semblait avoir une bonne relation avec sa mère. Elle n'avait pas peur de lui parler et de lui demander ce qu'elle voulait. Je me souviens qu'elle avait voulu partir avec Jeanne et son chum quelque part, qu'elle avait demandé de l'argent à sa mère. Mais cette dernière ne voulait pas trop que sa fille sorte. Sa fille a insisté. Je me disais : « Sa mère va se tanner et elle va manger toute une claque. » J'avais la tête baissée et je regardais du coin de l'œil. Finalement, la dame prit son sac à main et lui remit de l'argent. Et la fille partit avec Jeanne et son chum. Avant d'arriver à la porte, la dame signifia à sa fille l'heure du retour, ce qui a semblé faire l'affaire de tout le monde.

Ces gens, pour moi, jouaient un jeu. C'était du drôle de monde. Ils montraient une entente entre eux. Ils ne se chicanaient pas. Ils s'entendaient. Encore une fois, je me dis que cela ne pouvait être la réalité. Je revenais toujours là-dessus, depuis que j'étais dans ma famille d'accueil. Bien sûr que c'est parce que j'étais là que la dame avait laissé partir sa fille avec Jeanne et son chum. Je ne voulais pas être à sa place quand elle arriverait à la maison. Là, elle serait seule avec sa mère et la famille. Alors, elle serait battue. Cette dame était encore plus grosse que ma mère. Elle devait être bien plus forte. La fessée serait plus violente, plus cruelle.

J'écoutais parler cette dame. Elle me faisait peur, assez, que je demandai à madame Vaillancourt la permission d'aller à ma chambre.

— Bien sûr, Élisa. Tu peux y aller. Personne ne peut t'en empêcher. T'as pas toujours besoin de me demander quoi faire. Ici, tu es libre. Tu es chez toi. Fais ce que tu veux, pourvu que tu respectes l'ordre, que tu prennes tes responsabilités face à tout le monde.

En écoutant madame Vaillancourt, je me disais : « Ça y est. Elle est fâchée. » Elle ne veut plus de moi. J'éclatai en sanglots.

— Pourquoi pleures-tu, Élisa?

— Vous voulez que je parte.

— Bien non! Voyons donc, Élisa. C'est pas ça que j'ai dit. Tu voulais aller te coucher. Je t'ai dit que tu pouvais y aller, que tu n'avais pas besoin de permission pour aller dans ta chambre ou ailleurs dans la maison. Tu me demandes tout. Ça fait plusieurs fois que je reviens là-dessus. Ici, tout le monde a sa liberté. Tu me demandes aussi pour aller à la toilette. Personne ici ne demande la permission pour aller à la salle de bains.

— Bien, madame Vaillancourt. J'ai compris. Avec ma mère et Arthur, ce n'était pas comme ça. Je ne suis pas encore habituée à votre manière de vivre.

Les jours passèrent. Mes cauchemars ne disparaissaient jamais. Je me réveillais encore souvent, en sursaut, très stressée, un nœud dans le cœur qui me serrait tellement fort, qu'on aurait dit qu'il allait m'étouffer.

L'école allait bientôt recommencer. Depuis les quelques semaines que je vivais dans ma famille d'accueil, je n'avais plus été battue ni violentée. Je profitais de ce calme. Je pensais à mes compagnes et compagnons de classe. J'étais hésitante à retourner à l'école. Je ne me sentais pas motivée. Et puis, je ne me voyais pas demander de l'argent à madame Vaillancourt pour l'inscription et pour acheter le nécessaire pour la rentrée des classes. Je me sentais incapable de lui parler de cela. C'était au-dessus de mes forces.

Mais la journée et l'heure de la rentrée arrivèrent. Les premiers jours, je pus me débrouiller sans argent. Mais finalement, je n'eus plus le choix.

À l'école, le professeur a été très sévère envers moi, me faisant clairement savoir que je ne pouvais pas suivre les cours sans crayons, sans cahiers, sans le nécessaire. Il a fallu que je prenne mon courage à deux mains. Et je me demandais si c'était préférable de demander l'argent à monsieur ou à madame Vaillancourt. Lui, je le trouvais plus gentil. Mais il ne me parlait que très rarement et il me faisait un peu peur. Quant à madame Vaillancourt, j'avais peur qu'elle fasse comme ma mère, qu'elle m'envoie chez le diable avec une volée par-dessus. Plus je pensais à tout cela, moins je savais quoi faire.

Je trouvai une solution à mon problème : Jeanne. Certainement qu'elle accepterait de faire cette demande pour moi auprès de sa mère ou de son père. Mais elle hésita, me disant de faire moi-même mes commissions, ajoutant :

— Ma mère ne te mangera pas.

— S'il te plaît, Jeanne. Fais ça pour moi. Je suis trop gênée.

— Élisa, j'accepte pour cette fois, mais promets-moi que, la prochaine fois, tu feras tes demandes toute seule.

— Je te le promets, Jeanne.

Aussitôt que Jeanne eut parlé à sa mère, madame Vaillancourt me fit venir auprès d'elle.

47

— Élisa, assieds-toi. On va se parler.

Je pensais qu'elle voulait me dire non.

— T'as quelque chose à me demander, Élisa?

Je ne savais pas quoi dire. Je me disais que Jeanne ne lui en avait pas parlé. Pourtant, elle me l'avait promis. Madame Vaillancourt revint à la charge.

— Je sais ce que tu veux. Jeanne m'en a informée. Mais cette demande, elle doit venir de toi, Élisa. J'attends que tu m'en parles.

— Oui, j'ai besoin d'argent pour acheter les cahiers de classe et les crayons pour commencer mon année.

— Vois-tu, Élisa, comme il est facile de demander soi-même. Voilà ton argent. Si tu veux quelque chose, dans l'avenir, viens me voir directement.

— Merci! Merci beaucoup, madame Vaillancourt.

Elle m'avait donné une leçon. Je me dirigeai à ma chambre et continuai à réfléchir sur cette façon de procéder. Avec ma mère, ç'aurait été non, suivi d'une volée. Tout ça était tellement bizarre. Je comprenais mal tout ce bon sens, cette manière normale de vivre, d'échanger, de demander, de dialoguer. Beaucoup de choses me trottaient dans la tête. Je n'y comprenais absolument rien. Tout ce que j'avais vécu, appris et observé pendant ces seize années n'existait plus. Je cherchais la vraie réalité, la seule que je connaisse. Je trouvais la vie bien compliquée et me demandais souvent ce qui se passait. Cela m'inquiétait. Je trouvais toutes ces façons de procéder mystérieuses, sans en savoir davantage.

Le retour à l'école

Quand je retournai à l'école, je revis peu à peu mes anciennes compagnes et anciens compagnons de classe. Ils étaient tous étonnés de ma nouvelle allure et de mes nouveaux vêtements. Maintenant, je pouvais me sentir comme les autres. Et quand je voyais que d'autres étaient mal habillés, cela me tracassait. J'étais mal à l'aise pour eux. Je me disais qu'ils devaient être les moutons noirs dans leur famille. Dans mon cœur, je ressentais de la pitié. Bien souvent, je me voyais dans leur peau. Ils avaient l'air aussi gênés que moi. J'étudiais les moindres gestes qu'ils faisaient. Je voulais découvrir moi-même s'ils étaient des enfants violentés...

La vie se poursuivait normalement, à la maison et à l'école. Il y a des fois que je trouvais cela curieux, car ça faisait tout près d'un mois que je vivais dans ma famille d'accueil et que la violence était toujours absente. Je ne comprenais rien de ce qui se passait. Je les trouvais encore trop différents de ma mère et d'Arthur.

Peu à peu cependant, je m'habituai. Ce genre de vie fit changer le mien. Je me sentais mieux. Mon cœur semblait vouloir battre plus normalement. Le nœud était moins serré. J'étais moins nerveuse, moins méfiante. Je n'étais pas complètement heureuse, mais c'était mieux que mes années de noirceur, de terreur.

Un jour, au début de cette année scolaire, je vécus des heures difficiles. J'avais revu mes sœurs à l'école. Je constatai qu'elles n'étaient plus comme avant, face à moi. Elles n'arrivaient plus à me parler. Je doutais bien que ma mère et Arthur y soient pour quelque chose dans cette attitude. Elles étaient gênées, mal à l'aise. Nous n'avons rien pu nous dire. Ça me fit un peu drôle, comme si elles ne me reconnaissaient plus. Pourtant, c'était bien moi, Élisa T. Notre rencontre ne dura pas longtemps, à peine quelques minutes. Lorsqu'on s'est laissées, je me détournai quelques fois pour les regarder. C'était bien difficile pour moi d'accepter d'être comme une étrangère devant mes sœurs. Cela m'a chagrinée. Elles avaient agi comme si je les avais trahies, comme si elles m'en voulaient.

Cette même journée, j'avais vu mon frère Richard dans la cour de l'école. Et, comme je m'approchais de lui, il me tourna le dos, se glissant entre les groupes pour m'échapper. Je pensai qu'il avait honte de moi, ou de lui, peut-être. Au fond de mon cœur, je sentais une tristesse m'envahir. Je trouvais cela horrible d'avoir un frère et deux sœurs aussi froids, aussi distants. Tous les trois, ils avaient agi comme si je n'existais plus, comme si on ne s'était jamais connus, comme de purs étrangers. Je me sentis orpheline. Ma famille m'avait complètement rejetée, ne me reconnaissait plus, m'avait oubliée.

Pourtant moi, moi, j'avais hâte de retourner à l'école pour revoir mon frère et mes sœurs, afin de leur parler, de leur donner des nouvelles, pour partager avec eux cette nouvelle vie et pour leur demander comment ça se passait à la maison. J'aurais voulu partager leur chagrin, leur tristesse. Il me semble que, des deux côtés, la vie aurait été moins pénible à supporter. J'avais tout fait pour les aider. Avant de les voir, je me sentais plus forte. Mais voilà, il fallait peut-être, encore une fois, que je sois punie de quelque chose. Ils m'ont évitée, comme si je n'étais plus des leurs. Je n'étais plus habillée comme avant, j'avais changé d'allure, mais cela ne cachait pas le passé. Je portais encore ma béquille. Cette journée-là, je revis mentalement tout ce passé. Et c'était pire, je me sentais rejetée par mon frère et mes deux sœurs.

Ils ne pouvaient pas imaginer le mal qu'ils me faisaient en agissant ainsi. Devant cette souffrance insupportable, j'aurais voulu être morte.

Arrivée chez madame Vaillancourt, je désirai être seule avec moi-même. Dès mon entrée, je me dirigeai vers ma chambre afin de pleurer en silence, pour noyer cette peine qui venait s'ajouter, pour réfléchir à tout ce qui venait de m'arriver, dans le calme.

Madame Vaillancourt m'attendait, l'air assez mystérieux. Elle devait sûrement avoir quelque chose d'important à me dire, car elle n'agissait pas normalement. Ce n'était pas sa façon habituelle.

— Viens t'asseoir, Élisa. J'ai à te parler.

— Qu'est-ce que j'ai fait?

— Tu n'as rien fait de spécial. Sois bien à l'aise.

Je cherchais bien pourquoi elle voulait tant me parler. Peut-être y avait-il eu un accident dans ma famille, un frère ou une sœur, ma mère ou peut-être Arthur.

— Dites-moi ce qu'il y a.

— Viens près de moi, Élisa. Ce que je vais te dire n'est pas facile pour moi. Nous ne pouvons plus te garder ici. Ce n'est pas que nous ne t'aimons pas, mais tu dois comprendre que, cette décision, c'est pour ton bien que je la prends.

Elle me regardait et, un peu mal à l'aise, elle poursuivit :

— Tu sais, Élisa, qu'on est nombreux ici. J'ai déjà plusieurs enfants comme toi à m'occuper et cela me donne beaucoup d'ouvrage. Je ne peux plus te garder. J'en ai parlé avec madame Benoît et elle est d'accord avec nous.

J'étais prise de panique. Tout a éclaté. Je pleurais et je criais :

— Je ne veux pas m'en aller. Je ne veux plus retourner chez ma mère. J'ai revu mes sœurs et mon frère à l'école et ils ne veulent plus de moi. Je suis seule au monde, maintenant. Je vous en supplie, gardez-moi avec vous. Je ferai tout ce que vous voudrez. Je travaillerai jour et nuit. Je vous aiderai. Je vous le promets.

Les larmes coulaient comme un ruisseau. Cette nouvelle que venait de m'annoncer madame Vaillancourt, c'était la goutte qui avait fait déborder le vase.

51

— Ne pleure pas, Élisa. Tu ne retourneras pas chez ta mère. Tu demeureras chez ma belle-sœur, celle que tu as vue dernièrement. Elle aime beaucoup les enfants. Elle en a déjà trois. Je suis certaine que tu vas aimer cela. Il faut que tu comprennes que c'est pour ton bien que je le fais. Et puis, si t'as envie de revenir nous voir, tu seras la bienvenue parmi nous, quand tu le voudras. On sera toujours heureux de te revoir.

La tête basse, je lui fis signe que j'avais bien compris.

Je ne voulais plus pleurer devant elle. Je la regardai en me disant qu'elle m'avait trahie. Encore une fois, on me rejetait. Encore une fois, on ne pouvait pas m'aimer. Je ne voulais pas aller chez cette grosse dame qui me faisait peur et qui me faisait penser à ma mère. J'étais certaine que, si j'allais là, je serais battue. Je n'aimais pas cette dame où on voulait m'envoyer. Je ne l'aimerais jamais... Autant mourir tout de suite...

Sans ajouter un mot, le cœur au bord des lèvres, je m'enfuis dans ma chambre, cette chambre qui m'avait apprivoisée et que je considérais comme mon refuge, mon endroit de silence, de paix, de repos, de quiétude.

Madame Vaillancourt resta immobile devant une chaise vide et une porte qui claqua au bout du couloir.

En colère, je mis tout ce que j'avais dans des sacs de papier. J'étais fâchée, révoltée, écœurée. Quels hypocrites ils étaient tous! Ils m'avaient joué la comédie de la tendresse et de la famille idéale, pour finalement me rejeter aussi vite. Pourtant, on accueille bien un chien. Moi, l'être humain, on me rejetait, on refusait de m'accueillir. J'aurais dû être un chien. Peut-être qu'on m'aurait mieux aimée. Peut-être qu'on m'aurait gardée, avec amour, tendresse, affection. Avoir été un chien, je n'aurais jamais connu une vie semblable. Mes parents m'auraient sûrement aimée. Malheureusement, je n'étais pas un chien, mais seulement un être humain qui demandait d'être aimé, rien de plus.

Était-ce si difficile que ça, de m'aimer? Cette question, plus que jamais, me trottait dans la tête. Peut-être qu'on ne me trouvait pas assez belle.

Je ne comprenais rien à cette vie-là. Pourquoi on m'éloignait ainsi? Qu'est-ce que j'ai bien pu faire de mal depuis ma naissance pour vivre tout ce qui m'arrive, pour voir se succéder tant de choses négatives. Était-ce ma vision de la vie qui n'était pas correcte? Était-ce parce que je vivais sans but, sans idéal? Était-ce parce que j'étais trop accrochée à mon passé? Je me sentais rejetée partout. Pourtant, j'avais l'impression de faire de mon mieux. Tout ce que j'avais appris de bon depuis ma naissance, je tentais de bien l'appliquer. Le petit peu d'amour que j'avais, je voulais le donner. Je me sentais inutile. Jamais quelqu'un ne pourrait m'aimer, ma mère me l'avait tellement répété. Je me sentais écœurante, laide, maigre.

L'image de moi que je projetais était des plus négatives. Même ma mère n'avait pu me supporter. Même elle, avait voulu me faire disparaître. Rien ne valait plus la peine maintenant d'être essayé.

Avec mes sacs dans les deux mains, je suis retournée dans la cuisine. J'avais le cœur cassé en mille miettes. J'étais prête à faire n'importe quoi, tout ce qu'on m'obligerait à faire. J'étais assise près de la fenêtre, attendant l'arrivée de madame Benoît qui devait venir me chercher. Madame Vaillancourt n'était pas dans la cuisine, ni dans le salon. Je ne savais pas où elle était. Quelques minutes plus tard, l'auto de madame Benoît s'arrêta devant la porte. Je la vis sortir et qui s'apprêtait à entrer dans la maison. On frappa à la porte et, au même moment, je vis madame Vaillancourt aller lui répondre. Je ne savais pas d'où elle était sortie. Elle l'accueillit poliment. Les échan-

53

ges furent courts. La travailleuse sociale avait l'air de mauvaise humeur. Ce n'était pas comme la dernière fois. Peut-être que, pour elle, j'étais devenue un fardeau.

Je me sentais toute petite, désagréable, toute seule. Une autre fois, j'avais ce maudit nœud dans le cœur qui me rendait la respiration difficile. Et madame Benoît, se tournant vers moi, me dit, sur un ton sec :

— Es-tu prête, Élisa?

— Oui, madame.

Je voulais être polie, prête. Je ne voulais pas la retarder, elle qui semblait si pressée et qui montrait une froideur et une humeur plutôt maussades. Avant de partir, je dis à madame Vaillancourt de ne pas oublier de dire bonjour à Jeanne pour moi. Elle me répondit :

— Sois pas inquiète. Je ferai ta commission. On va aller te voir et toi aussi tu viendras. Tu seras toujours la bienvenue.

On s'est quittées de cette façon, sans trop de chaleur.

La portière de l'auto se referma et mon cœur « itou ». S'ouvrirait-il un jour? Dans l'auto, ce fut un silence qui me rendit mal à l'aise, comme si je n'étais plus capable de rien dans ma vie. J'aurais eu envie de crier. Pourquoi cette froideur? Je tentais de me calmer en me rappelant les bonnes choses que j'avais apprises chez madame Vaillancourt, en me rappelant les bons moments, cette quiétude que j'avais trouvée dans ce foyer d'accueil.

On circulait dans un endroit qui m'était inconnu. Nous étions dans un rang de campagne. Je voyais défiler les champs, les fermes, les maisons, les animaux, comme chez mon oncle Guy. Cela me faisait rêver à ces beaux moments où je courais à bras ouverts pour respirer l'air pur. C'était la liberté.

Madame Benoît commença à parler, essayant

d'amorcer la conversation, pour m'expliquer la situation. Je ne comprenais absolument rien de tout ce qu'elle me disait. Dans mon esprit, c'était la suite d'une succession de mensonges ou de demi-vérités. Tout ce qu'il y avait de vrai, c'était que personne ne voulait de moi dans ce monde.

Lentement, mon cœur continua à se refermer. Le dos rond, toute frêle sur le siège, je répondais vaguement aux questions de celle qui se définissait comme ma protectrice. Ma seule consolation était de me dire que jamais, jamais, ma mère et Arthur ne pourraient me retrouver dans ce coin perdu. Je ressentis alors un certain soulagement.

Je sursautai quand l'auto tourna pour s'engager dans une entrée. Au bout, c'était une grosse maison verte à deux étages et, à côté, un garage ainsi qu'une grande étable. Les maisons et les fermes les plus proches étaient situées à plus d'un kilomètre. Je me dis que cet isolement constituait ce qu'il y avait de mieux comme endroit propice à la violence. Ils pourraient me battre à leur guise, sans que personne puisse me secourir. Je me croisais les doigts. J'étais fermement décidée à leur montrer de quel bois je pouvais me chauffer et que je n'étais plus aussi vulnérable qu'avant.

J'étais quand même décidée à faire tout ce qu'ils me demanderaient afin d'éviter les « volées ». J'en avais vu d'autres. J'aurais l'œil ouvert et le bon.

Remplie de crainte et de mépris, je pris mes bagages et, avec madame Benoît, on entra dans la maison. Je ressentis une étrange impression. J'avais la certitude que je connaissais cet endroit, que j'y étais déjà venue. C'était comme si je revenais chez moi. Malgré moi, je me sentis en confiance, presque contente d'être arrivée. Madame Simard m'accueillit avec un beau bonjour. Trop absorbée par mes sentiments contradictoires, je ne me souviens plus si je lui ai répondu. Je continuais à être impressionnée. J'avais déjà vu cette maison...

Chapitre 2

Découverte de l'amour

Le séjour dans mon premier foyer d'accueil, chez madame Vaillancourt, n'avait donc duré que quelques mois. Ça m'a fait beaucoup de peine de quitter ce foyer. Je commençais à m'y habituer et à y être à l'aise. Ce changement, le deuxième depuis le départ définitif de chez mes parents, m'avait bouleversée au plus haut point. Je n'avais eu aucune nouvelle de ma mère et d'Arthur, encore moins de contacts avec eux. Mes frères et sœurs m'avaient rejetée; sans doute que ma mère leur avait donné des ordres très stricts de ne pas me parler. Quant à mon père, je n'en avais eu aucun signe de vie. Je ne savais pas où il était, ni ce qu'il faisait. Situation difficile à avaler pour la jeune adolescente que j'étais alors.

Beaucoup de chambardements qui ont eu pour effet de me plonger davantage dans le trou noir qui me paraissait sans issue. Viendrait-il un jour où le vent tournerait en ma faveur? J'avais envie de ce vent du Sud, cette brise chaude et paisible sur laquelle on se laisse bercer, sur laquelle on se laisse aller, cette brise qui fait tant de bien au corps et à l'esprit.

Voilà quelques minutes que je venais d'arriver chez mes nouveaux parents d'accueil. J'observais le lieu et les personnes. Madame Benoît jasait avec madame Simard. Moi, j'étais debout. Je vis une jeune fille blonde assise dans un fauteuil. Elle n'avait pas trop l'air heureuse de me voir. Je la regardai. Je ne savais pas si c'était son air habituel ou bien si elle était fâchée parce que j'étais là. Son air me gela. Je me souvenais de l'avoir déjà vue, en visite chez madame Vaillancourt. Ce soir-là, elle avait été joviale, montrant une figure épanouie, un visage heureux. Mon arrivée dans cette maison débutait du mauvais pied. Du moins, c'est ce que je ressentais.

Avant de partir, madame Benoît recommença le rituel, me répéta les éternelles remarques et mises au point :

— Tu seras bien tranquille, gentille, tu écouteras. Tu aideras pour les travaux de la maison, etc.

— Oui, madame Benoît, lui répondis-je.

Puis la travailleuse sociale quitta la maison des Simard.

Je me retrouvai seule avec ma nouvelle « mère adoptive » que je ne connaissais que pour l'avoir vue chez les Vaillancourt, quelques semaines auparavant, lors d'une visite familiale, ainsi que sa fille Josée.

Madame Simard, en premier lieu, me fit visiter la maison, sans trop de commentaires. Puis, elle me montra ma chambre. J'étais contente d'avoir ma chambre comme cela avait été le cas chez madame Vaillancourt. J'ai craint un instant de devoir partager une chambre avec sa fille Josée. Ma confiance envers cette nouvelle famille était à son point mort. Pour eux, j'étais une pure étrangère et je me demandais pourquoi ils avaient accepté qu'une fille comme moi, issue d'un milieu d'enfants battus, vienne vivre chez eux.

Au début, ce fut très difficile. L'adaptation était pénible. J'étais « insécure ». Je croyais qu'un jour ou l'autre, on me mettrait à la porte et qu'on viendrait me chercher pour aller vivre ailleurs. Je me sentais de plus en plus étrangère. J'avais l'attitude d'une fille complètement fermée. Je les épiais. Je voulais savoir si, comme les autres, ils étaient des hypocrites, des menteurs. Je voulais voir craquer leurs belles coquilles de politesse et de délicatesse.

Au contraire, je découvrais toutefois, à chaque jour, peu à peu, leur gentillesse, leur dévouement envers moi. Je sentais qu'ils voulaient réellement m'aider à devenir une femme qui pourrait prendre ses responsabilités, dans le futur, à sa majorité. Mais toujours, j'avais cette méfiance. Toujours, dans mon esprit, il y avait un doute. Tout cela ne pouvait être réel...

Chez les Simard, les deux jeunes garçons, Marc et Luky me plaisaient. Ils m'impressionnaient chaque jour. Ils étaient débrouillards et connaissaient beaucoup de choses pour des enfants de leur âge, soit onze et douze ans. Ils savaient conduire le camion, les tracteurs. Je n'avais jamais vu cela de ma vie. Ils faisaient aussi bien que les grandes personnes, dans la plupart des travaux de la ferme. Et ils avaient la pleine confiance de leurs parents. Je ne pouvais m'imaginer que des enfants de cet âge pouvaient avoir tant de place dans une famille sur le plan des travaux et des responsabilités.

Mon frère Richard et moi, plus âgés qu'eux, à dix-sept et seize ans, n'avions jamais rien su de tout cela. Chez les Simard, je me sentais coupable de ne pas savoir faire grand-chose. Tout ce que je savais, c'était le repassage et le ménage. Même Josée, à quinze ans, pouvait conduire l'auto. Je trouvais cela tout simplement incroyable. Je me disais qu'un jour, j'en saurais autant. Ce sentiment de fierté me donnait le goût d'apprendre. Et j'avais déjà hâte de voler de mes propres ailes.

À la maison, tout le monde aimait faire des farces. Le climat était jovial. On riait, des fois jusqu'aux larmes. Je n'étais pas habituée à cela. Parfois, je me sentais vraiment de trop. Josée recevait souvent ses amies. Je n'étais pas comme elles et elles me faisaient sentir leur différence. Ça me gênait. J'étais méfiante, une fille à problèmes, quoi!

Je me souviens, quand j'étais en présence des amies de Josée, j'essayais de cacher mes dents toutes cassées et mes nombreuses caries. Cela me donnait des complexes. Si on me regardait et riait, j'avais toujours l'impression que c'était de moi dont on se moquait. Souvent, je m'éloignais ou bien j'allais dans ma chambre pour pleurer. Ensuite, j'allais retrouver madame Simard. Elle était bonne pour moi et me réconfortait. Elle me parlait et essayait de me faire comprendre les choses. Mais c'était difficile pour elle. Sa patience m'impressionnait. Fréquemment, elle recommençait ses explications : elle parlait longuement et expliquait, réexpliquait, même si j'avais des problèmes de compréhension. Elle était très bonne et savait qu'il y avait eu d'énormes manques dans mon éducation d'enfant et de jeune adolescente. Elle faisait tout son possible pour combler le vide immense.

Je trouvais que tout le monde chez les Simard avait de la facilité à parler. Tous le faisaient bien. Ils étaient connaissants et savants. Je suivais bien mal leurs conversations. Je saisissais mal. Alors, je me mettais à l'écart. Je ne pouvais parler et me sentais stupide, ignorante. Ils pouvaient me faire accroire n'importe quoi. Ils pouvaient jouer avec ma naïveté, à leur guise. Et moi, j'embarquais et, quand ils riaient, ça m'insultait. Et je me fâchais. Je me sentais honteuse et me demandais constamment pourquoi je n'étais pas comme les autres. C'était toute la question d'avoir confiance en moi, de prendre conscience que j'étais comme les autres, aussi intelligente, aussi fine, aussi capable de parler. Mais ça ne venait pas. Je partais de trop loin. Il y avait eu trop de trous noirs dans mon éducation avec mon père, ma mère et Arthur. Toutes les humiliations et les souffrances d'une enfant battue étaient gravées au plus profond de mon être.

Les jours passaient. Josée commençait à s'habituer à moi. Peu à peu, on s'apprivoisait. Nous étions vraiment plus proches l'une de l'autre. Parfois, cela lui arrivait de se confier à moi et ça me donnait de l'importance, de la confiance. Elle avait besoin de me parler. Il m'arrivait de prendre mes distances, de m'en éloigner, de faire l'indépendante. Cela la choquait. Mais elle revenait toujours. On était devenues de bonnes amies, malgré, parfois, quelques différends avec ses frères. Souvent, quand il y avait des désaccords ou que je sentais que j'avais mal agi, je m'excusais et je le faisais toujours en premier. Car si je ne faisais pas les premiers pas, ils ne me parlaient plus. Ils étaient orgueilleux. Je n'aimais pas les situations de discorde. Et je me disais que c'était toujours de ma faute.

Une leçon d'amour

Lors des premiers temps que j'ai habité là, monsieur Simard était absent. Souvent, à la maison, madame Simard faisait mention de son mari. Peut-être pour le garder présent malgré son absence, au moins en esprit. Elle pensait souvent à lui et, lorsqu'elle en parlait, on aurait dit qu'elle le faisait comme pour un dieu. On sentait qu'elle l'aimait beaucoup. Tout haut, elle disait : « J'ai hâte que tu arrives, mon pitou, mon chéri, mon amour. Je m'ennuie de toi... » Je la voyais sourire, les larmes aux yeux.

Cela me faisait rire. C'était la première fois que j'entendais ça. Je me disais qu'elle n'était pas normale, qu'elle était folle. Ça devait plutôt être de son chum qu'elle parlait et non de son mari. Je me rappelais que, chez nous, l'amour entre un père et une mère était quelque chose de complètement impossible. Mon père et ma mère s'étaient séparés, et quand ils vivaient ensemble, je sentais qu'il n'y avait pas d'amour. C'était toujours des engueulades, des chicanes à n'en plus finir, la vaisselle ou différents objets lancés ou brisés.

Je me disais que madame Simard devait en inventer. Tout cet amour, c'était un rêve éveillé. Et cela me tapait « sur le gros nerf ». Cela me faisait lever le cœur quand elle parlait de lui comme ça. J'avais hâte de le voir arriver à la maison et de constater toute la relation de cet homme avec sa famille.

Le grand jour arriva. L'homme de la maison fut accueilli avec chaleur, amour et amitié. Tous l'ont embrassé. On lui a sauté au cou. On voulait se coller sur lui. Il avait acheté un cadeau à chacun et même à moi. J'en fus éberluée. Je restai surprise et très gênée de cette attention à mon égard. Je me mis un peu à l'écart pour déballer mon cadeau. Dans ma tête, j'avais peur qu'on me le vole. Il m'avait acheté un album de photos et apporté une carte postale de Matagami. C'était tellement joli et cela me procura un plaisir immense. Les autres voulaient voir mon cadeau. J'avais peur de le leur montrer. J'hésitais. Je ne voulais pas qu'ils me le prennent comme le faisait ma mère quand on me donnait quelque chose. Ils étaient contents pour moi. J'ai pu, pour l'une des rares fois de ma vie, garder ce cadeau. Cette attention de monsieur Simard m'avait fait vivre toute une leçon d'amour et d'amitié.

Je montai très vite à ma chambre, serrai précieusement mon cadeau, pour que personne ne me le prenne. Je redescendis retrouver les autres. Je voulais remercier monsieur Simard, mais le courage me manquait. J'aurais voulu être seule avec lui et lui dire toute ma reconnaissance, ma joie. Mais tous me regardaient et ça me gênait beaucoup. Finalement, je me décidai et lui dis un merci très rapide, un merci qui venait d'une fille maladroite, qui ne savait pas faire les choses, qui n'avait jamais appris comment se comporter dans de telles situations, qui n'avait, pour ainsi dire, jamais vécu de tels moments.

Tout de suite après, je me faufilai à travers tout le monde et me réfugiai dans ma chambre.

***

Les jours passaient. Leur comportement était toujours le même : ils riaient, se taquinaient et jamais ils ne se faisaient de mal. Je trouvais cela étrange et ça me rendait bien malade. Je brûlais de colère en dedans de moi. Je n'y comprenais plus rien. J'attendais toujours autre chose, soit une bataille, des cris de douleur, des chicanes, comme cela se passait chez nous. Ça me révoltait et je préférais m'enfuir pour ne plus regarder ce qui semblait des conneries. Ce n'était pas normal, c'était désastreux et ça m'écœurait. Dans ma famille, ce qui était normal, c'était de crier, de se chicaner, de s'engueuler, de battre un enfant, de boire de l'alcool, de profiter d'une situation, de faire du chantage, etc. Rendue dans mon refuge, ma chambre, je restais seule avec mes peurs et l'angoisse de ce qui allait se passer par la suite : les Simard ne pouvaient pas continuer ainsi à s'aimer, à se taquiner, à jouer. C'était de l'hypocrisie. Un jour, ils me feraient découvrir leur vrai visage de violence et on recommencerait à me battre.

De ma chambre, mes oreilles étaient à l'écoute de tout ce qui se disait. Mais toujours, je finissais par m'endormir. Et mes cauchemars habituels se répétaient. Et je me réveillais en sursaut. En ces moments, je cherchais, j'écoutais avec inquiétude pour tenter de savoir ce qui se passerait; mais rien, plus rien. C'était le calme le plus total : tout le monde, dans la maison, était couché et dormait. Ça me rassurait. Je me rendormais dans la tranquillité jusqu'au lendemain.

Souvent, le matin, il m'arrivait d'avoir peur lors de mes sorties du lit. Lorsque je me réveillais, je m'attendais à me faire crier par la tête, à recevoir une série de bêtises ou bien une volée.

Souvent, je me disais : « Ils sont sur le bord de craquer. Ils vont éclater. Ils ne pourront pas toujours rester ainsi, aussi heureux, aussi joyeux, aussi amicaux. »

Je vivais chez les Simard depuis un bon bout de temps, mais rien ne changeait : jamais de violence, pas de volées. Personne ne me frappait. Je me disais : « Ça se peut pas. Ils sont hypocrites. Ils jettent de la poudre aux yeux. Ils agissent ainsi parce que je suis là... J'avais tout mon temps. J'étais patiente. Je viendrais bien à les surprendre dans un moment de violence.

Après toutes ces semaines où je m'acharnais à ne pas croire à ce bonheur, où, d'un jour à l'autre, d'une minute à l'autre, je m'attendais à redevenir une enfant, une jeune adolescente violentée, humiliée, ce fut le temps du retour à l'école; les vacances étaient terminées. J'avais perdu toute envie du retour en classe. Ça me dégoûtait. Je ne pouvais m'y faire. Au début de l'année scolaire, je me fis quelques amies. Du côté de ma famille, mes sœurs recommencèrent à me parler. J'en fus folle de joie. Cela me procura beaucoup de bonheur. À la première rencontre, j'avais tellement envie de les serrer très fort contre moi. J'aurais tant voulu leur dire que je les aimais.

Elles m'apprirent les raisons de leurs comportements antérieurs et pourquoi elles m'avaient tourné le dos. Ce fut exactement comme je l'avais pensé : ma mère et Arthur leur avaient défendu de me voir, encore plus de me parler. La directive était toujours là, mais mes deux sœurs ont sauté par-dessus. C'était plus fort qu'elles. Au fil des jours, le rapprochement entre mes sœurs et moi s'accentuait davantage.

Cupidon

Un beau jour, en revenant de l'école, je vis tout un beau gars. Il avait les cheveux noirs. Ce fut un coup de foudre indescriptible. En le voyant, j'eus des frissons partout sur mon corps. J'en tombai amoureuse sur-le-champ. Je me disais que, lui, il ne m'avait pas remarquée, que j'étais une fille comme les autres, mais je trouvais qu'il était magnifique, superbe. Je n'avais jamais vu un aussi beau garçon de toute ma vie. Il entrait dans le garage de monsieur Simard. Il me fallait à tout prix trouver un prétexte pour le voir de plus près et peut-être faire sa connaissance, qui sait?

Je me sentais trop gênée pour aller dans le garage. Je ne saurais pas quoi dire, comment me comporter. Mais le désir était plus fort que tout. Un peu à reculons, j'entrai dans le garage. Je saluai monsieur Simard.

— Bonjour, Élisa. Qu'est-ce que tu viens faire ici?

— Rien de spécial. Je suis venue vous voir en passant. Je n'avais rien à faire.

Monsieur Simard me regarda avec un petit sourire moqueur au coin de l'œil. Cela me fit rougir de gêne. On aurait dit qu'il avait deviné pourquoi j'étais là, qu'il avait compris.

Il me présenta au jeune garçon que je trouvais encore plus beau et plus séduisant. J'étais dans tous mes états. Il s'appelait Justin et, quand il m'a regardé, j'ai presque fondu.

Je trouvai rapidement une excuse pour me défiler. Rendue dehors, je tentai de reprendre mon souffle. Les yeux fermés, je me mis à rêver. J'étais bien dans ma peau. Je ressentais quelque chose d'extraordinaire. Je me répétais : « C'est mon chum... c'est mon chum... c'est mon chum... »

Trois mois s'écoulèrent avant que je ne revoie Justin. Pendant tout ce temps, je n'avais cessé de penser à lui. Cela meublait mon esprit de pensées positives. Je l'attendais. J'espérais qu'il devienne mon amour pour de vrai. Puis, de temps en temps, on se rencontrait. Il me parlait. Des fois, nous dansions lors des soirées du vendredi ou du samedi soir à la salle paroissiale du village. C'était l'époque du gogo. J'aime ce type de danses. Et quand arrivait le temps d'un slow, je ne ratais pas ma chance.

Justin fut le premier homme qui m'a embrassée. Ce moment-là, je ne l'oublierai jamais. Je flottais sur un nuage.

Un soir, chez monsieur Simard, alors qu'on parlait de Justin, mon « père adoptif » me dit que c'est lui qui avait tout arrangé pour qu'on se connaisse. Il me dit ça à la blague. Moi, j'eus une réaction de colère. J'aurais voulu le tuer. Je ne voulais plus rencontrer Justin. J'avais honte. Je voulais que Justin me rencontre pour moi et non parce que monsieur Simard lui avait demandé de le faire. Ce garçon m'avait fait niaiser. J'eus beaucoup de peine.

Monsieur Simard m'expliqua qu'il avait fait ça pour me faire plaisir.

— La première fois que tu l'as rencontré au garage, tout de suite, j'ai vu que tu avais eu le coup de foudre pour ce garçon. J'ai fait ça pour t'aider, Élisa. Je n'avais pas d'autres intentions.

C'était trop beau pour être vrai, que Justin s'intéresse à moi pour ce que j'étais, cette jeune adolescente ridicule, frêle et gênée et qui ne se trouvait pas belle du tout. Il était beaucoup plus âgé que moi, d'une dizaine d'années.

Avec Justin, ça ne dura pas. Je l'oubliai.

À cette même période, un autre gars courait après moi, mais il ne m'intéressait pas. J'ai joué. Je suis sortie avec lui en faisant semblant que je le voulais, que je l'aimais. Ça n'a pas duré. Je l'ai vite laissé tomber. Mais quelques semaines plus tard, je me suis mise à beaucoup penser à lui. Je l'ai rappelé et il m'a dit qu'il ne voulait plus me revoir, me fermant presque le téléphone au nez.

J'en fus insultée et je piquai une sainte colère, toute une crise de nerfs.

Quelques mois plus tard, ce même homme me déclara son amour. Il était amoureux de moi et me demanda en mariage. J'étais beaucoup trop jeune et je ne l'aimais pas suffisamment pour le marier. Imaginez un peu…

Ma réponse fut : « Non. »

Le moment tant attendu

Le temps continuait à se dérouler. Tout allait normalement. Un soir, pendant le souper, Josée échappa un verre, alors que nous étions à table. Il se fracassa en mille miettes. Je me dis : « Ça y est. Ça va être sa fête. »

Pour moi, cet incident serait l'occasion, pour une première fois, de constater la violence des Simard. J'étais certaine que Josée en mangerait toute une pour ce qu'elle venait de faire. Casser un verre, c'était plus que suffisant pour avoir une « volée ». Autour de la table, c'était le silence total.

Soudain, madame Simard se leva, sans dire un mot. Elle revint avec le balai et le porte-ordures. Elle ramassa tout en disant :

— C'est pas grave, Josée. Mais la prochaine fois, tu feras attention. Des verres, il ne nous en reste plus beaucoup. O.K., ma chérie?

Je ne comprenais plus rien. Chez nous, à la maison, cela aurait mérité à quiconque toute une volée. Rien ne se déroulait comme je l'avais prévu. « Qu'est-ce qui se passe, mon Dieu? » La colère montait en moi. Je n'en pouvais plus et je leur dis :

— Chez nous, si j'avais fait une bêtise comme ça,

j'aurais mangé toute une raclée, surtout d'avoir cassé un verre. Vous êtes une bande d'hypocrites. J'en ai assez!

Personne ne parlait. Et je me suis mise à crier de toutes mes forces, très fort. J'étais devenue comme folle, leur disant tout ce que je pensais, en pleine face. Je n'avais aucune pitié, aucun regret de ce que je leur disais. Je pleurais de rage.

— Vous êtes des malades. Vous n'êtes pas normaux. C'est pas juste. Pourquoi vous ne donnez pas la volée à Josée? Elle le méritait. J'en ai assez de tout ça. Vous faites toujours semblant de rien, comme si tout était normal. C'est « chéri » icitte et « chérie » par là. « Chéri, mon amour... » C'est très écœurant.

Ils me regardaient tous avec de grands yeux, comme si c'était la première fois qu'ils me voyaient. J'étais l'Élisa qui avait été battue et qui portait encore plus de cent marques visibles sur le corps. J'étais cette jeune adolescente qui avait été violentée, martyrisée pendant toute sa maudite enfance. Je ne parlais plus. C'était silence et personne ne disait un mot. Je continuai :

— Je ne suis pas à vendre.

Mes cris ont repris, des éclats de peine. Je crachais ce que je gardais depuis longtemps en dedans de moi.

Ce cri du cœur, c'était pour leur montrer que j'en avais assez des « minoucheries ». Ils ne pouvaient être différents des autres. Il fallait qu'ils soient comme dans ma famille. Je ne voulais pas qu'ils soient mieux... Je pleurais comme une perdue. Je ne savais plus ce que je disais. J'étais cruelle. C'est madame Simard qui parla la première :

— Arrête-toi, Élisa. Tu nous fais peur. Maintenant, tu vas te calmer.

Madame Simard se leva et ajouta :
— Suis-moi.

Je voulus parler, mais, sèchement, elle me dit de me taire, sinon j'allais retourner chez ma mère, immédiatement. Josée se leva, elle aussi, et elle réclama à sa mère que je sois renvoyée sur-le-champ. Elle la supplia, même.

— Maman, il va falloir choisir : c'est elle ou c'est moi.

Pendant ce temps, et sans que je m'en rende compte, madame Simard était au téléphone et parlait avec madame Benoît, la travailleuse sociale. Elle lui disait de venir me chercher sur-le-champ.

J'essayais du mieux que je le pouvais de voir la réalité en face. Cette crise, je l'avais faite parce que je croyais encore que c'était ma propre famille qui était normale et non pas celle des Simard.

Je faisais de gros efforts pour arrêter de pleurer. Peu à peu, je repris mes esprits. J'étais pâmée, au point où je manquais de souffle. J'entendais madame Simard, au téléphone, répéter à madame Benoît de venir me chercher, que plus rien ne marchait.

Je recommençai à pleurer de plus belle. Je comprenais maintenant les effets de cette crise. Je comprenais aussi que j'étais bien chez les Simard, que, dans cette demeure, je n'étais plus une enfant violentée.

Tant bien que mal, j'essayai de réparer ma crise de nerfs, mon impolitesse, cet écart de conduite inadmissible, probablement du jamais vu chez les Simard. Je suppliai madame Simard de me garder.

— Je veux rester ici. Je vous en supplie. Essayez-moi encore. Je vous promets de ne plus jamais me comporter de cette manière-là. S'il vous plaît, ne m'envoyez pas.

J'espérais qu'elle change d'idée et qu'elle me donne une chance. J'avais si peur. J'en tremblais de tout mon corps. Les secondes d'attente étaient comme une éternité.

Finalement, me regardant droit dans les yeux, madame Simard me dit qu'elle me gardait, que c'était la décision de la dernière chance. Une fois encore et ce serait trop tard. Je serais renvoyée. Je me suis jetée dans ses bras, la remerciant de tout mon être. J'avais tellement honte de moi.

C'était la première fois de ma vie que je me jetais ainsi dans les bras d'une personne. Je venais d'en prendre tout à coup conscience.

Une confidente

Après cet incident, les choses changèrent. Madame Simard devint ma confidente. Elle prenait souvent le temps de me parler, pour m'expliquer ce qu'était vraiment la vie, qu'il n'y avait pas que de la violence, mais aussi de l'amour, de la compréhension, du bonheur. Elle me le répétait tellement souvent que, peu à peu, je commençai à mieux comprendre et à accepter que c'est dans ma famille que ce n'était pas normal, que c'était eux, les malades.

Dans nos longues conversations, madame Simard mentionnait qu'elle n'avait jamais entendu dire que ça existait des enfants battus comme moi. Elle trouvait cela inhumain, impensable. Chaque fois qu'on en parlait, elle n'en revenait pas. Elle se demandait si c'était moi qui exagérais.

Peu à peu, je lui racontai tout. Cela la révoltait. Des fois, elle me demandait d'arrêter de parler, me disant que je lui racontais des mensonges. Mais j'insistais, je renchérissais, je revenais pour tenter de lui montrer que je disais la vérité, que tout cela m'était bel et bien arrivé. Et je lui dis que ma crise de nerfs à table, au sujet du verre cassé, lui montrait bien toute la contradiction que je percevais au fond de moi sur ces deux façons de vivre : une, basée sur l'amitié, l'amour, le bonheur, la tendresse, la joie de vivre; et l'autre, sur les chicanes, la haine, la violence, la cruauté. Deux mondes opposés, qui, pour moi, commençaient à s'éclaircir.

— Madame Simard, ma crise sur le verre cassé, c'est venu tout seul, sans que je me rende compte de ce qui se passait.

— Je le comprends, maintenant, Élisa. Mais nous, on n'est pas habitués. On ne veut plus revivre cela. Je ne veux pas que mes enfants soient témoins trop souvent de telles crises. Ça les perturberait.

Chapitre 3

Une nouvelle vie

À partir de ce moment-là, j'ai dû commencer une nouvelle vie de famille, comme ça se passait chez les Simard. J'apprenais les vraies belles choses. Tout ce que je voulais, c'était de faire du bien, seulement du bien autour de moi.

Je questionnais et requestionnais madame Simard. Parfois, j'étais complètement mêlée, mais elle recommençait jusqu'à ce que je finisse par comprendre. Parfois, elle me disait quelque chose que je ne comprenais pas, c'est-à-dire que je comprenais à ma façon et je répétais les gaffes, les erreurs. J'en faisais beaucoup. Elle était patiente envers moi. C'était une personne à qui je pouvais donner toute ma confiance, sur qui je pouvais compter à cent pour cent. Je pouvais lui dire toute ma douleur, ma tristesse, tout ce qui me faisait mal.

Des nouvelles de Patrick...

Un soir, je reçus un appel de ma sœur. J'étais contente d'entendre sa voix. Elle me dit qu'elle ne pouvait pas me parler bien longtemps. Elle avait profité d'une sortie de ma mère et d'Arthur. Très vite, dans notre conversation, elle me dit que notre jeune frère, Patrick, était devenu le souffre-douleur, l'enfant battu de la famille. On m'avait trouvé un remplaçant. Ma sœur insistait pour me faire comprendre que j'étais la seule qui pouvait aider Patrick. Je trouvais ça horrible. Mon petit frère était, à son tour, terrorisé, battu, et Arthur continuait son petit manège avec lui.

Ma sœur était affolée à l'idée que ma mère apprenne ce coup de téléphone et que je sois maintenant informée de ce qui se passait. Elle me fit promettre de ne pas en parler.

Mais il me fallait faire quelque chose pour Patrick, au plus vite... Je me sentais terriblement mal. J'étais inquiète. S'il fallait que ma mère apprenne cet appel. J'avais peur que Patrick se fasse tuer. J'étais résolue à en parler à madame Simard, mais comment lui apprendre cela. Il me manquait du courage. Je craignais de me rendre ridicule. Est-ce qu'elle me croirait, cette fois?

Patrick, je l'aimais. C'était primordial de l'aider. J'allai voir madame Simard et lui demandai conseil :

— Madame Simard, j'ai un problème. Il faut à tout prix que vous m'aidiez.

— Tu peux parler, Élisa.

Je lui racontai tout sur Patrick, des coups qu'on lui assénait; que mon frère Richard, le plus vieux, le violentait, l'humiliait; que ma mère lui donnait régulièrement des raclées; qu'Arthur l'agressait sexuellement.

— J'ai peur qu'on le tue, madame Simard.

Pour la première fois, j'informai madame Simard des agissements d'Arthur, des attouchements qu'il pratiquait sur mes frères et mes sœurs. Je me sentais malade de honte à tout lui dire cela. C'était moi que je voyais à travers Patrick. Je me sentais tout à fait impuissante. Je pleurais. Madame Simard m'écoutait attentivement et me demanda plusieurs fois si c'était bien vrai tout ce que je racontais.

— Je vous le jure. C'est toute la vérité.

— Alors, Élisa, rassure-toi. Je vais m'en occuper.

Madame Simard prit l'affaire en main. Il s'est écoulé environ trois mois avant que le dossier de Patrick ne soit réglé. Entre-temps, mon petit frère continuait à vivre chez ma mère et près d'Arthur. J'avais hâte que le problème de Patrick se règle et qu'il puisse vivre une vie normale. Pendant ces trois mois, madame Simard ne me parlait jamais de Patrick et de l'enquête que menaient les Services sociaux. Quand je la questionnais, elle me disait que ça avançait et que tout allait bien, de ne pas m'inquiéter.

Mon pinson

Chez les Simard, on avait un pensionnaire, un beau petit pinson, tout mignon, bien délicat, sauvage. Il m'attirait. Je trouvais qu'il me ressemblait. Il avait peur de tout, peur du monde, peur du bruit.

Je pris la décision de m'occuper de lui. Je l'aimais beaucoup. Je m'étais pris d'affection pour lui, depuis le début. Je passais de longs moments en sa présence, à vouloir l'apprivoiser. Lentement, avec beaucoup de patience, je réussis à l'avoir. J'en fus très fière et heureuse. Peu à peu, j'allais le voir de plus en plus souvent pour qu'il n'ait plus peur de moi. Un beau jour, pour la première fois, je l'ai sorti de sa cage. Il demeura sur mon petit doigt et regarda autour de lui. Puis, il décida de s'envoler.

Je le voyais aller et j'avais peur qu'il ne se tue, car il se frappait partout. Quelques secondes plus tard, il revenait se poser sur mon petit doigt. Je le redéposai dans sa cage et fermai la porte.

Au fur et à mesure que je sentais qu'il était plus à l'aise, se familiarisait avec cette possibilité de liberté, je pouvais laisser la porte ouverte. Quand je mangeais, il venait picorer dans mon assiette. C'était vraiment beau à voir. Je trouvais cela extraordinaire. Ça me réjouissait le cœur. Je me sentais moins seule. Je le voyais enfin libre de voler de ses propres ailes. Parfois, il allait se promener dans la maison et venait se poser sur mon épaule ou sur mon bras. Je lui avais montré à prendre un bain. Je faisais couler un peu d'eau tiède dans l'évier et je le regardais en profiter. Il avait tellement l'air heureux. Je trouvais ça tout simplement merveilleux. C'était comme de la magie de le voir aller, de le voir se débrouiller, agir, profiter de sa liberté.

Un soir, à l'émission *Cinéma de 5 heures*, on a présenté un film d'Elvis Presley. Moi qui étais folle de lui, je n'aurais voulu pour rien au monde manquer cette chance de voir mon favori à l'écran. J'adorais écouter ses chansons même si je ne comprenais pas un mot d'anglais. Ses films d'amour me passionnaient, tellement que, des fois, je pleurais.

Cette journée-là, c'était à mon tour de faire la vaisselle. J'avais fait couler l'eau chaude. J'y mis le savon et demandai à madame Simard la permission d'aller regarder le film d'Elvis Presley, parce que c'était mon acteur et mon chanteur préférés. Je lui promis de faire la vaisselle aussitôt après. J'obtins la permission.

Bien calée dans un fauteuil, dans le salon, je regardais et dévorais le film, ne voulant pas perdre ni un mot, ni une chanson, ni une image. Rien ni personne, à ce moment-là, n'aurait pu me faire bouger de mon fauteuil.

Quand le film fut terminé, comme je l'avais promis à madame Simard, je retournai à la cuisine pour laver la vaisselle.

À mon arrivée, près de l'évier, quelle ne fut pas ma surprise de voir mon petit pinson qui gisait dans l'eau savonneuse. Il ne bougeait plus. Mon petit ami était mort. Je me mis à pleurer. En le regardant, je croyais que j'allais devenir folle. J'avais oublié l'eau savonneuse, presque bouillante; j'avais oublié qu'à chaque soir, il prenait son bain, mais pas dans cette eau. Je ne pouvais m'arrêter de pleurer. Madame Simard s'amena en trombe vers moi.

— Qu'est-ce qu'il y a, Élisa?

— Mon oiseau!

Je ne pouvais plus parler. Je lui montrai l'évier du doigt. Les larmes n'arrêtaient pas de couler. Mes yeux étaient embrouillés. J'étais si malheureuse.

— C'est de ma faute, s'il est mort. C'est moi qui aurais dû mourir, pas lui. C'est pas juste. C'est si cruel.

Madame Simard voulut me rassurer.

— Arrête de pleurer, Élisa. C'est juste un oiseau.

— C'est peut-être juste un oiseau pour vous, mais, pour moi, il était tout. Il était à moi seule. Je l'aimais tellement. Je lui ai donné sa liberté et il en est mort. C'est ma faute. Le bon Dieu m'a punie. Il m'a enlevé ce que j'aimais le plus. Il était si gentil, si mignon. Pourquoi est-il mort?

Je voyais bien que je n'étais qu'un agent de malheur. J'étais incapable d'aimer sans qu'il m'arrive toujours quelque chose de triste. Pendant longtemps, je me suis sentie responsable et malheureuse de la mort du petit pinson, mon ami.

***

La famille Simard faisait tout pour me rendre heureuse. Tranquillement, je m'adaptai à leur style de vie. C'était une bonne famille : jamais de chicanes, jamais de coups, jamais rien de désagréable, tellement que je trouvais que ça manquait de vie. Ça m'agaçait, parfois.

Tout le monde était beau et joyeux. Monsieur et madame Simard étaient de grosses personnes qui aimaient bien la vie, manger, se divertir, rire, mais ils étaient aussi de grands travailleurs. Ils faisaient tout ce qu'ils pouvaient pour gâter leurs enfants. Et moi, je profitais des retombées de ce bonheur. C'était comme si j'étais devenue leur fille. Mon estime personnelle n'était pas encore revenue : je me trouvais

77

encore noire, laide et maigre. Mais jamais ils ne m'ont dit quoi que ce soit sur mon apparence physique. Au contraire, ils me faisaient des compliments qui me faisaient rougir et me mettaient mal à l'aise. Je continuais à ne pas m'aimer. Je continuais à me trouver pleine de défauts.

Un jour, madame Simard me demanda si j'aimerais cela que mon frère Patrick vienne habiter avec nous. Ça faisait tellement longtemps qu'on n'avait aucune nouvelle de ma propre famille, que j'avais perdu espoir... J'étais contente de voir que le dossier avait avancé. Contente mais étonnée.

Elle m'expliqua qu'elle avait réussi à le faire retirer de la maison de ma mère avec l'aide de madame Benoît.

— Élisa, que dirais-tu si on le prenait avec nous?

— J'en serais très heureuse, madame Simard. J'aimerais tellement cela.

Je pensai : « Comme ça, je ne serai plus seule. » Je pourrais m'occuper de lui comme avant. J'essayerais de l'aider à s'adapter dans cette famille où la violence était un mot inconnu.

Comme j'avais hâte de le revoir! Mais il me fallut user de patience avant de renouer avec lui. Enfin, le grand jour arriva. Patrick venait habiter chez les Simard, dans la même maison que moi. Quand je l'ai vu devant moi, il avait l'allure d'un petit sauvage qui avait peur de tout : qu'il me faisait donc penser à moi à la sortie du Tribunal de la jeunesse quand j'étais arrivée chez les Vaillancourt, ma première maison d'accueil. Plantée devant lui, je n'étais pas mieux, incapable de parler. J'aurais tellement aimé le serrer dans mes bras pour lui crier ma joie. Mais Patrick était exactement comme moi avant, un enfant complètement renfermé, un p'tit gars malheureux qui avait perdu toute confiance en lui et dans les autres. Et moi, j'étais devenue une étrangère pour lui. Cela me faisait de la peine : la séparation avait fait son œuvre.

Je me revoyais après le procès avec ce terrible sentiment de solitude et d'abandon. J'aurais tellement voulu lui dire combien je comprenais ce moment qu'il était en train de vivre, mais je restais sans voix. Je le regardais avec de la pitié. Il ne me disait rien. Pour lui, j'étais devenue une étrangère, une réalité bien triste à vivre. Il n'y avait plus aucune flamme en lui.

Après le départ de la travailleuse sociale, madame Benoît, il demanda, à la surprise de tous, s'il y avait un fusil dans la maison. Il rajouta que sa mère et Arthur reviendraient pour le chercher et qu'il lui faudrait un fusil pour se défendre. « J'ai peur! » a-t-il crié.

Madame Simard tenta de le rassurer, comme elle l'avait déjà fait avec moi.

— Calme-toi! Tu n'as pas à avoir peur. Nous n'avons pas besoin de fusil. Tu es ici en sécurité.

Je le regardais faire. Je le regardais analyser ce qui pourrait le blesser. Il essayait de trouver, comme moi, des travers, dans cette famille nouvelle. J'avais beau essayer de le rassurer, il me regardait avec curiosité. Parfois, j'avais l'impression qu'il me détestait. Patrick n'avait que neuf ans et il n'avait pas connu autre chose dans sa vie que les coups, la peine et l'inceste. Il était terriblement malheureux. Je le trouvais si loin de moi, si froid, seul dans son immense tristesse. De se retrouver dans un foyer étranger, ça devait être très dur pour lui, toute une expérience dans sa vie. Dans ces moments-là, on se demande si on ne préfère pas rester dans le trou, dans ce monde de violence plutôt que de faire face à l'inconnu.

C'est dans ce climat, cette ambiance, que Patrick est venu vivre dans ma deuxième maison d'accueil, chez les Simard. Il était replié sur lui-même, sans confiance envers personne, même pas envers moi qui étais pourtant sa sœur. Mais surtout, je le sentais, il était obsédé par une idée fixe : grandir au plus vite et devenir assez gros et fort pour aller tuer Arthur. Il le haïssait au plus profond de son être, farouchement. Je ne savais pas ce qui allait se passer, mais je voyais bien que la haine de Patrick pour Arthur était effrayante.

Cette haine, Patrick, mon jeune frère, me l'a décrite, plusieurs semaines après son arrivée chez les Simard. Il s'était décidé à parler. Et il m'a tout raconté ce qu'Arthur lui avait fait subir, tout ce qu'il l'avait obligé à faire.

Personne n'avait jamais voulu parler des vices d'Arthur. Entre frères et sœurs, on n'osait pas échanger là-dessus. On préférait garder le silence. On considérait qu'en parler ne faisait que nous plonger dans un passé qui nous avait tous écœurés. Patrick n'avait pas encore dix ans, c'était difficile pour lui de parler et de comprendre la portée des moments difficiles que lui faisait vivre Arthur.

À la maison, Patrick n'avait pas sa chambre. Il couchait sur un petit lit, dans un passage assez large, au deuxième. Chaque fois qu'il y avait un enfant en haut, Arthur se trouvait toujours un prétexte pour y monter.

Devant Patrick, Arthur se sortait le pénis en érection et obligeait l'enfant à le masturber. Régulièrement, Patrick devait se plier aux désirs du chum de ma mère. L'enfant n'avait pas le choix, il était forcé. Et il ne parlait pas par crainte d'être battu comme tous les autres.

Bien des années avant que Patrick ne soit le souffre-douleur d'Arthur, ma mère avait été informée qu'Arthur obligeait ses enfants à satisfaire ses appétits sexuels. Mais jamais ma mère n'avait fait quoi que ce soit pour l'en empêcher. Pour elle, c'était nous, les enfants, qui agacions Arthur, qui l'excitions.

Quand Patrick m'a tout raconté cela, j'ai longuement pleuré, me disant qu'un jour justice serait faite et que la vérité s'étalerait à la face de tout le monde.

Visite surprise

Un matin, tout était bien tranquille à la maison. Madame Simard était près de la fenêtre qui donnait sur l'avant de la maison. Elle lança :

— Nous avons de la visite, les enfants.

Je m'approchai de la fenêtre. Mon cœur se mit à battre très fort. Je voyais Arthur, titubant, sortir de la voiture et s'amener vers la porte. Il était avec mon père qui, lui, était resté dans l'auto. C'est lui qui conduisait. Arthur paraissait dans un état d'ébriété assez avancé. Je me sentis mal, comme si la terre avait arrêté de tourner. Je savais, depuis plusieurs semaines, que cette visite allait finir par arriver. Je mis mes bras autour des épaules de mon petit frère. Tant bien que mal, je fis tout pour apaiser la terreur qui s'était emparée de moi. Ça y était. Arthur était venu nous chercher pour retourner à la maison familiale et tout allait recommencer... Fini, le beau temps.

J'avais peur pour moi, mais aussi pour Patrick. J'avais peur qu'il s'en prenne à madame Simard et à sa famille qui avaient été tellement bonnes pour nous. Je le regardais qui marchait vers la maison. Plus il approchait, plus j'étais convaincue qu'il était saoul. J'avais plusieurs fois appris que, dans cet état, il était très dangereux et qu'il fallait être très prudent avec lui.

Madame Simard n'a pas tardé à sortir de la maison. Elle était sous le porche, comme un adversaire prêt à affronter son rival. Moi, je criais à madame Simard de rentrer, qu'il lui ferait du mal. Nous pourrions alors verrouiller la porte et être en sécurité.

Papa, lui, était assis dans l'auto, la tête basse. Je

me demandais bien ce qu'il faisait avec ce maniaque et pourquoi il l'avait accompagné à notre maison d'accueil. Je n'aimais pas cela et ça m'a révoltée, fâchée. En même temps, j'avais de la pitié pour mon père et je ne comprenais pas son attitude. J'avais tellement peur que je disais n'importe quoi. Je tremblais. Madame Simard me poussa derrière elle. Arthur s'avançait, une bière à la main. Il eut le culot de lui en offrir, geste démontrant sa bassesse, son impolitesse, sa grossièreté.

— On ne prend pas de boisson, ici, monsieur.

Madame Simard lui lança cette phrase sur un ton très sévère et elle renchérit :

— Quittez ce lieu immédiatement, sinon, j'appelle la police. Vous êtes sur un terrain privé. Vous n'avez rien à faire ici.

Et, s'adressant directement à mon père, elle lui dit :

— Si t'es pas capable de venir voir tes enfants seul et à jeun et de nous en informer une journée à l'avance, tu n'as pas d'affaire ici et tu n'es pas le bienvenu. On ne veut plus vous voir. Quittez notre terrain tout de suite et n'y mettez plus jamais les pieds, sinon, ça va aller mal pour vous deux.

Arthur voulut faire un pas en avant, mais madame Simard lui bloqua le chemin, prête à l'affronter, comme une poule qui protège ses poussins.

— Ne fais pas un pas de plus. Des salauds comme toi, on n'a pas besoin de cela ici. Décampe où je vais immédiatement appeler la police.

Arthur marmonnait. Il disait n'importe quoi. Il fit demi-tour et monta dans l'auto en faisant claquer la porte. Les deux hommes partirent en fou. Madame Simard rentra dans la maison.

J'avais le regard de mon père imprégné dans ma pensée et je me demandais bien pourquoi il était venu avec Arthur nous causer ce problème.

Madame Simard nous rassura :

— N'ayez plus peur, les enfants. C'est fini. Ils sont partis. Ils ne reviendront plus.

J'avais le cœur gros. Il nous a fallu plusieurs jours pour oublier cette visite.

Tuer le passé

Le temps passait. J'étais de plus en plus en sécurité. Pourtant, je n'arrivais pas à oublier mon passé. Grâce à la famille Simard, je me sentais un peu comme tout le monde. Au fond de moi, je portais toujours la honte de mon enfance, la honte de venir d'une famille maudite. J'aurais voulu oublier, mais ma mère et Arthur étaient là, quelque part, prêts à me menacer. J'ai souvent pensé que le seul moyen de vivre en paix serait de les tuer. J'ai souhaité et rêvé leur mort, j'ai espéré qu'ils disparaissent un jour en fumée comme les sorcières des contes de fées. À cette époque, je rêvais souvent à la mort, aux accidents. J'étais poursuivie. Je tuais ma mère. Dans mon sommeil, je pleurais.

Je me réveillais toute mouillée, en sueur, amère et triste à mourir. Jamais je ne pourrais oublier cette enfance pourrie, jamais je ne pourrais devenir une fille normale. Toute ma vie, je serais poursuivie par cette histoire de malheur et de haine. Toute ma vie. Pas moyen d'échapper à ça. Je portais la disgrâce sur mon corps, sur mon visage. J'étais toujours maigre, laide. Je n'osais pas sourire, de peur qu'on voie mes dents. Je me comparais souvent à Diane, si jolie, si élégante. J'avais pris l'habitude de porter deux pantalons superposés pour camoufler mes jambes maigres et croches. Il n'était évidemment pas question que je porte une robe.

J'allais toujours à l'école en rêvant au moment où je pourrais travailler, gagner ma vie et être un peu plus indépendante.

Josée, qui était plus jeune que moi d'un an, avait quitté l'école et elle travaillait, le soir, dans un petit restaurant. Je l'enviais terriblement. Je croyais qu'elle vivait comme une héroïne dans les romans. Elle gagnait de l'argent à faire cuire des œufs, à préparer des sandwiches, à sourire, à être gentille avec le monde. Il n'était pas question pour moi de faire la même chose, même si, dans le fond, je le désirais. Madame Simard tenait à ce que j'aille à l'école jusqu'à l'âge de dix-huit ans. J'avais tellement hâte de gagner ma vie. Du reste, je ne faisais rien de bon à l'école. J'avais trop perdu de temps pendant les premières années.

Je parlais souvent à madame Simard d'abandonner l'école, car j'avais le goût de travailler. Je revenais si souvent là-dessus qu'elle finit par être d'accord avec moi, me promettant qu'elle essaierait de me trouver quelque chose. Mais moi, je voulais travailler avec Josée : ce serait plus facile, je me sentirais moins gênée, moins perdue. Je ferais moins de gaffes.

En madame Simard, je voyais une mère. Elle était ma « mère adoptive », mais j'aurais tellement aimé qu'elle soit ma vraie mère. Cette pensée me blessait. Je ne serais jamais comme Josée. Élisa T. était une p'tite perdue.

Quelques jours plus tard, madame Simard m'annonça qu'elle avait parlé au propriétaire du restaurant où travaillait Josée. Je n'avais jamais été convaincue qu'elle entreprendrait cette démarche. Elle avait vraiment tenu sa promesse. J'étais contente. Mais je ne me faisais pas d'illusions. De jour en jour, j'enviais Josée. Je la trouvais si chanceuse. On l'avait embauchée dès la première demande et la première entrevue.

Avec moi, ce serait différent. Il fallait faire une enquête sur mes parents.

— Ce ne sera pas facile de te faire engager, Élisa. Madame Valois, la femme du propriétaire, ne veut pas te prendre, elle connaît ta mère. Elle a dit qu'elle ne veut pas de filles de Bertha à son restaurant : telle mère, telle fille.

Cette remarque me traversa le cœur. J'étais une fille marquée. On ne voudrait jamais de moi, au travail. Je portais la réputation de ma mère et elle en avait toute une.

Madame Simard revint :

— Ça m'embête de te dire ça, Élisa. J'ai tout essayé. Je lui ai expliqué ta situation du mieux que je le pouvais pour la convaincre, lui disant que tu avais besoin de travailler, que tu te sentais prête. J'ai quand même pu recevoir l'assurance qu'elle te rencontre. C'est au moins ça de pris. On n'a pas perdu tout espoir.

Une première chance

Madame Simard avait organisé une rencontre avec madame Valois, à l'aréna. La consigne était précise : il me fallait faire semblant de rien, debout dans les gradins. La dame du restaurant m'observerait de loin et donnerait une réponse après cette séance.

Je ne comprenais rien. J'étais un peu révoltée. Comment quelqu'un qui ne me connaissait pas pouvait-il être aussi injuste envers moi? Comment se faisait-il que cette femme sache tout sur ma famille, sur ma mère? Cette dernière gâchait tout, encore une fois. Son ombre maléfique continuait à planer sur ma vie. Dans mes pensées se déroulait tout un scénario :

À ma majorité, je quitterais ma ville, ma région pour un endroit où personne ne me connaissait, où je pourrais être appréciée pour ce que j'étais et non pour mon passé et pour la réputation de ma mère. Malgré tout cela, j'acceptai d'aller à l'aréna pour passer ce soi-disant test.

J'étais à l'aréna, sachant que cette dame que je ne

connaissais pas m'observait, comme on le fait pour du bétail. On fait défiler les jeunes taures et les acheteurs sélectionnent selon leurs critères. Quels étaient ces critères : la grandeur, la couleur des cheveux, l'allure générale. Je ne savais pas. Ça me choquait, mais je jouais le jeu. Je sentais des centaines d'yeux rivés sur moi et j'avais hâte que le supplice finisse puisque, de toute façon, ce serait inutile.

Quelques jours plus tard, madame Simard m'annonça que madame Valois voulait me voir et que, probablement, j'aurais un essai, au restaurant, seulement les fins de semaine afin de continuer mon année scolaire jusqu'au mois de juin. J'étais folle de joie. J'allais vivre ma première expérience sur le marché du travail. J'étais bien résolue à leur montrer tout ce que j'étais capable de faire et que je serais une excellente employée dans la cuisine et auprès des clients. J'allais faire tout mon possible. On me donna une chance. J'étais engagée.

J'étais terriblement excitée, mais, en même temps, morte de peur. Tous ces étrangers à qui je devrais parler. On me demanderait sûrement de porter la mini-jupe : quelle allure ridicule j'allais avoir avec mes jambes toutes maigres, toutes croches. De quelle manière j'allais m'y prendre pour faire une bonne impression à tous ces gens que je ne connaissais pas et qui riraient de moi. Mais j'avais décidé de travailler et le fait que je débuterais seulement les fins de semaine me convenait tout à fait.

Je me suis achetée une robe. C'était obligatoire pour me présenter au restaurant. Madame Simard me prêta l'argent. La robe était si jolie. Rouge et marine avec une petite ceinture rouge. J'étais tellement fière que je me regardais dans le miroir. La partie du haut m'allait à merveille. Rendue au bas, je me trouvais moins bien. Mais il fallait que je l'accepte comme ça.

Je voulais ce travail. C'était mon but. J'oubliai donc mes petites cuisses. J'effaçai mes jambes de mon esprit.

Madame Simard vint me conduire au restaurant. J'étais énervée au plus haut point. C'est le propriétaire qui m'accueillit. Le premier contact fut correct, même si j'avais du mal à parler, même si je bégayais un peu. Ma première tâche fut de l'aider à la cuisine.

— Élisa, tu vas me regarder faire. Je vais tout te montrer, tranquillement. Au fur et à mesure, tu pourras te familiariser avec tout ce qu'il y a à faire ici. Tu apprendras très vite. J'en suis certain.

Il me donna confiance, en adoptant cette attitude. Je me sentais déjà un peu plus à l'aise.

Mais, une fois le travail commencé, je me rendis compte que c'était loin de ce que j'avais imaginé. Je voyais sortir de belles assiettes, bien garnies. Je me demandais si je serais capable d'en faire autant. Il y avait beaucoup de choses à apprendre. Comment ma mémoire ferait-elle pour tout retenir?

Le patron était gentil. Ma relation était cordiale avec lui. Son amabilité m'impressionnait et il avait une belle voix. Je le considérais un peu comme un père. Et, au début, ce qui me plaisait, je n'avais pas à aller à la salle à manger pour servir les clients. J'observais toutes ses façons de travailler. J'enregistrais tout ce que je voyais. Je ne me laissais pas décourager, me disant que je viendrais bien à tout savoir. Il travaillait très vite. Ça devenait presque étourdissant de le voir aller.

Dans mon apprentissage, mon premier mets fut un club-sandwich. Je trouvai ça facile comme tout : les étages, le beurre, la mayonnaise, couper le tout en X et fixer les trois tranches, solidement, avec des cure-dents. Je fis une belle assiette, garnie de frites. J'étais contente de moi. Le plat avait belle allure. Je regardai, avec une pointe d'inquiétude, la serveuse emporter l'assiette au client. Quelques minutes plus tard, monsieur Valois demanda à la serveuse si le client avait aimé mon club-sandwich.

— Il a été parfait, mais le monsieur a dit qu'il ne manquerait pas de cure-dents...

Tous riaient comme des fous et moi, j'étais rouge comme une tomate, ne sachant pas quoi faire. J'avais peur qu'il ne veuille plus de moi à cause de cette histoire de cure-dents. J'étais confuse et me sentais ridicule, mais monsieur Valois me dit, en me tapant le bras :

— Ne t'en fais pas, ma belle! Je vais te montrer comment il faut les mettre, les cure-dents. Ce n'est pas sorcier, tu vas voir.

Ce club-sandwich fut mon brise-glace, mon baptême au restaurant. Après, monsieur Valois me présenta aux serveuses. Comme je les trouvais belles! Je n'avais jamais vu des filles aussi jolies, aussi bien arrangées. Comparée à elles, je me sentais diminuée, une pauvre petite fille qui n'avait pas d'allure. C'était encore une question de confiance que je ne pouvais trouver. J'étais très contente de pouvoir travailler dans la cuisine. Les serveuses étaient très rapides, efficaces et très courtoises avec moi. Je me sentais maladroite et empotée, mais chacune d'elles était patiente, malgré mes erreurs.

Quelques heures après mon arrivée au restaurant, on me présenta une grande dame. C'était madame Valois, celle qui n'avait pas voulu de moi parce que j'étais la fille de Bertha T. Elle haïssait ma mère. Je me sentis tout de suite mal à l'aise et nerveuse avec elle, mais son mari me rassura.

— Fais-toi-z'en pas, Élisa... Elle prend toujours une attitude de maîtresse d'école. Elle est comme ça. Elle n'a pas perdu ses habitudes d'enseignante. Tu vas voir, elle n'est pas si terrible. Elle est douce comme un agneau.

Mais je la trouvais tellement sérieuse. Elle paraissait fâchée. Je me méfiai d'elle.

Je commençais à avoir faim. J'étais arrivée au restaurant depuis plusieurs heures. Madame Valois me dit de me préparer un petit quelque chose et d'aller la rejoindre. J'avais le goût d'un sandwich au jambon, et m'en préparai un. Et je les rejoignis à la table qui était bien mise.

— Viens t'asseoir près de moi, Élisa.

Et elle ajouta :

— Mon Dieu qu'elle est mignonne, cette petite!

Cela me gêna. Je fus incapable de dire quoi que ce soit.

— Il ne faut pas que tu sois gênée avec nous autres, Élisa, même si c'est mieux d'être gênée que d'être effrontée comme ta mère.

En entendant ces propos de madame Valois, je faillis m'étouffer et rejeter ma première bouchée. J'aurais voulu disparaître. Je ne comprenais pas. Je me dis qu'elle me méprisait. Pourquoi cette allusion à ma mère après tous les efforts que je venais de faire pour bien apprendre, pour me familiariser, pour m'intégrer?

Je ne voulus pas me laisser désemparer par ce que venait de me lancer la femme du propriétaire. J'étais résolue à m'appliquer, à bien faire mon travail, convaincue qu'elle n'aurait pas le choix de me garder en dépit de la réputation de ma mère. J'étais prête à tout pour réussir.

Je travaillai comme une folle, donnant tout de moi-même lors de cette première journée. J'avais appris pas mal de choses. Il était trois heures. Il fallait laver la vaisselle, remettre de l'ordre, laver les poêlons, les ronds du poêle. Je ne me sentais pas fatiguée. J'aimais ça. J'espérais qu'ils me disent qu'ils allaient me garder. Juste avant de partir, madame Valois vint me rejoindre et me confirma de revenir le vendredi suivant. J'étais heureuse. J'avais des ailes. J'avais réussi. J'avais passé mon premier test, la première étape. Comme la vie était devenue subitement belle!

J'appris assez vite tous les rudiments du restaurant. Tout ce qu'ils me montraient, je le retenais assez bien parce que le travail me plaisait. Je faisais des erreurs, mais ils passaient l'éponge, voyant bien que je faisais tout mon possible. Vite et bien, ce n'est pas toujours facile. Quand le restaurant était plein, il fallait presque courir. Les premiers temps, les heures de pointe étaient comme un supplice. Souvent, les serveuses étaient, elles aussi, nerveuses, et me bousculaient un peu. Mais en général, on s'entendait bien. On formait comme une petite famille, malgré quelques tensions. Parfois, madame Valois me taquinait au sujet de ma mère, mais pas plus. Je m'y habituais, même si je détestais cela et que ça me rendait malheureuse.

Je travaillai là toute l'année et pendant les vacances estivales. J'étais devenue une employée responsable et qui savait tout faire au restaurant. Chez les Simard, tout allait bien et mon frère s'était habitué à son foyer d'accueil.

Anniversaire

Un soir, en arrivant au restaurant, madame Valois me fit venir au vestiaire et me remit un petit paquet entouré d'un ruban doré.

— Bonne fête, Élisa. Ce cadeau, c'est pour toi.

Elle m'embrassa sur les deux joues. Je restai là, comme paralysée, plantée comme un clou, rouge de gêne, incapable de dire quelque chose. Voyant ma réaction, madame Valois poursuivit :

— Voyons! Qu'est-ce que t'attends? Déballe-le.

Délicatement, je dénouai le ruban avec mes ongles, puis enlevai le papier, sans le déchirer. Doucement, j'ouvris la boîte. À l'intérieur, il y avait une bague en or avec deux petits cœurs.

— Mon Dieu! Que c'est beau!

Je voulais remercier madame Valois, mais ma bouche tremblait et j'avais les yeux pleins de larmes. Je venais d'avoir dix-sept ans et, pour la seconde fois de ma vie, on m'offrait un cadeau d'anniversaire. Je glissai la bague à mon doigt.

— Merci, merci, madame Valois! Elle est tellement belle. Je la garderai toujours. Je peux vous embrasser?

— Bien sûr, mon enfant.

Elle me serra très fort et ce fut au tour de monsieur Valois de faire la même chose.

Pour moi, ce cadeau, c'était plus qu'un objet matériel. Il avait un sens : j'avais pris conscience que les nouvelles gens qui m'entouraient m'aimaient et tenaient à moi. Madame Valois m'aimait et c'est ce qui me touchait le plus. Désormais, j'allais tout faire pour qu'elle soit de plus en plus fière de moi.

Le temps passa. Tout allait pour le mieux pour moi. J'avais pris conscience que c'était à moi de prouver que j'étais capable autant que les autres, que tout était possible, que je pouvais faire quelque chose de ma vie, en étant positive, en aimant.

Josée et moi étions devenues de bonnes copines. Souvent, les fins de semaine, on allait danser au village. Nous aimions cela et ça nous faisait rencontrer beaucoup de gens. Je passais mes soirées, la plupart du temps, avec le même garçon. Il était gentil, mignon. Je ne le haïssais pas du tout. Mais avec ma gêne, je faisais souvent l'idiote sans le vouloir. Ce que je détestais de lui, c'est qu'il faisait souvent l'enfant. Un jour, je lui dis le fond de ma pensée là-dessus. Il en fut peiné. Je regrettai d'avoir parlé. Pourtant, c'était quelque chose de banal, pas un gros reproche.

Il m'avait répondu qu'il changerait. Après les soirées de danse, il venait me reconduire à mon foyer d'accueil. On demeurait sur la galerie et on jasait de toutes sortes de choses. C'était quelqu'un de merveilleux.

Puis, un de ces soirs, il me demanda en mariage. Je n'avais que dix-sept ans. Je ne le croyais pas. Je me disais qu'il blaguait. Je pensais qu'il voulait rire de moi. Je le lui fis sentir. Cela le mit en colère. Et il est reparti.

Peu à peu, il s'est éloigné de moi. Pourtant, je ne voulais pas le perdre. Un jour, je l'ai perdu pour de bon. Cependant, de temps en temps, quand on se rencontrait, par hasard, ou autrement, il me regardait. Si j'étais avec quelqu'un d'autre, il s'éloignait, fâché. C'était un homme très jaloux et je n'aimais pas cela. D'un côté, je faisais l'indépendante, mais, dans le fond, j'avais un penchant pour lui. Dans ces circonstances-là, j'aurais voulu courir derrière lui. Mais je ne le faisais pas, ne le voulais pas. Je me disais que je n'étais pas faite pour lui. Il était un trop bon garçon pour moi, trop gentil. Tout cela me faisait peur. Et j'étais trop jeune.

Les questions sexuelles

J'étais sans ami régulier. Je voulais faire comme les autres, avoir mon chum. Je jouais à l'adulte, à aimer, à se faire aimer. Et, par contre, je jouais avec la vie puisque je ne connaissais absolument rien des questions sexuelles, de ce qui se passait entre un homme et une femme. Je connaissais le baiser, pas plus. Je refusais toujours les attouchements sexuels : je détestais ça. C'était de l'inconnu et l'inconnu me faisait peur.

Tout ce que je savais, madame Simard me l'avait

enseigné lors de nos conversations quand je me confiais à elle. De l'information, elle m'en donnait sur tout, mais jamais on ne parlait de sexualité. J'étais pleine de préjugés. La sexualité, c'était de la « cochonnerie ».

Je continuais mes cours à la polyvalente. J'avais des amies. Je voulais être normale, comme les autres filles. Je ne voulais pas me faire remarquer, mais plutôt me fondre le plus possible dans l'ensemble des gens : être pareille, être conforme à la masse.

Malgré moi, je pensais souvent à mes frères et à mes sœurs. Je n'avais que très peu de nouvelles d'eux. Je ne voulais plus rien avoir avec eux; pourtant, ils me manquaient. Même si tout allait mieux dans ma vie, même si j'avais appris à mieux me connaître, à mieux m'aimer, je me sentais vraiment seule et abandonnée. J'étais encore une fille triste au fond d'elle-même, une fille à qui il manquait quelque chose. Je fondais en larmes pour des riens. J'étais très sensible. N'importe quoi pouvait me déranger, briser mon fragile équilibre. De temps en temps, je rencontrais ma sœur Diane. Elle était, elle aussi, une fille très malheureuse. On parlait et je me mettais aussitôt à pleurer.

***

Aucun membre de ma famille, excepté Patrick, n'était venu chez les Simard. Un jour, je demandai la permission d'inviter Diane à venir dîner. Madame Simard accepta, à mon grand plaisir.

À l'arrivée de ma sœur, je fis les présentations d'usage. Diane était nerveuse, pas à l'aise, et moi, je n'étais pas mieux qu'elle. Attablés pour le dîner, tout le monde regardait Diane. Ils voyaient en elle une fille différente de ce qu'ils étaient, différente aussi de Patrick et de moi qui étions habitués à notre famille d'accueil. C'était froid autour de la table, tellement que je regrettai mon invitation. Les Simard testaient ma sœur, cette jeune fille farouche, comme ils l'avaient fait pour moi, ainsi que pour Patrick. Diane T., cette jeune fille bouleversée, timide, énervée, vivait une expérience nouvelle. Les Simard comprenaient mal son état d'âme. Elle était assise à une table, avec des étrangers. Sa fragilité sautait aux yeux. Je sentais que les Simard ne l'aimaient pas, du moins, leur attitude me le laissait croire et ça m'agaçait. Elle n'avait presque pas mangé.

Après le repas, je l'emmenai à ma chambre pour la réconforter. Elle n'avait pas parlé du repas. Elle s'était sentie mal dans sa peau, pendant tout le repas. Je voulus la rassurer, mais je ne pouvais rien y faire.

Après son départ, madame Simard me donna ses impressions :

— Élisa, je n'ai pas aimé les manières de ta sœur. Je ne veux plus que tu l'invites. Elle ne m'a pas plu. J'ai assez des problèmes avec toi et Patrick. Je ne veux plus la revoir. C'est compris?

— Oui, madame Simard.

Elle ne pouvait pas imaginer le mal qu'elle m'avait fait en me parlant ainsi de ma sœur. J'ai cru, à ce moment, pour la première fois, que madame Simard pouvait nous garder par intérêt ou par obligation, peut-être parce que cela faisait entrer un chèque du gouvernement à chaque mois, pour notre pension. Cela m'avait donné des haut-le-cœur. Cette visite de Diane fut une grande déception. Je ne voyais plus madame Simard de la même façon. Elle m'avait montré des côtés d'elle que je ne connaissais pas. Je ne la croyais pas capable de détester une personne, surtout une jeune enfant qui demandait seulement qu'on lui tende la main, qu'on l'accueille avec amitié. Diane n'avait pas besoin d'être jugée par les Simard. Tout ce dont elle avait besoin, c'était d'un brin d'affection, de tendresse, mais on l'avait rejetée. Ce rejet, c'est comme si c'était moi qui en avais été la cible, la victime. Je me disais : « On ne jette pas un vieux jean usé. » On l'avait fait pourtant avec ma sœur.

J'avais honte, comme si j'avais commis une très grande faute. Je voyais bien que ma famille n'avait que des ennemis. Cela avait toujours fait partie de ma vie et ça ne semblait pas vouloir s'arrêter.

J'étais devenue une étrangère. Je me sentais exclue du monde normal. Je savais bien que madame Simard ne voulait que mon bien, mais avec cette visite de Diane, elle m'avait déchiré le cœur. Le mépris qu'on montrait envers ma famille rejaillissait sur moi. Je ne pouvais pas me résigner à abandonner mes sœurs, surtout Diane qui avait su témoigner en ma faveur pour me délivrer de l'emprise de ma mère et d'Arthur qui me battaient. Elle m'avait sauvée avec tellement de courage et de volonté. Elle me faisait grandement pitié, d'être ainsi en butte aux colères de ma mère et aux agissements d'Arthur.

Sans vraiment le savoir, madame Simard ne pouvait pas imaginer le dixième de l'enfer que nous avions vécu pendant notre enfance de merde. Pourtant, lors de nos conversations, elle avait été informée de ce qui se passait à la maison, des mauvais traitements, de notre vie de victimes. Mais on ne peut pas se mettre dans la peau de l'autre si on n'a jamais vécu dans cette sorte de monde malsain. Je craignais, plus que jamais, que madame Simard n'ait pas cru tout ce que je lui avais raconté, ou bien qu'elle avait mal compris, qu'elle n'en avait pas saisi toute l'ampleur.

Je retombais dans mes pensées du début, à mon arrivée à mon premier foyer d'accueil et, après, chez les Simard : je saisissais mal la complicité de ces familles heureuses.

Je ne pouvais pas oublier sa réflexion sur Diane, son message. Pourtant, il m'apparaissait facile de comprendre l'état dans lequel j'étais, qu'on avait tous besoin les uns les autres du peu d'affection et d'amour qu'on avait quand même réussi à développer dans cette famille maudite.

Patrick et moi, on n'était pas les enfants de madame Simard. Notre mère d'accueil tentait de nous aimer à sa manière. Son rêve était d'avoir un autre enfant, un bébé naissant tout à elle. On ne peut pas remplacer vraiment une mère, quelle qu'elle soit. On a cela dans la peau, dans le sang. Notre mère restera toujours celle qui nous a mis au monde.

Quand on est arrivés chez les Simard, nous étions, Patrick et moi, deux inconnus, deux étrangers. Elle ne pouvait pas nous donner autant d'affection qu'à ses enfants. Je ne voulais pas lui demander l'impossible. Ils étaient bons avec nous. On a été bien accueillis. On aurait pu tomber sur une famille où nous aurions été mal aimés, encore violentés, mal nourris, mal hébergés. Mais ce ne fut pas le cas chez les Simard. À mes yeux, ils avaient été bons et ils nous donnaient beaucoup de leur attention, de leur courage, de leur volonté. Je reconnais que c'était quand même quelque chose d'avoir pris en charge des enfants comme nous. Mais ils n'étaient pas nos vrais parents. On ne pouvait pas les aimer comme de vrais parents normaux et ils ne pouvaient pas, non plus, nous aimer comme leurs propres enfants.

Noël

De jour en jour, la vie continuait. Ce n'était pas toujours facile. Il y avait plus de bas que de hauts. Le temps des fêtes arrivait à grands pas. Cela me rendait heureuse, mais triste en même temps, en pensant aux Noëls passés dans ma propre famille.

J'aurais espéré un vrai miracle, devenir une fée pour pouvoir susciter la réalisation de tous les rêves de mes frères et sœurs; également, nous voir tous réunis et fêter Noël : le réveillon, les échanges de cadeaux, les cantiques. J'aurais tout donné pour connaître une vraie vie familiale lors de ce jour de Noël, chez nous, là où étaient les miens. Autour du sapin, que cela aurait été magnifique, merveilleux, de se retrouver tous et toutes et de sentir la tendresse, l'amitié, l'amour : ç'aurait été le plus beau des cadeaux qu'on aurait pu m'offrir.

Je revenais vite à la réalité. Je savais bien que cela ne se réaliserait pas. Mais je n'avais pas tout perdu. Je savais que, chez les Simard, Noël était une fête spéciale et qu'on y mettait toutes les énergies. Malgré ma douleur, j'avais hâte à Noël.

Enfin, le 24 décembre arriva. Tout le monde était joyeux. Au restaurant, c'était la grande fête : le patron, la patronne, les employés. Il y eut un échange de cadeaux. Tous y participaient. Je trouvais cela merveilleux. Je pleurais. Jamais de ma vie je n'avais eu autant de présents.

Je ne voulais pas revenir en arrière, mais c'était plus fort que moi. Chez nous, dans la famille, Arthur devait avoir pris un coup. On devait s'engueuler, se mentir. Ça devait être de la violence, de la misère.

Je pensais aux Simard. Je me sentais d'une reconnaissance éperdue envers cette famille qui nous avait réservé une belle place, à mon frère et à moi. Pourtant, les choses allaient changer. Bientôt, j'allais avoir dix-huit ans. Et j'allais travailler à plein temps, pour gagner ma vie.

Une autre histoire de souris

L'argent ne signifiait rien pour moi : aucune valeur. Il fondait entre mes doigts. Parfois, je me faisais

disputer par madame Simard. J'achetais des vêtements, des cigarettes, du chocolat. J'avais une grande
soif de posséder, de dépenser. Je n'étais pas capable
d'économiser pour me payer des choses utiles, im-
portantes. Je flambais tout, tout, en niaiseries, en fu-
tilités.

Un jour, après l'école, j'entrai dans un magasin
pour aller m'acheter un petit pinson, comme celui
que nous avions eu avant. Je les regardais et vérifiais
les prix. C'était trop élevé pour mes moyens. J'avais
besoin d'acheter : pas assez d'argent pour le pinson,
mais assez pour une souris, beige et blanc. Je la trouvais belle. Je revins à la maison avec le curieux petit
animal. Je le mis dans la cage du pinson, mort depuis
plusieurs mois. Je regardais aller la souris dans la
cage. Elle avait l'air drôle. Je décidai de lui faire un
nid.

Quelques minutes après mon arrivée, je la montrai à madame Simard. Elle ne semblait pas très en-
chantée, mais elle me donna la permission de la garder. Je la montrais fièrement à tous, à toute la famille.
À un moment donné, je la sortis de la cage, la pris dans
mes mains : elle s'échappa dans la maison. La souris
était libre.

Soudain, on entendit du bruit à la porte : c'était
monsieur Simard qui arrivait. Quand il aperçut la souris, il se mit à crier. Il était devenu très apeuré. Je le
voyais grimper sur les bancs du comptoir. Ma surprise
en fut toute une. Je me mis à rire jusqu'aux larmes.
Les autres riaient aussi. C'était vraiment comique de
le voir agir ainsi, lui qui pesait au-dessus de deux cents
livres. Comment pouvait-il avoir aussi peur d'une souris de quelques onces? C'était le bouquet.

Il parlait, mais je ne l'entendais pas. Je ne pouvais
plus m'arrêter de rire. Une fois ses émotions apaisées,
un peu calmé, il me dit, en rogne :

— Élisa, attrape cette maudite souris et débarrasse-nous-en.

Là, ça devenait sérieux. Je ne voulais pas m'en départir. Je venais de l'acheter, avec mon argent : elle m'appartenait. Mais je ne pouvais m'arrêter de rire, comme les autres membres de la famille. Après tout, qui n'aurait pas ri de voir un homme de sa taille avoir peur d'une toute petite souris. Je me mis à courir après l'animal pour l'attraper. Je glissais, je tombais, me relevais et continuais la poursuite sous les yeux attentifs et les rires de tout le monde. Finalement, je pus mettre le grappin dessus. Je la remis dans la cage, au grand soulagement de monsieur Simard. Je lui promis de ne plus jamais rouvrir la porte de la cage et lui demandai de pouvoir garder la souris. Il m'accorda cette faveur.

Mais la souris n'a pas vécu bien longtemps. Elle aimait la liberté et réussissait souvent à s'enfuir quand on ouvrait la porte de sa cage pour la nettoyer ou pour la nourrir. Un jour qu'elle était en liberté dans la maison, le chien l'attrapa et l'étrangla. C'en fut fini pour la petite bête, ma petite souris. Le chien avait eu la patte plus rapide.

Les chums

Parfois, je me sentais très seule même si j'avais une famille très chaleureuse, même si j'avais un bon emploi et de bons patrons. Monsieur et madame Valois étaient pour moi comme de vrais parents. J'avais tout pour être heureuse. Pourtant, je continuais à avoir du mal à m'aimer. Du côté physique, je manquais de confiance en moi. J'étais encore gauche avec les garçons. Je n'étais pas capable de sortir avec l'un d'eux régulièrement. Ils ne voulaient pas de moi.

Josée, elle, en avait comme elle voulait. Ils couraient tous après elle. Aussi, je ressentais la peur dans mon cœur. Pourtant, je n'avais pas de raison. Encore et encore, et toujours, j'avais ce nœud qui ne voulait pas se défaire.

Du côté de Patrick

Autour de moi, il y avait plein de monde qui me donnait de l'affection. Mais du côté de Patrick, mon petit frère, ça n'allait pas bien. J'avais l'impression que je l'avais perdu. Il était très distant et froid. On aurait dit que je n'existais pas pour lui. Nous vivions dans la même maison, mais il ne me voyait pas. Il ne venait jamais vers moi si je n'allais pas le rejoindre. Il se trouvait toujours un alibi, une raison, pour ne pas se retrouver en ma présence.

Je travaillais beaucoup, six jours par semaine. Patrick allait toujours à l'école. Il avait beaucoup d'amis. Il s'était merveilleusement adapté à sa nouvelle famille. J'étais peinée, malheureuse, de ne pas avoir plus de place dans son estime. Mon travail m'éloignait peu à peu de ma famille d'accueil. Il s'opérait des changements dans ma vie.

J'étais devenue une autre. À l'approche de ma majorité, je me sentais une fille fatiguée. Je me cherchais beaucoup. Heureusement, j'avais mes amies à qui je pouvais régulièrement parler de tout et de rien. J'essayais d'oublier tout ce passé, mais j'y arrivais très mal.

Avec les étrangers, j'étais devenue moins timide, plus à l'aise, plus sûre de moi.

Chapitre 4

Mes dix-huit ans

Toute une étape était sur le point d'être franchie. J'avais atteint l'âge de dix-huit ans. Ce jour-là, madame Simard manifesta le désir de me parler. Depuis plusieurs mois, nous bavardions de moins en moins. Elle me parla longuement avec un air très sérieux.

J'étais devenue une adulte. Je devais participer aux frais de la maison et payer une pension. Josée le faisait. De plus, je devais me prendre en main, demeurer une fille respectable, faire attention à mes fréquentations, donner le bon exemple à Josée qui était ma cadette d'un an.

Autant de remarques que me communiqua madame Simard, ce jour de mes dix-huit ans. Elle avait, en quelque sorte, mis les points sur les « i », mettant l'accent sur le fait que je ne devais pas créer de problèmes à sa famille, que maintenant, j'étais majeure.

J'étais loin de savoir ce que tout cela voulait dire, mais j'acceptai les nouvelles conditions de vie que venait de m'énoncer madame Simard. Pour moi, réellement, tout ça ne changeait rien. Je voulais rester comme j'étais et rien de plus. Je n'avais nullement l'intention de changer parce que je venais d'avoir dix-huit ans. D'un seul coup, on aurait dit que madame Simard se montrait plus sévère. Je perçus son intervention comme un message : peut-être que, poliment, c'était une manière de me faire savoir que j'avais l'âge de voler de mes propres ailes, de me prendre un appartement ou d'aller vivre en chambre.

J'avais connu madame Simard comme une femme pleine de tendresse : une vraie mère, un cœur en or. J'étais déçue de constater en elle, aussi rapidement, du changement. Pourquoi tout me dire ces choses parce que j'avais dix-huit ans? Quelle déception pour une journée d'anniversaire! Je n'osais pas imaginer ce qui se passerait le jour de mes dix-neuf ans.

À la fin de notre conversation, sur un ton doux, elle me présenta un cadeau pour mon anniversaire. Elle avait pensé à moi. Je n'osais déballer le présent. J'étais encore concentrée sur tout ce dont elle venait de me faire part. Et j'ouvris cette boîte sans trop de plaisir : c'était un beau bracelet avec deux petits cœurs. Je lui dis merci.

— Écoute, Élisa, tu es une bonne fille. Je ne voudrais pas que tu changes. Reste comme tu es. Ne fais pas de bêtises que tu pourrais regretter plus tard.

Je lui promis de tout faire pour devenir une femme sérieuse et autonome. Je sentais qu'elle m'avait tout dit cela comme si j'allais bientôt quitter ma famille d'accueil.

Tous les soirs, après mon travail, madame Simard était toujours venue me chercher, au restaurant. Cela était devenu pénible, ardu, pour elle. Souvent, ça brisait son sommeil. Depuis que j'avais dix-huit ans, monsieur Mathieu prenait souvent la relève. Certains soirs, il venait me reconduire. Mais j'avais toujours une peur incontrôlable des hommes. J'avais un peu peur de mon patron même si c'était la bonté même. Je ne pouvais me défendre d'un sentiment de malaise, chaque fois que je me retrouvais seule avec lui dans son auto.

À cette période de mes dix-huit ans, je revis mon oncle Guy et ma tante Marie, chez qui j'avais habité un certain temps, à la campagne, quand j'étais petite. Je les aimais beaucoup. Lors de cette rencontre, ils m'avaient proposé d'aller habiter avec eux les jours de semaine, ce qui pourrait faciliter mon transport. Madame Simard me donna son accord. Donc, pendant la semaine, je résiderais chez mes oncle et tante et, pendant la fin de semaine, à ma maison d'accueil, chez les Simard.

Au moment où j'écris ces lignes, j'ai des pensées très positives pour ma tante. Il ne lui reste que quelques jours à vivre. Son cancer est généralisé. Quand je l'ai appris, j'ai eu un très gros choc. Je me disais que c'était impossible que ce soit elle qui soit victime d'une si terrible maladie et des souffrances atroces qui l'accompagnent. Elle ne méritait pas cela du tout.

Ma tante sait que ses jours sont comptés. Quand j'ai appris qu'elle était gravement malade, je suis allée la voir avec madame Vaillancourt. Elle était assise dans une chaise et se berçait. Je ne savais pas quoi lui dire. Et d'autres personnes étaient venues la visiter. C'était difficile pour moi de lui parler. J'aurais préféré être seule avec elle. Elle me paraissait, malgré tout, en bonne forme, même si elle avait beaucoup maigri. Je l'écoutais parler. On aurait dit qu'elle ne ressentait aucun mal.

Elle priait beaucoup. Elle avait la foi. J'avoue que je l'enviais d'avoir une foi si intense.

En la voyant ainsi diminuée et près de la mort, j'avais l'impression qu'une partie de moi-même allait s'en aller avec elle. Je ne pouvais pas me faire à l'idée qu'elle allait nous quitter. Elle était aimée de tous. Elle avait beaucoup d'amis. Avec mon oncle Guy, ils formaient un couple idéal. Ils aimaient la vie. Ils étaient pleins de générosité. Ils donnaient tout.

Ils ont eu plusieurs enfants « adoptés » : Solange, Jocelyn, Louis, moi-même et ma sœur Diane. Je me souviens que nous formions une très grande famille. On ne manquait jamais d'amour, ni de tendresse, ni d'affection, chez eux. On vivait dans la joie.

Je sais que, pour mon oncle, l'épreuve était dure à encaisser. Peut-être qu'il ne s'en remettra jamais. Beaucoup d'amour les unissait.

Enfants, ma sœur Diane et moi, quand nous étions allées séjourner chez cet oncle Guy, c'était comme si les portes du paradis s'étaient ouvertes pour quelques jours. C'était comme s'ils nous avaient dit : « Venez à nous, mes petits enfants. Venez partager avec nous, criez, soyez heureux. »

Aujourd'hui, je suis tout à fait confuse. Je n'y comprends rien, à ce qui arrive à ma tante Marie. Pourquoi le bon Dieu vient-il toujours chercher ceux qu'on aime le plus au monde?

Dans quelques jours, elle s'en ira pour le grand voyage. J'ai si peur. J'ai aussi tellement de chagrin. Je me dis cependant qu'elle aura sûrement une place de choix au ciel. Elle sera heureuse. Elle pourra nous regarder de haut. Elle va continuer à bien prendre soin de nous.

Je suis retournée la voir, au début de décembre 1989. Elle ne pouvait plus se bercer dans sa chaise. Elle était étendue dans son lit, si changée, si diminuée, si malade. On aurait dit qu'elle dormait profondément.

Je ne restai pas longtemps dans la chambre.

J'étais incapable de la voir ainsi. Cette vision me faisait trop mal. Je suis revenue dans la cuisine. Mon oncle pleurait. Il avait beaucoup de chagrin. Je me sentais si faible, impuissante. C'était comme un mauvais rêve. J'étais certaine que la maladie de ma tante n'était qu'un cauchemar. Bientôt, elle se réveillerait. Mon oncle et ma tante seraient près de moi, pleins de santé, de bonheur.

Mais ce n'était pas un rêve!

Mes pensées voyageaient dans le temps. Je me revoyais encore là-bas, dans les champs, pleine de bonheur, dans cette nature féerique. Seule oasis de paix de mon enfance tellement perturbée. Mon oncle et ma tante nous aimaient tendrement, comme leurs propres enfants. Tante Marie ne s'entendait pas avec ma mère. Elle n'avait pas été tendre envers ma mère lorsque cette dernière était venue nous chercher. Quel beau souvenir, quel beau temps s'était envolé, quand nous avions quitté la maison de mon oncle Guy!

J'aurais voulu y rester toute ma vie. Mais ils avaient trop d'enfants. J'enviais ceux et celles qui étaient demeurés près d'eux. Ils avaient trois enfants qu'ils adoraient. Mais mon destin était ailleurs.

Le séjour chez mon oncle Guy restera gravé en moi toute ma vie, tellement j'avais été heureuse. Nous vivions là d'une façon si différente, si douce, si paisible, que cet été m'avait toute transformée. C'était aussi un mystère pour moi qui sortais d'une maison où il n'y avait que du malheur. Là, je pouvais être une autre fille.

Il avait fallu toutefois quelques années avant que je retourne les voir, après mon séjour avec Diane. Ma gêne m'avait empêchée de leur rendre visite. J'avais peur d'y aller et je ne savais pas pourquoi.

Je me sens encore coupable.

Je m'imaginais que ma tante et mon oncle étaient encore en colère parce que je les avais quittés quand ma mère était venue nous chercher. J'étais restée avec ce sentiment. Je me disais que, si j'y retournais, ma mère allait le savoir et qu'elle ferait une crise. Je voulais les protéger des sarcasmes de ma mère, de sa colère. Je ne voulais pas que ma mère et Arthur leur fassent du mal. J'aimais mieux me sacrifier pour qu'ils ne souffrent pas.

Le jour où j'y suis retournée, j'ai pris mon courage à deux mains. J'étais sur le point d'avoir dix-huit ans. J'avais encore une peur horrible de ma mère. À cette époque, je la voyais partout. Je m'imaginais qu'elle me suivait comme une tache et qu'elle entendait tout ce que je disais. Quoi que je fasse, j'avais toujours peur.

Arrivée là, ma tante m'avait accueillie avec grande chaleur. Nous étions heureuses de nous revoir. Je sentais qu'elle m'aimait encore autant. Elle était si douce, si gentille. Je ressentais la même chose que lors de mon séjour. J'étais bien dans ma peau. Je recommençais à voler. C'était comme un cadeau du ciel de l'avoir connue et de me retrouver auprès d'elle.

Mon oncle fit son entrée dans la maison. Il se montra surpris de ma visite, mais très heureux. Nous avons beaucoup échangé, sur tout. C'était agréable. À cette époque, je travaillais dans un restaurant. Je vivais en foyer d'adoption à quelques kilomètres de la municipalité. Après mon travail, je leur avais rendu cette visite. Je me cherchais une pension. Ma tante m'avait proposé de venir habiter chez eux. Mon oncle était d'accord. J'avais évidemment accepté, pleine de joie et de bonheur. Quels souvenirs heureux j'évoque quand je reviens dans ce passé!

Je continuais à parler avec mon oncle. Le temps passait. Je me devais de partir. Mon oncle voulut réveiller ma tante pour que je puisse lui parler un peu, pour qu'elle me voie. Je ne voulais pas qu'il la dérange. Elle avait l'air si bien dans son sommeil. Mais il insista et la réveilla quand même. Il lui caressait le visage et lui dit :

— Marie, t'as de la belle visite. Élisa est là.

Elle ouvrit les yeux lentement, les refermant aussitôt, en disant mon nom.

Je ne savais pas quoi faire, encore moins quoi dire. Je lui pris les deux mains. Je les caressais. Je la regardais. J'avais tant envie de pleurer.

Je regrettais presque d'être venue et de l'avoir vue dans un tel état.

Quand j'avais téléphoné à mon oncle, la veille, pour annoncer ma visite, il m'avait dit que ma tante faiblissait de jour en jour et qu'elle s'en allait. Cependant, il n'avait pas davantage précisé son état de santé. Je ne pouvais pas imaginer que c'était aussi grave. Je voulais sortir de la chambre. Je n'en pouvais plus.

— Mon oncle, tu l'embrasseras pour moi et tu lui diras combien je l'aime.

Il se mit à lui parler, à lui répéter toute notre conversation. Elle faisait des petits signes de la tête pour montrer qu'elle avait bien saisi.

Je ne lui lâchais plus les mains et je me suis mise à pleurer. Je lui avouai tout mon amour, ma tendresse. Je ne voyais plus les gens autour de nous. Puis, tout bas, puisant dans le peu d'énergie qui lui restait, elle tourna la tête vers moi :

— Élisa, je te souhaite bonne chance.

Je voyais ses larmes aux coins de ses yeux.

Je lui répétai combien elle allait me manquer, que, pour moi, c'était elle ma mère, que je l'aimais de tout mon cœur, que je ne l'oublierais jamais.

Mon oncle pleurait aussi. À mi-voix, il me dit :

— Élisa, je suis content que tu sois venue.

Je continuais à pleurer. Ça sortait tout seul. Je regrettais de ne pas être venue la voir plus souvent. Je ne pouvais pas m'imaginer qu'elle partirait pour toujours. Mon oncle continuait à lui parler :

— Tu sais, Marie, Élisa achève son deuxième livre et elle parle beaucoup de toi dedans.

Ma tante me regarda et lança cette phrase :

— Je vais le lire au ciel. Tu es très gentille de parler de moi.

Je pleurais sans arrêt. J'aurais tant aimé pouvoir lui remettre mon deuxième livre avant qu'elle parte. Mais je pense qu'elle ne pourra pas attendre. Deux mois, ce sera long pour elle, dans son état.

Je lui serrai encore les mains.

— Je t'aime, tante Marie. Tu seras toujours ma petite « matante » adorée.

J'étais si contente qu'elle se rappelle ainsi de moi, qu'elle s'intéresse à ce que je devenais, malgré son état.

Je l'embrassai sur le front, tout en remontant ses couvertures pour qu'elle n'ait pas froid.

Je m'éloignai du lit et sortis de la chambre. Mon oncle Guy suivit. Je mis mon manteau, l'embrassai et quittai la maison, le cœur brisé.

Je m'en allais. Le souvenir de ma tante était en moi. J'étais bouleversée. Je la voyais encore dans son lit, sans défense. Je me rappelais chaque détail des événements : ses larmes aux coins des yeux, ses propos, qu'elle allait me lire au ciel...

Avant d'aller chercher mon fils chez la gardienne, je suis allée prendre un café pour essayer de digérer tout cela. J'avais grand besoin d'être seule pour quelques minutes.

Le lendemain, Solange, la fille de mon oncle Guy et de tante Marie, m'a téléphoné.

Ce fut pour moi une grande surprise.

On ne s'était jamais revues, ni téléphoné depuis que j'avais habité chez eux, il y a plus de quinze ans. Je l'imaginais comme je la voyais dans le passé, si belle, si douce, si gentille. Pendant quelques semaines, elle avait été ma grande sœur. On s'est parlé quelques minutes.

— Je prends bien soin de ma mère.

Elle ne voulait pas trop parler de sa maladie, je le sentais. Je savais que c'était trop dur pour elle. Sa voix était triste. Elle aimait beaucoup sa mère. Quel courage ça lui prenait pour veiller sur elle chaque jour, pour en prendre soin!

On se laissa, avec la promesse mutuelle de se revoir dans les prochains jours pour se rappeler plein de bonnes choses.

Ma tante est décédée le 15 décembre 1989, à minuit et quinze minutes.

Elle nous a quittés avant le temps des fêtes.

Elle pourra lire mon livre au ciel, car je suis sûre qu'elle y est.

Vers l'autonomie

Je me montrais plus sérieuse, plus indépendante. Je gagnais de l'argent. Je commençai à m'acheter un trousseau. Ma vie changeait. Je sentais que mes dix-huit ans apportaient des changements. À cette époque, une de mes amies me parlait souvent de la possibilité qu'elle aille vivre en appartement.

Lentement, en douceur, l'idée de vivre en appartement faisait son bout de chemin dans mon esprit. De plus en plus, ça me tentait de vivre toute seule, dans mes affaires, à ma façon. Mais j'avais encore beaucoup trop peur.

Enfin, je me décidai à faire un bond en avant. Je savais où il y avait un appartement à louer, non loin du restaurant. Toute la semaine, je ne pensai qu'à cela. J'en rêvais presque. Vivre toute seule me permettrait de recevoir mes sœurs, de faire ma vie à moi à ma manière, sans tenir compte de personne. Je ne me sentais pas capable de faire face à madame Simard pour lui parler de mon projet. J'avais peur qu'elle ne veuille pas que je parte.

J'allai voir cet appartement, dont mon amie Louise m'avait soufflé mot. J'étais complètement énervée, excitée. C'est une dame qui était propriétaire de la maison. Elle me fit visiter le petit logement. C'était beau et propre. Ça me convenait, ça me plaisait énormément. J'imaginais tout ce que je pourrais y mettre pour le rendre plus chaleureux, plus attrayant encore.

Je me voyais déjà chez moi. La propriétaire était très sympathique. Elle me signifia son accord de me louer le logement.

— Tu as l'air très sérieuse. Je ne vois pas de problèmes à te le louer. Et je sais que tu as un emploi régulier.

Je fus contente de ce qu'elle venait de me dire, mais elle ajouta :

— As-tu un amoureux?

— Bien sûr que non, madame Lapointe.

Cela la rassura. Elle aurait refusé de me louer l'appartement si un gars était venu cohabiter avec moi. Avant de la quitter, elle m'informa de ses règlements et de ses directives à respecter.

Je me sentais en confiance avec elle et je voulais que ce soit la même chose pour elle envers moi. J'étais certaine qu'on allait bien s'entendre. Le premier contact m'avait laissé une très bonne impression. Je l'informai que je lui donnerais ma réponse le lendemain. Je voulais y réfléchir et en parler avec ma famille d'accueil. Mais, au fond, ma décision était prise : je viendrais habiter dans ce logement. J'avais déjà peur qu'elle le loue à quelqu'un d'autre. Je regrettais de ne pas lui avoir annoncé, à la première rencontre, que je le louerais.

Je parlai de ma décision à ma tante. Elle fut un peu triste de me perdre une autre fois, mais elle comprit et se montra d'accord. Le pire était à venir.

Je savais par contre que madame Simard le prendrait mal, elle qui avait été si bonne pour moi, malgré les quelques différends, à certains moments plus difficiles.

Je savais cela, mais mon désir de me retrouver moi-même était si fort que je me sentais prête à passer par-dessus n'importe quoi. J'avais tout à apprendre. Il fallait que je me connaisse, que je trouve le courage de me prendre en main et que j'apprenne à être fière. J'étais au début de ma vie autonome et je ne savais rien de moi. Tout ce que je savais, c'est que j'étais ignorante, que j'avais peur de tout et qu'il était temps pour moi de devenir indépendante. Je devais bâtir ma vie, morceau par morceau, me fixer des buts pour atteindre un rêve. J'avais fermement l'intention de faire une belle et bonne vie. Je me devais, pour moi seule, de tout mettre en œuvre pour oublier les chapitres passés dans cet enfer avec mes parents.

Si mon enfance n'avait été que douleur, misère et désespoir, je voulais être heureuse pour le reste de ma vie. Mais je ne savais pas comment faire. J'étais encore impuissante et si maladroite. Il était temps que j'apprenne. Il me fallait le faire toute seule, assumer les responsabilités d'une jeune femme qui veut faire son chemin à travers ce qui me semblait être une jungle.

Je ne savais pas comment annoncer la nouvelle à ma « mère adoptive ». Je me sentais coupable de quelque chose, comme si j'avais commis un crime. Je tournais autour du pot, sans avoir le courage de commencer. Finalement, je lui dis tout, comme quelqu'un qui se jette à l'eau. Je lui parlai maladroitement, trop maladroitement.

Sa réaction fut directe et me fit très mal.

— Je le savais! Je l'attendais, celle-là. Surtout, ne reviens pas crier au secours si tu te mets dans la pétrin. Tu seras dans la rue et tu y resteras. Je ne te reprendrai plus jamais. Tu es libre. Tu es majeure. Je n'ai plus aucun droit de t'obliger à rester ici.

Elle ne cessait de me dire que j'étais majeure. J'ai été ingrate en lui annonçant cette nouvelle d'une façon si malhabile. J'aurais aimé pouvoir lui expliquer clairement, avec les bons mots, pour qu'elle me donne son accord, son appui. Je ne connaissais ni les phrases ni la manière de dire ces choses-là. On aurait dit que j'avais été entraînée depuis longtemps à faire naître des réactions négatives autour de moi. Je disais et faisais souvent des choses de façon à faire venir les punitions. Et réprimandes et punitions me confirmaient que je n'étais pas aimable et que personne ne m'aimerait jamais. Voilà une phrase que ma mère m'avait bien inscrite dans l'âme de façon à ce que je ne sois jamais capable de l'effacer. Elle avait fait de moi une sorte de robot qui devait agir de façon à toujours « mériter » la punition ou la raclée. Même loin d'elle, je restais « programmée » ainsi et fabriquais moi-même mon propre malheur. Voilà sa vraie « réussite ».

Je me sentais comme si elle m'avait fouettée, incapable de respirer : mon nœud me serrait le cœur, la gorge, les entrailles. Je savais qu'elle m'aimait comme sa propre fille et qu'elle aurait voulu me garder près d'elle le plus longtemps possible. Même si ses paroles étaient dures, je voyais des larmes dans ses yeux.

J'aurais voulu la prendre dans mes bras et lui dire à quel point j'avais été si heureuse avec elle et sa famille, lui dire que je serais éternellement reconnaissante pour tout ce qu'elle avait fait pour moi, lui dire, surtout, que la femme que je commençais à devenir, c'est à elle que je le devais et à elle seule. Tout ce qu'il y avait de solide, de bon en moi, je le lui devais. Il fallait maintenant que je poursuive ma route et que je me retrouve même si je savais que ce serait difficile. Je partais tellement de loin.

Au lieu de tout cela, je ne pus que baisser les yeux comme une menteuse et une coupable et me tordre les mains de tristesse.

Ma décision était prise. Je me devais de partir. Certains jours, j'avais peur d'avoir fait une bêtise. Mais je devais assumer la responsabilité de mes actes, de cette décision, et me débrouiller avec le meilleur et avec le pire.

Mon nouveau chez-moi

Josée, à mon grand plaisir, s'offrit pour m'aider à déménager. Elle me trouvait chanceuse. Pour une fois que quelqu'un m'enviait : je me trouvais heureuse, fière de ce que j'accomplissais. Je me voyais devenir une adulte. J'allais avoir quelque chose à moi, un chez-moi. Tout me semblait comme un beau rêve. Je ne voulais pas qu'il s'arrête. J'avais si peur de me réveiller. Tout cela était trop beau pour moi.

Aussitôt arrivée à l'appartement, je m'installai. Je regardais partout, dans les armoires, les tiroirs, un va-et-vient sans fin. Comme j'étais heureuse.

La première visite fut celle de la propriétaire de la maison. Elle me fit cadeau de plusieurs choses essentielles : chaudrons, ustensiles, en plus de deux bouquets. J'étais aux petits soins avec elle. Quelle dame! Elle était si gentille.

Tous les jours, elle venait me rendre visite. On jasait beaucoup. On s'est lié d'amitié. J'ai appris qu'elle avait un lien de parenté avec moi. Elle était très bonne et maternelle. Elle avait une fille qui lui ressemblait beaucoup. Elle était très jolie et aimait parler avec moi. Jamais je ne m'ennuyais avec elle et sa fille. C'était ma nouvelle famille. En plus, elle était généreuse et compréhensive. Elle avait beaucoup souffert dans sa vie et son exemple me donnait des forces, du courage, de l'énergie pour foncer dans ma nouvelle vie.

Souvent, après mon travail, j'allais chez elle ou bien elle venait chez moi. Parfois, elle me préparait de bons petits plats. Peu à peu, je sus presque tout sur elle, ses souffrances, ses angoisses, son passé. Des fois, on pleurait en nous racontant nos vies.

À cette époque, au début de ma période d'adaptation vers l'autonomie, j'étais extrêmement sensible. Quand elle me parlait de la mort de son mari, je versais tout de suite des larmes. À l'entendre parler, je voyais comment ils devaient s'aimer et comment ils devaient former un couple exemplaire. Dans la difficulté de son veuvage, elle n'a jamais cessé de combattre, par amour pour ses enfants. Cela lui prenait du courage pour continuer. Jamais elle n'abandonnait. Chaque jour, elle luttait. Quelle femme! J'étais beaucoup attirée par elle. Elle devint vite ma grande confidente. Je l'aimais beaucoup et l'admirais pour tout ce qu'elle faisait.

J'étais sensible, non seulement avec ma propriétaire, mais envers tous les gens qui m'entouraient, pour leurs moindres peines. Je pleurais souvent, beaucoup même. J'avais le cœur grand comme l'océan Pacifique, prête à tout donner. J'aurais donné ma vie pour sauver un chien abandonné. Je travaillais beaucoup au restaurant, faisais beaucoup d'heures, mais pas beaucoup d'argent. J'arrivais quand même à me débrouiller et à me faire vivre. J'apprenais.

Je rencontrais mes amies et, au restaurant, je m'entendais bien avec mes compagnes de travail. Pourtant, je me sentais seule, très seule. Coupée de ma propre famille et des gens qui m'avaient accueillie, ma vie était difficile. Il me manquait cette tendresse des Simard et je m'ennuyais de mes frères et de mes sœurs. Mon père, qui était absent de ma vie depuis quelques années, me manquait aussi. Je pensais souvent à lui.

Je me mis à sa recherche pour le revoir. Des gens, qui le connaissaient et qui le voyaient de temps en temps, m'avaient informée qu'il vivait seul, misérablement. Il s'était isolé du monde, dans un demi-sous-sol, et buvait beaucoup d'alcool. J'avais de la pitié pour lui. J'avais aussi un besoin de le voir, de lui parler. Je voulais le retrouver, m'occuper de lui. Après tout, il était mon père. Et, quand je vivais à la maison de mes parents, il avait été le seul à me montrer une certaine tendresse.

Il arrivait souvent que mes sœurs, Diane et Sylvie,

me téléphonent au restaurant. Ça me rendait toujours mal à l'aise parce que, au restaurant, les patrons nous avaient défendu de faire et de recevoir des appels personnels. C'était la seule façon de communiquer avec moi. Je n'avais pas encore les moyens de me faire poser un appareil téléphonique et je n'en voyais pas l'utilité, pour le moment.

Le drame continuait

Un matin, vers dix heures, madame Lapointe monta à mon appartement pour m'informer que j'avais de la visite.

Sur le pas de la porte, l'air misérable, ma petite sœur, Sylvie, était là. Elle m'attendait. Elle avait l'air d'un chat abandonné. Elle pleurait.

— Qu'est-ce que t'as, Sylvie?

Elle ne pouvait répondre. Elle continuait à pleurer. De plus en plus, elle avait du mal à respirer. Les larmes coulaient. Je lui dis de monter à mon appartement, pour parler.

Elle s'installa sur le divan.

— Je veux que tu m'aides. Chez nous, ça va de mal en pis. Ma mère est toujours sur mon dos. Elle me frappe pour des riens. Elle me fait garder constamment les petits et, quand elle revient, ce sont les engueulades à n'en plus finir. Quand je veux parler, elle me donne des volées. Je ne dors presque plus. Je ne peux plus étudier : j'en suis incapable. Mes notes sont de plus en plus basses. J'ai même peur de doubler mon année.

Prenant une pause pour retrouver son souffle, elle continua :

— Puis Arthur est toujours après moi. Il cherche toutes les raisons pour se retrouver seul avec moi. Tu connais la suite. Je ne suis plus capable d'endurer tout ça. Je crains de devenir folle. Aide-moi, Élisa. Y a juste toi qui peux me sortir de là.

— Pauvre petite sœur.

En l'écoutant, d'un seul coup, tout mon passé, toute mon enfance maudite sont revenus. Je sentais la même peur qu'elle sur ma peau. Je me retrouvais sur un terrain tellement connu, un terrain qui m'avait apprivoisée de force, contre mon gré. La vieille terreur renouait avec ma peau. J'avais mal au cœur. J'avais envie de vomir en pensant à tous ces mauvais souvenirs. Elle avait raison, j'étais certes la personne qui pouvait le mieux la comprendre.

Il me fallait la sortir de cet enfer que j'avais trop vu et trop connu. Mais de quelle façon?

Ma mère me faisait encore terriblement peur. Si j'osais faire quoi que ce soit, elle viendrait ici pour se venger. Mais cette peur n'était pas suffisante pour me résoudre à abandonner ma petite Sylvie.

— Sylvie, si tu veux que je t'aide, tu dois t'aider toi aussi. Si on commence ça, tu dois aller jusqu'au bout. Tu dois être prête à affronter notre mère et Arthur le déséquilibré. On va te protéger. Tu dois faire comme moi, comme Patrick. Tu dois comprendre cela. Dis-moi que tu es prête et ça va marcher.

— Oui, Élisa, je suis prête. Je ferai tout ce que tu me diras de faire.

— Cet après-midi, à seize heures, viens me voir au restaurant, à ta sortie de l'école. Si ça va comme je pense, tu ne coucheras pas à la maison ce soir et plus jamais. Es-tu prête à ça, Sylvie?

— Oui, Élisa. Je laisse ça entre tes mains.

Elle avait dit « oui » à toutes mes directives avec une attitude d'abandon, probablement incapable d'en dire plus.

Puis, elle retourna à son école pour suivre ses cours le reste de l'avant-midi et l'après-midi. J'avais si peur pour elle. Je me posais tellement de questions. J'étais nerveuse. Je fumais cigarette par-dessus cigarette pour

116

chasser cette anxiété. Les tasses de café se succédaient à un rythme accéléré.

Je finis par me préparer pour aller travailler au restaurant. Je devenais subitement « insécure », incertaine. Je ne savais plus trop dans quel bateau je m'étais encore embarquée. Serait-ce mieux de tout laisser tomber ou de livrer bataille, advienne que pourra, jusqu'au bout? Un jour, des gens m'avaient aidée à me sortir de ce monde de fous, de violence, de cette maison où boisson et attouchements sexuels envers les enfants pleuvent comme de gros grêlons. Je savais le prix à payer pour gagner son droit de vivre, pour trouver un peu de tendresse, peut-être même un milieu de vie normal.

Je comprenais qu'il fallait beaucoup de courage à Sylvie pour se sortir de ce monde. Je ne savais pas si elle passerait à travers. Je n'étais pas tellement plus certaine de moi, pour mener ce combat jusqu'au bout. Toute la journée, au restaurant, je fus sur le qui-vive, absente à mon travail et plongée dans cette aventure pour délivrer ma sœur.

Je l'attendis patiemment tout l'après-midi, fumant et me rongeant les ongles jusqu'au sang. Quand je la vis entrer dans le restaurant, je fus soulagée. Je la fis venir à l'écart. J'avais fini d'attendre. La bataille allait commencer.

— Viens, Sylvie. C'est mieux que tu ne restes pas là. Personne ne doit te voir. Tu es avec moi maintenant. Tu ne dois plus avoir peur.

Je lui disais cela, bien que j'eusse aussi peur qu'elle. Mais je lui cachais mon sentiment. Je faisais ma brave.

Plantée devant moi, la tête basse, sans défense, Sylvie ne disait rien.

— Ce soir, tu viendras coucher à mon appartement et, demain matin, je vais communiquer avec madame

Benoît. Elle est au courant de tout ce qui se passe à la maison, de mon dossier et de celui de Patrick. Elle agira rapidement, j'en suis certaine. Elle te trouvera, dans les prochains jours, un foyer d'accueil où tu pourras vivre normalement. C'est par cette route que je m'en suis sortie. Aie confiance.

Sylvie n'arrêtait pas de pleurer. Chacune de ses larmes me transperçait le cœur. Je pris sur moi-même.

— Tout va bien se passer, tu vas voir. Arrête de pleurer, sinon tu vas me faire éclater.

Je l'installai avec moi, dans la cuisine, espérant que mes nouveaux patrons ne s'aperçoivent de rien.

Le commerce avait récemment été acheté par Eugène Tremblay. Il était sévère, exigeant, et nous étions tous mal à l'aise devant son air sérieux. Sa femme était gentille, attachante, mais très gênée. Elle avait l'air si triste, parfois. On a appris à la connaître et c'était devenu un plaisir de travailler avec elle.

S'ils trouvaient ma sœur dans la cuisine, il me faudrait passer des minutes difficiles. Ils ne seraient pas contents. J'eus même peur de perdre mon emploi. Mais ma sœur passait avant tout. J'étais prête à les affronter pour protéger Sylvie.

Et, à tout moment, dans mon esprit, la peur d'Arthur et de ma mère revenait. Je pensais qu'ils savaient où nous étions et qu'ils viendraient.

Mes craintes ne furent pas contredites : la patronne s'amena dans la cuisine et me demanda ce que faisait cette petite fille dans la cuisine. Je lui expliquai la situation et lui racontai tant bien que mal ce qui se passait chez nous.

Elle ne semblait pas surprise et me proposa même d'amener ma sœur à sa maison, pour la journée, afin qu'elle soit en plus grande sécurité.

— Personne ne se doutera qu'elle est chez moi, Élisa. Tu ne crois pas?

L'idée était bonne. Je demandai à Sylvie son avis. Elle était hésitante. Elle avait peur. Je la comprenais. Quand on est dans cette situation, c'est très difficile de faire confiance à un étranger.

— Je veux bien, Élisa, mais à minuit, promets-moi de venir me chercher.

— Oui, ma petite sœur, c'est promis.

Ma patronne amena Sylvie avec elle. Je la voyais sortir du restaurant en compagnie d'une étrangère. Que ça devait être dur pour elle. Mais elle n'avait pas le choix. C'était le prix à payer pour la délivrance. Je pensai de la garder avec moi, à compter de cette journée. Mais je mis de côté cette idée, me disant que j'aurais des problèmes à n'en plus finir avec ma mère; que ce serait risqué et dangereux. À la première heure, demain, j'appellerai madame Benoît et lui expliquerais tout.

Au restaurant, ça allait mal. J'étais ailleurs. Je ne pouvais travailler avec tranquillité. Je ne faisais que penser au pire. Je surveillais tous les mouvements dans le restaurant avec cette peur que ma mère et Arthur ne s'amènent subitement pour me questionner, me demander des comptes. Je me disais que, si cela arrivait, je mentirais. Je leur dirais que je n'avais pas vu Sylvie.

Peu après le souper, deux policiers entrèrent dans le restaurant. Ils s'avancèrent au comptoir. Tout le monde pouvait les voir. Ils s'adressèrent à la serveuse qui les dirigea vers la cuisine. J'avais tellement honte. Que penseraient les clients? On aurait dit que j'avais fait un mauvais coup, que j'étais une criminelle, une voleuse. J'aurais voulu me retrouver dans un trou profond pour que personne ne me voie. S'approchant de moi, l'un des deux policiers me demanda :

— C'est vous, Élisa T.?

— Oui, c'est moi.

— Auriez-vous vu votre sœur, Sylvie, aujourd'hui?

Je ne savais pas quoi répondre. Devrais-je leur dire la vérité? Je décidai à l'instant que je dirais tout. Le mensonge ne paie jamais.

— Oui, monsieur, je l'ai vue aujourd'hui. Pour le moment, elle est en sécurité chez la propriétaire, au loyer, en haut du restaurant. Elle va y demeurer jusqu'à minuit. Après, je vais l'amener coucher à mon appartement.

Les deux policiers s'entretinrent avec moi plusieurs minutes, me posant question par-dessus question. Je leur racontai, en résumant le plus possible, tout ce que je savais, ce qui se passait dans cette maison, ce dont on avait souffert : les coups, les harcèlements sexuels, la violence, les crises de nerfs, les engueulades, la cruauté, l'ivrognerie, les pleurs, les sévices corporels.

Je les informai également que j'avais été retirée de la maison, de même que mon frère Patrick. Encore, je leur précisai nos passages devant la Cour et que les travailleurs sociaux du coin étaient au courant de la situation des enfants et des parents, chez les T.

J'avais beaucoup de difficulté à parler. Je tremblais de honte. Je parlais sans arrêt. Un policier me dit qu'ils en savaient assez, que j'avais bien fait de garder ma sœur avec moi, en attendant.

— On sait qu'elle est en bonnes mains. On les connaît, ta mère et son chum. On sait à quelle sorte de racaille on a affaire. On va les appeler quand même pour les rassurer sur Sylvie.

Avant de partir, les policiers me donnèrent leurs noms et numéros de téléphone pour les rejoindre en tout temps. Dans le besoin, je n'avais qu'à les appeler. Ils viendraient immédiatement.

Devant moi, le policier appela ma mère et lui dit de ne pas s'inquiéter, que Sylvie était en sécurité où elle était, beaucoup plus que chez elle.

J'imaginais la colère de ma mère, au bout du fil.

Je frissonnais. Le policier ne voulut pas lui dire où Sylvie était. J'étais très fière de moi. J'avais fait quelque chose d'important pour aider ma sœur. Les deux policiers me félicitèrent pour mon courage dans cette démarche.

Ils furent gentils. J'ai vu qu'ils étaient professionnels, consciencieux, qu'ils prenaient leur travail à cœur et que cette affaire les avait impressionnés, touchés. Ils étaient dans le bain d'une histoire d'enfants battus. Ils auraient pu fermer les yeux, reprendre ma sœur et la reconduire au foyer, mais ils ont pris la décision d'être, eux aussi, de véritables agents de la paix, dans la délivrance de ma sœur. Je les ai vivement remerciés pour leur attitude en notre faveur.

Après le départ des policiers, je me sentais beaucoup mieux. Ma sœur et moi, nous étions en sécurité. Le même soir, à minuit, comme convenu, j'allai chercher Sylvie et l'emmenai coucher chez moi. Nous avons parlé une partie de la nuit. Elle était hésitante, semblait regretter sa décision de mener l'affaire au bout. Elle disait qu'elle ne voulait pas faire de mal à ma mère. J'essayai de mon mieux de la rassurer. Puis, nous nous sommes couchées. Ni l'une ni l'autre ne pouvions dormir. Sylvie pleurait. Je ne savais plus quoi faire, me disant que, tôt ou tard, la fatigue l'emporterait et qu'elle pourrait alors dormir.

Le lendemain matin, à neuf heures, je téléphonai à madame Benoît. Elle demanda à parler à Sylvie. Peu après, ma sœur me repassa l'appareil. Madame Benoît me dit d'envoyer Sylvie à l'école et qu'elle irait la rencontrer là. Elle précisa que ma sœur ne devait pas rester avec moi, que c'était impossible. Elle ajouta qu'elle tenterait de lui trouver un foyer d'accueil, dans la journée même, avant de passer à la Cour, pour que ma mère et Arthur perdent la garde. Avant de raccrocher, madame Benoît me rassura en me disant de ne pas m'inquiéter, que tout irait bien et qu'elle me donnerait des nouvelles du déroulement des événements.

Pendant la journée, ils se sont bien occupés de Sylvie. Ils m'ont même appelée pour m'informer que, temporairement, ma petite sœur avait été placée chez ma marraine. J'étais soulagée. Sylvie était sauvée.

La famille T. en cour

Quelques jours plus tard, il a fallu encore aller en cour pour témoigner. Ma mère et mon père avaient été convoqués. Ma mère ne manqua pas de me resservir son regard haineux. Mon père se montra faible, cette journée-là : c'était là sa caractéristique, et cet homme, qui avait été dominé par ma mère sur tous les fronts, resta égal à lui-même; cet homme, qui avait été cocu et qui n'avait jamais été capable de se tenir debout devant Arthur et l'assouvissement de son vice face à tous ses enfants. À la Cour, mon père larmoyait, comme toujours. Cela me choquait de plus en plus. Il aurait pu se vider le cœur et régler, une fois pour toutes, le cas de ma mère et, surtout, celui d'Arthur. Mais, dans toute sa faiblesse, il n'en fit rien.

Je regardais froidement ces gens qui étaient présents. Toute la famille y était. Pour la première fois, je les voyais différemment. Je les voyais vraiment, comme ils étaient, dans leur faiblesse, dans leur trou de violence, dans cet univers marqué par l'absence d'amour. Et ça me faisait mal. Je me sentais peu fière de venir d'une famille comme celle-là.

Ma mère avait l'allure d'une dévergondée. Dans sa monstruosité, elle défendait encore son imbécile d'amant, Arthur, contre ses propres enfants. Elle avait vieilli. Sa cruauté, sa haine la détruisaient. Elle était en train de se punir elle-même. Elle avait dévié de la nature, de l'amour. La vie était en train de lui rendre la pareille, de la faire payer. Qu'elle devait être malheureuse, mal dans sa peau! Pour rien au monde, je n'aurais voulu être à sa place. J'aurais pu en ajouter mille fois plus par mon témoignage, l'accuser, la traîner en cour pour mes seize années d'enfer, mais je n'en avais pas besoin. En la regardant, dans la boîte des témoins, je compris que les graines de haine qu'elle avait semées avaient donné des fruits piquants, durs, amers; une récolte infernale.

Son cœur était encore méchant. Maintenant, plus que jamais, on pouvait le lire sur son visage usé, devenu laid, marqué par une vie ratée, une vie de haine. J'aurais voulu que sa méchanceté soit écrite sur son front, jusqu'à sa mort, à tout jamais. Ce jour-là, je souhaitai qu'elle soit punie pour les actes horribles qu'elle avait commis, pour le mal qu'elle avait fait vivre à ses enfants; pour ce monde maléfique qu'elle avait elle-même créé, bâti, sciemment entretenu et qui n'avait jamais cessé dans cette maison satanique.

Nous avions voulu l'aimer, tous et toutes dans la famille. Sa réponse fut de nous repousser, de nous détruire. Je fus la première. Patrick avait suivi et, maintenant, c'était ma petite Sylvie. Nous avons tous été des enfants au cœur effrayé, gelé, transpercé. Nous serions marqués toute notre vie avec ce sentiment, cette certitude que nous étions différents, pas aimables, avec, à tout jamais, une sorte de nœud dans le cœur.

Et le comble, dans ce scénario morbide, c'était l'attitude de mon père. À la Cour, il n'a pu faire mieux que d'incliner la tête, d'abaisser ses épaules et, finalement, quitter la salle avec une bouteille de bière à la main : une piètre conclusion, une faiblesse qui, désormais pour nous, ses fils et ses filles, serait bien difficile à pardonner jusqu'à la fin de nos jours. Je lui en ai voulu pour son manque de courage, sa fainéantise, autant que j'en voulais à ma mère pour m'avoir fait toutes ces marques sur le corps, pour avoir battu

Patrick et maintenant Sylvie. J'en voulais aussi à ce vicieux d'Arthur qui vivait avec elle, qui avait aidé à accentuer la destruction de cette famille et qui avait contribué à la rendre ce qu'elle était devenue, rongée par la haine, s'effritant partie par partie.

J'imagine qu'il avait dû être la victime de son attachement à ma mère. J'imagine que, comme nous, il avait toujours eu peur d'elle. Mais qui était-elle donc pour avoir toujours manipulé les gens, les sentiments, la vie de tous ceux qui l'entouraient? Je sortis de la Cour, triste et écrasée. Comment allais-je faire pour oublier tout ça, pour surmonter le sentiment d'impuissance ancré en moi? Comment allais-je faire pour dénouer ce nœud qui m'empêchait de respirer?

Toute ma vie, je resterais Élisa T., cette petite fille moche et insignifiante. Jamais elle n'avait voulu me prendre dans ses bras; jamais un baiser, jamais un regard tendre…

Toute ma vie, je porterais en moi le regard douloureux de mes frères et de mes sœurs, essayant d'oublier Arthur, ce sale individu qui profitait de la nuit et de la complaisance de ma mère pour forcer de jeunes enfants effrayés à ses satisfactions sexuelles les plus basses. Toute ma vie, je sentirais sur moi leurs yeux pleins de pitié, encore plus que les coups qui pleuvaient sur mon corps et les insultes de ma mère.

J'avais du mal à me regarder dans un miroir, tellement je me détestais. Je haïssais cette femme qui m'avait mise au monde. J'aurais préféré qu'elle m'étrangle quand elle avait eu sa chance. Elle m'avait battue pour que je n'oublie jamais que j'étais indigne d'être sa fille, indigne d'être aimée.

Je sortis du tribunal, brisée. Je gardais espoir que, quelque part en moi, survivrait une toute petite flamme qui me pousserait à vivre heureuse, une petite flamme qui réclamerait justice. Il fallait continuer. J'espérais que Dieu me donne cette force.

Entre-temps, ma sœur Sylvie fut confiée à un foyer d'accueil. Très vite, elle a tenu à me présenter à ses « parents adoptifs ». Elle avait l'air tellement heureuse. Elle avait retrouvé le sourire. En si peu de temps, elle avait beaucoup changé : elle était devenue une belle fille, bien coiffée, bien habillée. J'étais contente de la voir ainsi. Ça me faisait chaud au cœur.

L'une après l'autre

Quelques jours plus tard, ce fut au tour de Diane de me téléphoner, affolée. Son appel en était un de détresse : elle me demandait de la rejoindre immédiatement au restaurant. Au téléphone, elle ne précisa rien. Cela me rendit très nerveuse, car j'ignorais tout de ce qu'elle voulait me dire. Je me disais, Arthur a peut-être tué ma mère ou l'inverse. Ou encore, il y avait un blessé chez moi, résultant de cette éternelle violence.

Il était sept heures du matin. Je m'habillai au plus vite et me dirigeai immédiatement au restaurant. Les idées les plus noires, les plus farfelues me trottaient dans la tête. Il m'arriva de courir. Quelques minutes plus tard, j'entrai dans le restaurant, épuisée, exténuée. Diane est arrivée en même temps que moi, dans le même état, très essoufflée. En me voyant, elle dit :

— Élisa, je me suis sauvée de la maison. Je veux rester avec toi. Chez nous, c'est devenu un enfer! Notre mère et Arthur se sont chicanés toute la nuit, ne cessant de s'engueuler, et ils se sont battus. Et nous, nous avons subi leurs coups. Cette violence va nous rendre tous fous. Moi, je n'en peux plus.

Elle s'arrêta quelques secondes, pour reprendre son souffle, et poursuivit :

— Ma mère courait après moi partout dans la maison avec le manche à balai et me frappait. J'ai pu sortir dehors. J'ai fait du pouce et me suis enfuie : me voilà.

Le cauchemar n'était donc pas fini. Diane était la troisième à venir me demander du secours.

Je lui expliquai que je n'avais aucun droit de la prendre avec moi, ni elle ni aucun autre frère ou sœur. La travailleuse sociale, madame Benoît, me l'avait bien expliqué. Diane n'avait pas encore dix-huit ans. Bientôt, elle serait majeure, mais ce n'était pas encore le cas. J'aurais tant voulu qu'elle puisse venir habiter avec moi. C'est grâce à elle que j'avais été sortie de la famille, quelques années plus tôt. Ça me faisait beaucoup de peine de ne pouvoir lui donner une place pour vivre.

Je dis à Diane d'attendre encore un peu, qu'à dix-huit ans, elle serait libre.

Elle rétorqua que, plus jamais, elle ne voulait remettre les pieds dans la maison de notre mère et d'Arthur, ajoutant aussi que si je ne voulais pas la prendre avec moi, c'était parce que je ne l'aimais pas.

Pourtant, ce n'était pas cela du tout. Diane se trompait. Je souffrais autant qu'elle. Je ne pouvais rien faire. Je tentai de la rassurer, mais elle ne tenait plus en place. Elle était en état de choc. Je ne pouvais pas la laisser tomber. En ne faisant rien, je savais ce qui l'attendait à la maison si elle devait y retourner. Je ne pouvais pas l'abandonner.

On quitta donc le restaurant et je l'emmenai chez moi pour lui permettre de se calmer. Là, après discussion et réflexion, on pourrait trouver une solution.

Arrivées à la maison, on croisa madame Lapointe dans l'escalier. Je la saluai et n'eus pas de réponse. J'étais mal dans ma peau. J'aurais voulu expliquer à la propriétaire tout ce qui se passait, mais je n'avais pas le temps. Je savais que madame Lapointe n'aimait pas que des gens viennent à la maison.

À mon appartement, je donnai quelques vêtements chauds à Diane. Elle était gelée. Je voulais qu'elle se sente bien et qu'elle oublie sa peur et son chagrin. Elle ne sortit pas de la journée. Au souper, j'invitai notre sœur, Sylvie, à venir nous rejoindre. On passa quelques bonnes heures ensemble.

Après le souper, on sortit faire un peu de magasinage. Avec les quelques économies que j'avais, j'achetai deux blouses identiques, avec un gros nœud près du collet, une pour Diane et l'autre pour moi. Nous étions jolies avec ces vêtements. Puis, nous avons joué à nous maquiller. Cela nous faisait du bien, ça nous distrayait. Toutes les trois, on sortit ensemble ce soir-là; nous eûmes beaucoup de plaisir.

C'est ainsi que Diane s'installa quelques jours chez moi. Sylvie, souvent, venait nous visiter. Parfois, on soupait toutes les trois et puis on sortait ou on regardait un film à la télévision. Cela nous permettait d'oublier cette réalité qui était toujours là, cette situation affreuse à la maison de notre mère.

Je n'aimais pas beaucoup me retrouver dans des endroits où l'on buvait. La boisson avait trop fait de mal dans notre famille pour que je me sente heureuse dans cette ambiance. Ce que je cherchais, c'était l'amour, ou, à tout le moins, le bonheur. Je croyais au prince charmant et j'attendais le mien, sans trop voir le jour où cela pourrait m'arriver.

Mon type d'homme
Il devait être propre, sincère, franc, doux, sans violence aucune.

J'avais bien besoin de ce genre d'homme après tout ce que j'avais vécu. J'étais restée une femme méfiante, rancunière. Mes quelques expériences passées avec les hommes n'avaient pas été bien intéressantes et je n'avais vu, connu, que des hommes faibles, violents, déséquilibrés ou alcooliques, dans notre famille. Pour moi, les hommes étaient tous pareils.

Mes aventures avec les hommes furent comme un long escalier et, chaque fois que j'allais arriver en haut, je tombais et déboulais. Et c'était à recommencer.

J'avais hâte de me retrouver en haut et d'y rester, de ne plus débouler, de ne plus jamais redescendre.

J'attendais que le miracle se produise : que ça devait donc être merveilleux, un compagnon, un amour. Dans la vie, il y a des instants où il faut savoir se décider, choisir : le bonheur... ou rien.

J'avais tant besoin d'un compagnon. J'étais prête à accueillir même un invalide, un paralysé. Cela ne changerait rien, car c'est le cœur qui choisit. C'est lui qui reste responsable de nos forces et de nos faiblesses. Je croyais au destin, qu'il était pour arriver quelque chose, une rencontre, qui déboucherait sur l'amour. J'ignorais où il était, mais, en dedans de moi, je l'attendais déjà. J'avais déjà besoin de lui. Il était prêt à entrer dans ma vie, comme une balle de revolver, avec tous les ravages qui suivraient. Le destin allait me placer sur une voie dont il était impossible de sortir.

Et les rêves continuaient de plus belle.

Mon homme! Une apparition! Une beauté! La pureté! La délicatesse!

Avec lui, je ne serais pas comme d'habitude. Je sentirais mon visage s'illuminer; un grand feu s'allumerait en moi.

Il semblerait sortir du néant. Le monde entier disparaîtrait et il n'y aurait que lui. Il arriverait comme un éclair, cet homme d'affaires, ce grand nom, ce prince.

Je ne supportais même pas l'idée qu'il puisse vivre sans moi. Quand je sentirais ce coup de foudre, ce serait l'émotion profonde... le choc... une sorte d'engourdissement, un mal à respirer, à penser... Je serais heureuse et désespérée. Dans combien de temps cela allait-il m'arriver? J'étais prête à l'accueillir. Je me sentirais égarée, dans une autre dimension, en transe, dans un rêve sans fin… sans éveil.

Tu vas être le plus merveilleux des hommes que j'aurai jamais vu. Tu seras rassurant, calme, toujours prêt à pardonner les moindres erreurs et écarts. Et tu me soulageras de mes souffrances. Je t'aurai aimé tout de suite.

Au milieu de cette mer tourmentée, tu seras comme une île de paix et de bonté.

Nos regards se croiseront et ils s'éclaireront d'un sourire timide. Je te dirai : « Je te veux, pour moi, moi seule. » Je deviendrai folle à la pensée de pouvoir partager ma vie avec toi. Je serai jalouse parce que je ne voudrai jamais te perdre.

Personne ne pourra te détester, t'être antipathique. Tu seras irrésistible, brûlant. J'irai décrocher la lune pour pouvoir te prendre, quelques instants, dans mes bras et t'entendre me dire, d'une voix douce, sensuelle : « Je t'aime, mon amour. »

Je savais que tout cela était trop beau pour être vrai. L'amour, c'est comme une maladie, mais on ne veut pas être guéri. Mes pensées n'avaient pas de répit. J'étais toujours l'Élisa maladroite. Je ne savais pas comment dire à un homme que je l'aimais.

Je poursuivais mon rêve…

Ta main s'attardera sur la mienne et l'autre sur mon genou : j'en serai toute chavirée.

Viens vers moi, je t'attends depuis longtemps.

J'avais l'impression d'être rendue au terme d'un merveilleux, mais épuisant voyage : j'avais trouvé la seule chose qui compte sur terre, l'amour.

Les mots ne suffiraient pas… ni les regards, ni même les baisers… ni les nuits… ni l'éternité.

Je m'endormirai tout en pensant à lui, heureuse.

Pouvait-on ressentir tout ça pour un seul homme?

Au pied du mur

Les choses allaient se gâter. Un jour, madame Lapointe me fit venir chez elle pour me dire et me faire comprendre qu'elle ne voulait plus que Diane reste au loyer avec moi. Il était vrai qu'on avait convenu, lors de la location, que c'était pour une personne et non pour deux. De plus, elle me confia qu'elle n'aimait pas beaucoup ma sœur.

J'étais donc prise entre deux feux : ma tranquillité ou la responsabilité de Diane.

J'y réfléchis longuement. J'aimais ma sœur, mais j'avais tellement fait d'efforts, ces derniers mois, pour prendre ma vie en main. J'étais si contente d'avoir mon chez-moi. Pour la première fois, je me sentais en sécurité quelque part, dans un lieu qui était à moi, le mien.

J'expliquai tout cela à Diane. Nous eûmes une bonne discussion. Elle devait se prendre en main, elle aussi. Elle avait beaucoup d'amies. Elle était bien connue, appréciée. Il y avait une place pour elle quelque part. Elle comprit.

Aussi, mon père, à cette même période, lui avait offert d'aller habiter avec lui. Je n'avais pas de crainte pour Diane. C'était une fonceuse. Elle faisait partie d'une famille où chacun et chacune attendait le moment propice pour se sauver, pour voler ailleurs, trouver l'air pur. Je ne voulais pas renoncer à tout ce que j'avais si durement acquis jusqu'à présent. Diane me quitta, triste, mais décidée à réussir.

Je me retrouvai seule avec madame Lapointe. Elle me tenait souvent compagnie. Nous étions devenues de grandes amies. Elle aimait me faire des surprises. Elle était une adepte du tricot. Elle me faisait de belles choses et me les remettait en cadeau : des pantoufles, des napperons, des moufles. Je lui demandai de me tricoter un ensemble pour bébé : je voulais, un jour, avoir un enfant.

Une flamme s'allume

Un jour, Sylvie me demanda de l'accompagner chez une de ses amies. En arrivant, les présentations faites, pendant que ma sœur bavardait avec son amie, je conversais avec sa mère, madame Labrecque. Elle s'intéressait visiblement à ce que je faisais et semblait me trouver élégante, ce qui n'était pas sans m'étonner un peu. Ça me faisait rire qu'elle me perçoive comme une fille à l'aise, qui gagnait bien sa vie, malgré son jeune âge.

Sylvie tardait à revenir. Je commençais à être impatiente. Le travail m'attendait, au restaurant. Je les entendais qui riaient dans le salon. Son amie, Juliette, me lança :

— Élisa, aimerais-tu connaître mes frères?

Je ne répondis pas. Je fis part que je devais me rendre au restaurant. J'étais gênée. Je ne voulais pas rester là une minute de plus.

Rendue près de la porte, l'un des deux garçons s'était amené à la table de la cuisine. Il s'appelait Marcel. Et le deuxième arriva. Son nom était Marius. Il était de mon goût, celui-là : quel sourire, quel physique! Il était grand, musclé, très beau. Un genre d'homme qui fait rêver les filles. Il portait un jean serré, un gilet en V qui montrait sa musculature. Au premier coup d'œil, c'était l'homme sans défaut. J'avais eu une sorte de coup de foudre.

Nous fîmes connaissance. Ils étaient ricaneurs. Moi, j'étais gênée. Ça me bloquait et ça me choquait. Ils parlaient beaucoup et je ne saisissais pas tout ce qu'ils disaient. Mais le temps était venu pour moi d'aller au travail. Je quittai cette maison. Au départ, Marius nous salua, ma sœur et moi, sans porter davantage d'attention à l'une plutôt qu'à l'autre.

J'étais au septième ciel. Il avait pris le temps de me parler et de me saluer. Je flottais, même si je savais bien que je n'avais aucune chance. Et moi, je ne pouvais me contenter d'un homme ordinaire. Je le voulais beau, fort, merveilleux, le plus beau, pour que toutes les filles m'envient. Je ne savais pas si j'allais le revoir un jour.

Pendant les semaines qui suivirent, je pensai à lui constamment, espérant le revoir au plus tôt.

Mon chum

Quelque temps plus tard, un soir, lors d'une sortie avec mes sœurs, à un bar, je le vis arriver. J'avais si hâte de le revoir. L'attente m'avait paru une éternité. Je ne savais que très peu de choses sur lui. Ma sœur me dit qu'il était étudiant à l'extérieur de la ville. Il entrait avec quelques amis. Il nous reconnut et vint directement à notre table.

J'étais tellement contente. J'étais encore prise avec ma gêne. Il était encore plus beau que dans mes souvenirs. Ma sœur l'invita à danser. Il accepta mais demanda que moi aussi j'y aille : nous nous sommes tous retrouvés sur la piste de danse, lui, moi et mes deux sœurs. Le rythme de la musique changea pour faire place à une ballade. Je retournai à notre table. Mais je n'eus pas le temps de m'asseoir, Marius m'invita pour danser avec lui. J'acceptai avec grand plaisir.

Sur la piste de danse, il me prit dans ses bras. Je me sentais toute petite à côté de lui. Quand les deux slows furent terminés, on revint à la table. On parla beaucoup. À la fin, nous étions main dans la main. C'était un départ.

La soirée avançait, il se faisait même tard. On décida tous d'aller manger au restaurant. Chemin faisant, il était distant, bien à sa place. Il avait changé d'un seul coup. Je le sentais plus froid. Je ne comprenais pas son attitude. Mais cela ne me faisait rien. Je savais que ma vie allait changer parce que je l'avais connu... Je sentais un bien-être pour la première fois de ma vie, une sorte de grand bonheur au plus profond de moi-même.

Je crois que j'en étais amoureuse, même si je ne le connaissais presque pas. Il n'était pas le prince charmant rêvé, mais il m'attirait.

Après le lunch, il est venu me reconduire chez moi. Pendant la soirée, il ne m'avait pas invitée pour le revoir, ni demandé mon numéro de téléphone. Juste avant de le quitter, j'avais envie de foncer et je l'invitai à m'accompagner à une fête, la semaine suivante. Il ne parlait pas. Il était hésitant. Il disait qu'il était occupé dans les prochaines semaines. J'étais déçue. J'insistai. Enfin, il accepta. Il promit de venir me chercher à vingt heures, le vendredi suivant. Avant de me laisser, il me demanda un baiser.

***

Les semaines passaient. Nous nous voyions plus souvent. Je le connaissais mieux. Il était un drôle de mélange, à la fois timide et arrogant. Il avait beaucoup d'amis, autant de filles que de garçons. Il était un leader avec tout ce monde. Partout où il allait, il connaissait des gens, les saluait. Avec lui, je me sentais comme une reine.

Même si nos rapports n'étaient pas toujours faciles, je le voyais maintenant chaque fin de semaine. Il venait me chercher et nous allions danser. Je me sentais si fière. Je ne vivais mes semaines que pour ces moments privilégiés où on se retrouvait ensemble, les fins de semaine. J'étais la blonde, moi, Élisa T., du plus beau garçon du coin. L'incroyable, l'impensable étaient devenus une réalité.

Je me disais que ma mère en mourrait de surprise si elle me voyait avec un si beau garçon, elle qui m'avait toujours prédit une vie sans amour.

Chapitre 5

Les fréquentations

Marius venait souvent me voir à mon appartement. Madame Lapointe n'aimait pas cela. Elle me demanda de quitter le loyer. Cela me rendit triste.

J'apportai tout ce qu'elle m'avait donné. Elle a eu du chagrin à mon départ. Je garde un beau souvenir de cette grande dame. Je lui promis de revenir lui rendre visite. Le cœur gros, je quittai mon premier appartement, laissant derrière moi de beaux souvenirs.

Pour quelque temps, je suis allée habiter chez mon père. Diane y était déjà. Un trois et demi pour trois personnes... En plus, c'était dans un sous-sol très humide. Mon père buvait de plus en plus. Pour ces raisons, je ne demeurai pas là longtemps. Avec Diane, je me trouvai une chambre. Comme transition, c'était convenable. Ce n'était pas la lune, mais on était bien.

L'anniversaire de Marius

Marius, que je fréquentais depuis plusieurs semaines, allait avoir vingt et un ans. C'était une étape importante pour lui et je voulais lui offrir un cadeau. Je ne savais pas vraiment quoi lui acheter. Après avoir fait le tour de plusieurs articles qui pourraient lui faire plaisir, j'arrêtai mon choix sur un bijou. Mettant toutes mes économies dans le même panier, je lui achetai une bague en or, avec sa pierre de naissance.

Je ne voulais cependant pas lui offrir ce cadeau devant le groupe d'amis : ça me gênait trop.

Je me rendis chez ses parents. Il n'y était pas. J'étais

prête à l'attendre une heure s'il le fallait. Pendant ce temps, je jasai avec sa mère qui ne semblait pas encore informée que Marius et moi, on sortait ensemble depuis quelque temps. Elle fut très surprise quand je lui dis que j'avais acheté un cadeau d'anniversaire à Marius.

Finalement, mon ami arriva. Il fut surpris de me voir là et montra une attitude froide. Mal à l'aise, je décidai de sortir de la maison, lui signalant que je l'attendrais dehors. J'avais compris que lui et sa mère avaient besoin de se parler. Elle lui avait préparé son souper. J'étais dehors et j'attendais. Il s'écoula une demi-heure avant qu'il ne vienne me retrouver.

Il me demanda de faire une balade avec lui. Mais je l'invitai à venir à ma chambre quelques minutes. Il ne voulait pas. J'insistai, puis il accepta. Chez moi, je lui offris le cadeau. J'avais fait un bel emballage avec de petits rubans, et une carte. J'étais vraiment contente de lui donner ce bijou. Je lui signifiais ainsi mon amour. J'avais hâte de voir sa réaction. Lentement, il déballait le cadeau. Je ne savais pas s'il aimerait cela. Je doutais, me disant que j'aurais dû lui acheter quelque chose d'autre. Il l'ouvrit et sortit la bague, la mit à son doigt, sans parler. Puis, il leva les yeux.

— Cela a dû te coûter cher, Élisa. Je n'aime pas cela. Ça me fait l'effet que tu me donnes cette bague pour m'acheter. J'aime autant te dire que je ne suis pas le genre de gars à me faire acheter aussi vite.

Il m'avait gelée. Cette incroyable réaction me montrait la fragilité de nos rapports. Il m'avait mise dans un état difficile. J'étais désolée, peinée. Je ne savais plus quoi faire.

Et il ajouta :

— C'est une belle bague! Je ne veux plus que tu me fasses de cadeau et que tu gaspilles ton argent comme ça.

Ça m'attristait davantage d'entendre sa dernière remarque. Je ne comprenais vraiment pas. J'étais peut-être allée trop vite. Depuis trois mois que nous étions ensemble, il ne m'avait jamais dit qu'il m'aimait. Et le fait que ses parents ne savaient pas encore qu'on sortait ensemble suscita chez moi des interrogations. Pour moi, cette réaction était claire : il ne voulait plus sortir avec moi.

Découragée, démoralisée, désespérée, abattue même, je m'assis sur le lit, ne pouvant plus tenir debout devant lui. J'avais la tête basse. J'étais triste à mourir.

Il s'assit près de moi et me dit :

— Élisa, je t'aime bien. Tu es gentille. J'apprécie ce geste de ta part.

Il me prit dans ses bras et m'embrassa.

J'oubliai tout. Quand il a défait les boutons de ma blouse, le monde a basculé. On a fait l'amour. C'était la première fois que j'avais une relation sexuelle. J'ai pensé que tout allait changer entre nous. En un sens, j'étais devenue sa femme.

Les jours et les nuits passaient. Marius était souvent chez moi. Parfois, je le trouvais distant, ce qui me rendait triste et désemparée. Je me demandais alors s'il m'aimait vraiment. Il ne me disait jamais de mots tendres, encore moins des mots d'amour. Je me sentais très seule, comme s'il n'était pas là.

Puis, ma vie prit un rythme très lent. Je pensais que tout était de ma faute, que j'étais trop romantique.

Je croyais que faire l'amour avec quelqu'un était comme un contrat de mariage : on s'engageait pour la vie.

Son attitude indépendante me fatiguait, me stressait continuellement.

Les auteurs de mes jours

« Insécure » dans ma relation avec Marius, un bon jour, je rendis visite à mon père. Je voulais faire la paix avec lui, avoir une bonne rencontre. J'aurais voulu qu'il soit autrement, non buveur, plus responsable, plus énergique, mais je me disais que je me devais de l'accepter ainsi. Après tout, il était mon père!

J'étais chez lui depuis plusieurs minutes. Nous bavardions, échangions sur le moment présent, discutions de choses et d'autres. Tout à coup, on frappa à la porte. Mon père ouvrit. C'était ma mère...

Je faillis mourir. J'étais assise sur le divan. Mon corps se mit à trembler. Mes mains étaient moites. Pour moi, cette rencontre signifiait la fin de ces belles années de tranquillité. Subitement, je redevins cette petite fille terrorisée qui essayait de se cacher dans l'escalier, qui se roulait en boule pour échapper aux coups de cette femme déchaînée. En me voyant, se tournant vers mon père, elle dit :

— Je vois que t'as du monde.

— Viens pas faire d'histoires, Bertha. Élisa vient me voir souvent. Elle a le droit, non? Je suis son père.

— On le sait qu'elle a toujours été ta préférée, celle-là.

Puis, elle m'adressa la parole :

— La Noire, y paraît que t'as un chum. C'est incroyable. Il est aveugle en maudit, ton gars.

Je répondis par un « oui » bien froid.

Je me disais que je devais garder Marius. Avec sa grande force, ses gros bras, il serait toujours une bonne protection contre ma mère.

Maintenant, je pouvais la regarder plus froidement. Comme elle avait changé. Elle était petite. Elle avait sûrement maigri. Elle avait l'air d'une petite vieille. Comme je la trouvais laide. Moi aussi, je me trouvais laide, mais d'une autre façon. Elle avait sa laideur et

138

moi, la mienne. Ma peur d'elle n'était plus tout à fait la même. Elle avait grandement diminué. Ma haine avait aussi diminué. Ma mère recommença à parler :

— Y fait frette dehors. Je vais faire entrer mon amie. Elle m'attend dans l'auto. Y a-tu quelque chose à boire, icitte? Je pense que j'suis mieux de rentrer ma bière.

Sa pudeur était aussi absente qu'autrefois. Elle se sentait chez elle partout, même chez mon père, qu'elle avait traîné dans la boue, qu'elle avait fait cocu.

Mon père, lui, ne disait rien. Il continuait à avoir l'air d'un homme dominé par cette femme. Quelle sorte de parents avais-je donc, mon Dieu? Il fallait toujours de la boisson dans leurs rencontres. Et ça se soldait toujours par des engueulades et beaucoup de violence. Mon père, en l'absence de ma mère, était révolté contre elle. Mais aussitôt qu'elle se retrouvait en sa présence, il devenait quelqu'un d'autre. Quelle étrangeté!

À la voir, à l'entendre, je me suis mise à avoir mal au cœur. Cette mère était implacablement la même et elle ne changerait jamais : toujours aussi méchante. Elle était assise au bout de la table, ne cessant de parler, avec son ton fort et cru, multipliant les gorgées de bière, comme une « saoulonne ».

Je les quittai, sans tarder, en claquant la porte.

Cette journée-là, Diane et moi, on décida de se trouver un logement. Ma sœur avait son emploi, moi, le mien. En partageant les frais, ça devenait plus facile de boucler le budget. Toutefois, on prit la décision de garder notre père avec nous. On pensait que c'était la seule façon de le protéger contre la boisson et l'influence de notre mère.

Mon protecteur

Marius était devenu mon protecteur. Je ne travaillais plus au restaurant, qui avait fait faillite. Je ne savais pas comment remplir un formulaire d'assurance-chômage. Je lui demandai de m'aider. Il me regardait drôlement.

Son attitude m'humiliait. Je me sentais ridicule devant l'incapacité de remplir ces formulaires. Je n'avais pas le choix de me faire aider. Je ne connaissais absolument rien. Je m'en voulais un peu pour ça.

Mes rapports avec Marius étaient au beau fixe. Il arrivait parfois qu'on se chicanait et qu'on s'engueulait. Il était du genre possessif et n'avait confiance en personne, même pas en moi. Cela ma choquait. Je faisais tout pour lui. Il n'était pas reconnaissant. C'était un égoïste.

Un bon jour, je décidai que j'en avais assez. Je menaçai de le quitter. Je voulais être aimée. Je ne voulais plus souffrir. Tout était compliqué avec lui. Est-ce que quelqu'un, un jour, pourrait m'aimer, moi, seulement moi, avec tendresse? Après nos chicanes, Marius s'adoucissait, me demandait pardon. Et il me disait qu'il m'aimait.

Bien sûr, il ne voulut pas que je le quitte, me suppliant de rester. Il disait qu'il avait besoin de moi, qu'il ne voulait pas rester seul. Cette fois-là, il avait pleuré. Je ne pus résister. Je ne pouvais pas dire non. J'avais trop besoin de lui. Et nous sommes revenus ensemble.

Je voulais qu'il me fasse un enfant. J'aurais donné ma vie pour avoir un enfant de lui. Je pourrais donner à cet enfant tout l'amour que je n'avais pas eu. Si je ne pouvais rien attendre des hommes, je pourrais combler mon besoin d'amour et de caresses avec mon enfant. Souvent, je regardais les bébés dans les « carrosses ». J'observais les mères, leurs comportements avec leurs jeunes enfants. Je me demandais si elles les battaient. Je pensais souvent à cela. Je voyais une belle relation entre une mère et son enfant, mais me disais que, derrière cette image se cachait sûrement l'hypocrisie, la violence, la cruauté.

Ce désir d'enfanter était devenu si grand qu'il m'était presque insupportable de voir une mère cajoler son petit. Pourquoi pas moi, Élisa T.? Pourquoi pas moi?

J'en avais discuté avec Marius. Pour lui, il n'était pas question d'avoir un enfant en dehors du mariage. Et on ne parlait jamais de se marier. Nous avions une relation sexuelle stable et je ne prenais pas la pilule. Je n'en voyais pas l'utilité...

***

Depuis la faillite du restaurant, le travail se faisait rare, de mon côté. Marius, lui, reçut une offre pour aller travailler à Sept-Îles. Il était très intéressé : c'était dans son métier et les salaires étaient alléchants, bien meilleurs que ceux dans notre région. Il décida donc de se rendre sur la Côte-Nord, située à plus de mille kilomètres. Il était convaincu qu'en travaillant à Sept-Îles, il pourrait mettre de l'argent de côté.

J'avais le cœur gros, en pensant qu'il serait loin de moi. Au début, il refusa que je parte avec lui, me disant qu'il reviendrait me chercher le plus tôt possible : c'était dans l'ordre des choses.

Je me sentais à la fois triste et soulagée par son départ. Marius me dit que ce serait mieux pour nous deux de ne pas être ensemble pendant un certain temps. On pourrait réfléchir, chacun de son côté, à notre relation. Pour ma part, je n'avais nullement l'intention qu'il me laisse tomber. Avec lui, je m'étais toujours bien sentie, en sécurité. Aussi, je me disais que ma mère rirait de moi et se paierait ma tête si je mettais un terme à mes fréquentations avec Marius. Je n'avais donc nullement l'intention de me défaire de lui. Mais, d'une certaine façon, j'étais soulagée qu'il parte.

C'était difficile à comprendre. Cela avait été facile de m'attacher à lui, mais je voyais que c'était difficile de m'en détacher. Son départ créa quand même un vide.

Le matin qu'il prit l'autobus, je me sentais le cœur serré. Je comprenais maintenant tout ce que je perdais. Je me disais, au bout du compte, que si notre amour ne correspondait pas à ce que j'avais toujours rêvé, d'une façon générale, j'avais été bien avec lui. Je ne pouvais retenir mes larmes : elles coulaient sur mes joues. Il promit de me téléphoner à son arrivée à Sept-Îles. Il monta dans l'autobus et, par la fenêtre, je le vis me faire un beau salut de la main.

Diane, qui m'accompagnait alors à l'autobus, tentait de me réconforter. Elle mit ses bras autour de mes épaules. On revint à la maison.

***

Après le départ de Marius, je repris ma vie normale. Je recommençai à aller au cinéma. Je choisissais généralement des films d'amour : ça correspondait à mes états d'âme. Je préférais les films tristes où je pleurais abondamment. J'aimais les histoires d'amour.

Avant Marius, personne n'avait vraiment manifesté d'intérêt pour moi. Je me sentais engagée envers lui. J'étais fidèle. Ce n'était pas mon genre de profiter de son absence pour flirter avec d'autres. Ça faisait maintenant deux semaines qu'il travaillait à Sept-Îles. Jusque-là, j'avais été sans nouvelle de lui. Je m'ennuyais.

Finalement, il me téléphona. Il avait essayé de me parler en début de soirée, mais, ce jour-là, comme d'habitude, j'étais allée au cinéma. À mon retour, on put se parler. J'étais timide. Je ne savais pas quoi lui dire, comme si je m'étais sentie responsable ou coupable de quelque chose.

Il me parla longuement, de son travail, de l'endroit où il logeait. Il me disait qu'il s'ennuyait.

Je lui dis que j'allais souvent au cinéma et que je sortais aussi en compagnie de ma sœur. Il me fit des reproches. Il avait l'air soupçonneux et jaloux. Ça me faisait peur, mais, en même temps, ça me prouvait qu'il m'aimait un peu. Je me sentais rassurée. Au cours de la conversation, il me demanda d'aller le rejoindre, et il se mit à pleurer, disant qu'il se sentait très seul. Il vivait dans un monde inconnu. Il avait hâte de voir une connaissance, un être cher. Il me supplia de le rejoindre la semaine qui suivait.

Je n'étais pas dans une situation pour aller le rejoindre : sans le sou, je n'aurais même pas pu payer mon billet d'autobus. Et mes chèques de chômage qui tardaient. Malgré tout cela, je lui promis d'aller à Sept-Îles et d'être là le vendredi suivant.

En raccrochant, je sentis mon cœur cogner de joie, mais aussi d'angoisse. Je me sentais perdue. Je lui avais fait une promesse sans réfléchir. J'avais été incapable de refuser. Je l'aimais assez et ne voulais pas le perdre. Et la pensée de prouver à ma mère que, moi, Élisa T., j'étais capable de garder un homme dans ma vie, que j'étais capable de le suivre partout, plus que jamais, me trottait dans la tête.

Marius avait sûrement raison. Il fallait que notre relation prenne un nouveau départ, qu'elle aille plus loin. De toute façon, je ne pouvais plus reculer. Il m'attendait. J'étais résolue à foncer, même sans argent.

Mon père et Diane n'étaient pas d'accord pour que je parte. Ils me répétaient que j'étais en train de faire une folie. Leurs doléances, mêlées à des pleurs, ne suffirent pas pour me convaincre. J'étais assez grande pour prendre ma décision. J'en avais assez enduré dans le passé. J'étais endurcie. L'idée de rejoindre Marius, c'était de commencer une nouvelle vie, ma vie, avec lui. Même si c'était au bout du monde, loin de ma famille, de mes amis, des miens, rien ne pourrait plus m'arrêter.

Je voyais cela comme une histoire d'amour dans le style du plus pur romantisme. Je partais rejoindre l'homme de ma vie. Nous allions bâtir quelque chose d'important ensemble. Et j'étais certaine que, loin de sa famille, de ses amis, Marius deviendrait un autre homme, plus responsable, plus fort, plus tendre, plus amoureux envers moi, sa femme, son amour. Nous aurions un beau logement, de beaux meubles. Puis, un jour, avec des économies, on pourrait revenir dans notre coin de pays, heureux, en vrai couple.

Je quittai donc les miens, promettant à Diane que je reviendrais à Noël.

— Je t'écrirai. Tout se passera bien.

Mais je lui disais ces mots, sous le choc, morte de peur. Au cours des jours précédant mon départ, je pus réunir l'argent pour payer mon billet d'autobus, pas plus : même pas assez pour manger en cours de route. C'était un départ risqué. J'achetai mon billet avec un sentiment de culpabilité. Que pensaient les gens en me voyant acheter ce billet pour Sept-Îles?

Tant pis!

Je devais suivre mon destin. Je devais vivre ma vie, même si je devais me jeter dans la gueule du loup, même si je me lançais, presque à corps perdu, dans l'inconnu. En montant dans l'autobus, j'eus une peur bleue.

Le voyage fut atroce, horrible.

Je dus changer plusieurs fois d'autobus. À chaque transfert, j'avais toujours la crainte de me tromper. C'était la première fois de ma vie que je voyageais et, par surcroît, j'étais seule. Je ne cessais de demander à tous et chacun si j'étais dans le bon autobus.

Il avait commencé à neiger et l'autobus prenait du retard. On roulait à vitesse très réduite. Maintenant, c'était la tempête. Ça devenait de plus en plus dense et on avançait très lentement. Le chauffeur ne croyait pas que l'on pourrait traverser le Parc. J'étais terriblement nerveuse. Finalement, la tempête eut raison de nous et le chauffeur décida d'arrêter à un restaurant.

Tout le monde en profita pour manger un peu. Moi, je n'avais pas assez d'argent pour un repas complet. Tout au plus, je pus m'acheter un chips et une barre de chocolat. J'étais très affamée. Je me demandais comment je réussirais à m'en sortir si l'autobus ne repartait pas. Je n'aurais jamais pu me payer une chambre d'hôtel.

Je priais comme une folle.

« Oh! mon Dieu! Aidez-moi. Ne m'abandonnez pas. S'il vous plaît, mon Dieu, faites qu'on arrive jusqu'à Sept-Îles. » J'étais perdue, prise dans un monde si inconnu. Je n'osais parler à personne, trop gênée. Il fallait qu'on reparte.

Finalement, on annonça que l'autobus allait reprendre sa route. J'en fus folle de joie. Je pourrais arriver à Sept-Îles, dans la même journée. Je me sentais mieux.

Nous avancions lentement, dans un paysage ouaté. C'était à la fois magnifique mais terrible. Le chauffeur ne pouvait pas voir à plus de dix pieds en avant de lui, tellement il y avait des rafales de neige. Il conduisait la porte ouverte afin d'éviter de foncer dans les bancs de neige.

La plupart des passagers étaient endormis. Moi, je luttais contre le sommeil. Je ne voulais pas risquer de passer tout droit au terminus. Finalement, on entra à Sept-Îles. Le voyage avait duré douze heures et m'avait paru une éternité.

Je me retrouvai dans un terminus vide. Tous les

autres passagers avaient récupéré leurs bagages et leurs effets personnels. Debout, sur le quai, ma valise aux pieds, je regardais les gens retrouver leurs amis ou parents qui les accueillaient dans cette ville éloignée du Québec. Je les enviais. Qu'ils étaient chanceux!

Je regardais partout. Personne!

La Noire, la petite Élisa T., était là, toute seule, dans cette ville totalement inconnue. Dans la salle d'attente, j'étais comme une enfant abandonnée. Le chauffeur avait vu mon cafard, mon désespoir. Il s'approcha de moi :

— Puis-je t'aider?

— Non, merci, monsieur! Je suis attendue. Mon ami devrait être là d'une minute à l'autre.

Je lui avais dit cela, sans grande conviction, ne sachant plus réellement si Marius allait venir me chercher.

Peut-être avait-il changé d'idée. Et si jamais il ne voulait plus de moi… C'était ça, il ne voulait plus. Il avait connu une autre fille. Il avait commencé à boire et il m'avait oubliée. Naïve que j'avais été, de penser qu'il pouvait tenir à moi. Pourquoi m'étais-je embarquée dans cette sale histoire?

La réalité, elle, était là. Je vivais avec. Je vivais dedans. Je la sentais sur ma peau, dans mon cœur, au plus profond de mon être : j'étais là, à Sept-Îles, assise, seule, sur un banc de terminus. Je repassais, dans mon cerveau, les idées les plus noires. J'avais sûrement atteint le bout du tunnel, le bout du désespoir. J'entendais siffler la tempête, je pleurais, me promettant que je tuerais cet homme pour m'avoir ainsi abandonnée, laissée toute seule, dans ce monde complètement étranger, sans argent, sans aucune ressource, sinon la vie. Lui, je suppose, il devait rire de moi. J'étais l'image même de la désolation, cette petite bonne femme, noire et maigre, avec une petite valise tassée sur un banc beaucoup trop grand.

Je trouvais cette salle d'attente bien terne. Tout autour était laid : cette ville, cette bâtisse, cette tempête. J'étais certaine d'être tombée dans une ville horrible où je détesterais tout. J'aurais donné dix ans de ma vie pour me retrouver chez moi. Je voyais jusqu'à quel point j'avais fait une terrible erreur. J'étais prise dans un sale piège, sans solution aucune. Je ne voyais vraiment pas comment je pourrais m'en sortir.

En désespoir de cause, je me mis à feuilleter l'annuaire téléphonique afin de trouver Marius dans cette ville hostile et étrangère. Je ne me souvenais même plus du nom de l'hôtel où il vivait en chambre. De loin, le chauffeur continuait à m'observer. Je sentais qu'il était inquiet pour moi. J'aurais voulu mourir de honte. Finalement, il partit lui aussi. Je me sentis encore plus seule, plus abandonnée.

Sur cette terre, tout le monde était en sécurité, quelque part, dans une maison chaude, excepté moi. Je n'en pouvais plus. J'étais sur le point d'éclater, de crier mon désespoir.

Chapitre 6

La venue d'un enfant

La porte de la salle d'attente s'ouvrit. Il ventait encore beaucoup dehors. Je sentis le froid s'engouffrer. Marius s'amenait. Il avait l'air fatigué, lui aussi. Ses traits étaient tirés. Il se dirigea vers moi. J'avais été facile à trouver... j'étais seule dans cette enceinte.

— Pardonne-moi, Élisa. Mon train vient tout juste d'arriver. Nous avons eu du retard à cause de la tempête. J'étais si inquiet pour toi. J'avais tellement hâte de te voir.

Je lui sautai dans les bras. Jamais, de toute ma vie, je n'avais savouré autant une présence humaine connue. Toute cette peur avait été subitement convertie en soulagement. Il ne m'avait pas oubliée. Il était là, en chair et en os. Je pouvais le toucher, le regarder, l'admirer. Mon sauveur, mon protecteur, mon chum, mon amour n'avait pas manqué le rendez-vous. Il m'aimait. La vie pourrait reprendre son cours. Je vivrais en couple avec lui. L'enfer d'hier était enfin terminé.

Toutefois, j'avais beau être contente que tout ce cauchemar soit fini, je n'arrivais pas à me sentir tout à fait à l'aise, tout à fait contente, tout à fait heureuse. Ça devait être la fatigue, l'épuisement. Et j'avais si faim.

Je suivis Marius à l'hôtel. Il m'apprit que, pour un certain temps, nous devrions vivre là, en chambre. Il travaillait toute la semaine à l'extérieur de Sept-Îles. Il quittait le dimanche pour ne revenir que le vendredi en soirée.

Encore abasourdie par ma nuit blanche, cette fois, j'étais assommée. Je n'en croyais pas mes oreilles : devoir vivre en chambre pendant cinq jours. Je ne pouvais me faire à l'idée de rester seule, attendant son retour. Il me passa par la tête de me trouver du travail au plus vite, car, sans cela, je ne voyais pas comment je pourrais tenir le coup.

Je regrettais, plus que jamais, d'être venue le rejoindre. Je passai toute la nuit collée à lui, morte de froid, morte de peur. Tout cela ne l'a pas empêché de dormir. Très vite, il fut plongé dans un profond sommeil. Moi, je ne pus fermer l'œil de la nuit.

Le lendemain, très tôt, nous reçûmes la visite d'un de ses amis. Il voulait me connaître. C'était un garçon timide, mais correct. Nous avons déjeuné tous les trois. Je m'ennuyais à les écouter parler de leur travail. La journée se passa bien et vite. Dimanche était déjà arrivé. Cette journée-là, on déménagea dans une autre chambre, beaucoup plus spacieuse, avec une salle de bains. Mais il n'y avait pas de téléviseur.

Je me demandais bien comme j'allais pouvoir passer la semaine, dans cette chambre, sans télévision, moi qui en raffolais.

Marius prépara ses bagages pour le départ. Il me quittait déjà.

Une solitude difficile

J'étais maintenant seule dans cette chambre, à mille kilomètres des miens. Après son départ, je me mis en robe de nuit et m'étendis sur le lit. J'entendais la musique du bar, en bas. À trois heures de la nuit, elle s'arrêta. Je n'avais pas réussi encore à m'endormir. En plus, j'étais très nerveuse, seule dans cette ville et ce lieu inconnus.

C'était la première fois que je vivais dans un hôtel. Je ne me sentais pas en sécurité. J'avais mis le verrou sur la porte et Marius m'avait recommandé de n'ouvrir à personne.

C'est de cette manière que s'amorça ma nouvelle vie. Marius m'avait laissé un peu d'argent pour mes dépenses personnelles. Quant à mes repas, je les prenais à l'hôtel : il m'avait dit de les faire marquer, après entente avec le propriétaire.

Les premiers temps, je ne sortais pas de l'hôtel. Puis, peu à peu, ma confiance revint. Je pouvais maintenant me rendre au dépanneur non loin de l'endroit où j'habitais. J'en profitai pour me gâter un peu plus en achetant friandises et gâteaux, papier et crayon. Je passais mes journées à écrire et à dessiner. J'ai ainsi noirci des pages et des pages à écrire à mon homme, à me faire croire à cet amour, encore fragile et imparfait. Ma première semaine en fut donc une de solitude, à tuer le temps du mieux que je pouvais.

Un bon matin, les femmes de chambre parlaient qu'elles avaient fait la découverte du corps poignardé d'une Indienne derrière l'hôtel, sous l'escalier. C'est là que je passais tous les jours quand je sortais de l'hôtel. Je me suis sentie très mal en apprenant cette nouvelle et j'eus plusieurs nausées par la suite, juste à y penser.

Raison de plus d'avoir peur de demeurer à cet endroit. Quand je pensais à cette horreur, je barrais mes portes à double tour et poussais même un bureau dans la porte pour empêcher quiconque d'entrer contre ma volonté. La peur continuait de faire ses ravages.

À son retour, le vendredi de ma première semaine, Marius me parut heureux et content que quelqu'un puisse l'accueillir.

Mais il ne pensait qu'à faire l'amour, et à sortir. Il vivait sa fin de semaine dans l'insouciance.

Il disait avoir besoin de se changer les idées et il

sortait. J'aurais voulu que nous passions plus de temps ensemble, que nous fassions quelques projets de couple. Son seul intérêt semblait son job et il m'en parlait tout le temps. Cela finissait par me tomber sur les nerfs et je n'y comprenais pas grand-chose.

Je n'avais pas envie de rester longtemps en chambre. C'était une vie intenable. J'aurais aimé vivre dans un appartement pour mieux m'installer, avec nos meubles, nos affaires. J'aurais aimé lui préparer ses repas, manger près de lui, seulement nous deux. Et puis, qu'il me prenne dans ses bras; ou, encore, qu'on regarde ensemble des films d'amour.

Au lieu de cela, la réalité, bien triste, me convenait de moins en moins. Toujours, nous étions en groupe, avec ses amis, au bar de l'hôtel ou au restaurant. Marius était devenu un grand buveur pendant les fins de semaine. Je me sentais inutile et me demandais bien ce que je faisais là. J'avais été aux petits oiseaux, dans mon village, à comparer avec la vie que je menais à Sept-Îles. Il voulait que je l'accompagne à l'hôtel et au restaurant. Parfois, je me devais de le ramener, parce qu'il avait pris trop de boisson. Cela me rappelait Arthur, ma mère et mon père. Cela me faisait évoquer ce monde qui m'avait tant marquée.

Très vite, je me suis mise à avoir hâte qu'il parte les dimanches soir. Je commençais à aimer ma solitude.

Un drôle de malaise

Peu de temps après mon arrivée à Sept-Îles, je commençai à m'inquiéter de ce qui se passait dans mon corps. Pour la première fois depuis mon adolescence, je m'aperçus que mes règles étaient absentes. J'étais complètement ignorante de ces questions. Je pensais que j'étais malade au lieu de me rendre compte que j'étais peut-être enceinte.

À une dizaine de minutes de marche de l'hôtel, il y avait une pharmacie. Je m'y rendis. J'en parlai au pharmacien. Il me posa des questions. Je répondais de mon mieux. Il me fit alors passer un test de grossesse, me remettant un petit pot et m'expliquant quoi faire. J'étais très mal à l'aise de devoir lui laisser mon urine.

J'attendis les résultats. Pour lui, c'était clair, c'était positif. Je dus le questionner pour qu'il m'explique ce que cela voulait dire, « positif ». J'avais peur de souffrir de quelque chose de grave. Le pharmacien me regardait avec un petit sourire et me dit :

— Les femmes survivent généralement à cela. Vous êtes enceinte, madame. Je vous conseille de consulter un médecin au plus tôt.

J'étais étourdie. Je ne comprenais pas vraiment ce qui m'arrivait. Je me sentais idiote, plantée là, au milieu de la pharmacie, avec cette grande nouvelle : j'attendais un bébé, un vrai bébé. Le rêve de ma vie venait de se concrétiser : un enfant à moi, juste pour moi. Je n'arrivais pas à le croire. Je me sentais heureuse. Je demandai au pharmacien s'il croyait que j'allais avoir un garçon ou une fille.

Il avait encore le sourire.

— Il vous faudra attendre le moment de la naissance pour savoir ça.

J'étais à ce point ignorante que je pensais qu'il avait pu voir ça dans la petite bouteille que je lui avais remise.

Mais mon bonheur était si grand que ça m'était tout à fait égal que le pharmacien se paye un peu ma tête. D'ailleurs, il le faisait sans méchanceté aucune.

Je sortis de la pharmacie, lentement. Je me retenais de toutes mes forces pour ne pas me mettre à courir, à danser, à crier de joie. Je me tenais le ventre à deux mains et les larmes me coulaient doucement sur les joues.

J'allais avoir un enfant, moi, Élisa... mon enfant...
mon enfant... mon enfant...

J'avais des ailes. J'étais devenue belle. J'étais
maintenant une femme normale, comme toutes les
autres. J'avais fait un enfant avec un homme que je
trouvais beau comme un dieu, un homme que toutes
les femmes désiraient et qui m'aimait, moi, Élisa.

Ce bonheur, cette joie ne purent m'empêcher de
penser à Marius. Il m'avait dit qu'il ne voulait pas
d'enfant avant le mariage. Il allait être très fâché. Je
décidai donc de garder mon secret jusqu'à la visite
chez un docteur.

Ce fut difficile pour moi de ne pas en parler. Je
passais mes journées à faire des projets pour mon petit
enfant. Je me regardais dans le miroir à toutes les minutes pour voir si je n'avais pas changé. Je chantais
tout le temps. Je parlais avec mon enfant, les mains en
coquille, sur mon ventre. Chaque soir, Marius me téléphonait. Je ne lui en soufflais aucun mot. Je lui racontais des mensonges « blancs » sur mon emploi du
temps. Je ne pouvais pas lui dire que, tout le jour, j'étais
concentrée sur ce petit enfant qui était dans mon ventre, cet enfant que moi, Élisa T., j'étais en train de
préparer à la vie.

Cette petite fille idiote, frêle, mal aimée, ignorante, allait avoir un enfant. Le pronostic de ma mère s'était
perdu en fumée : elle s'était royalement trompée.
J'étais donc une vraie femme.

Entre les quatre murs de ma chambre, avec l'enfant que je portais, je commençais à m'ennuyer. J'étais
sans amies. J'étais là, seule avec mon secret.

À cette époque des premiers jours de ma grossesse, je demandai à Marius de m'acheter un téléviseur. Il ne voulait pas. Il disait qu'il n'avait pas les
moyens. Après que j'eus beaucoup insisté, finalement,
il accepta. J'étais bien contente de cet achat. Enfin,

j'aurais quelque chose à faire. Je pourrais me désennuyer un peu. Je remerciai vivement Marius, n'arrêtant pas de lui dire que je l'aimais et à quel point il était gentil.

L'annonce de la grande nouvelle

Marius était en congé pour une semaine afin d'étudier la matière d'un examen qu'il devait passer. Je l'aurais donc près de moi pendant plusieurs jours. Cela me réjouissait. Je pris mon courage à deux mains pour lui annoncer, enfin, cette grande nouvelle :

— Marius, je voudrais te parler. J'ai quelque chose d'important à t'annoncer.

— Tu penses pas que ça pourrait attendre. Tu vois pas que je suis en train d'étudier.

— J'ai besoin que tu me donnes une réponse parce que, pour moi, c'est important. D'abord, m'aimes-tu?

— Je crois que oui. C'est quoi, cette question-là, encore?

Je le regardais. J'étais hésitante à continuer à parler. Sa réponse m'avait rendue malheureuse. Je ne voulais plus lui dire que j'étais enceinte. Il « croyait » qu'il m'aimait. Quelle réponse! Il n'était pas sûr de m'aimer.

— Envoye! Dis-le. Je n'ai pas de temps à perdre. Il faut que j'étudie.

Finalement, je lui lançai la nouvelle :

— Je vais avoir un bébé. J'ai passé le test de la grossesse. C'est positif. J'ai pris rendez-vous avec un médecin comme le pharmacien me l'a suggéré.

Marius me fixait, comme si le toit de l'hôtel lui était tombé sur la tête. Il ne disait rien. Je ne savais plus quoi penser. Allait-il réagir? Il ne pourrait me regarder comme ça pendant des heures. Je n'avais pas commis un crime. Il était en état de choc. Je me mis à pleurer et lui tournai le dos en me jetant sur le lit. Et je lui dis que je savais qu'il ne voulait pas d'enfant avant le mariage, que j'allais l'avoir toute seule, qu'il pouvait me laisser seule et me quitter s'il le voulait. Je prendrais mes responsabilités.

Au fond de moi, je me disais que ce n'était peut-être pas moi qu'il voulait épouser, que ce n'était peut-être pas avec moi qu'il voulait avoir, un jour, des enfants...

Cet enfant-là, j'allais le mettre au monde et personne ne pourrait m'en empêcher... Il était à moi et à moi seule. Je pleurais des larmes douces et chaudes. Ça m'était égal. Dans le fond, je ne serais plus jamais seule, désormais, avec cet enfant.

Je levai les yeux et je m'aperçus que Marius pleurait.

Il vint me rejoindre sur le lit et me serra très fort dans ses bras. Je sentais à quel point il était content, lui aussi. Nous sommes restés longtemps, ainsi, sur le lit, à parler de l'enfant, de notre enfant. J'étais bien. J'étais soulagée. Maintenant, je n'avais plus peur d'en parler, de crier ma joie. Maintenant, j'étais certaine que Marius resterait avec moi et que nous bâtirions, ensemble, une belle famille.

Mais Marius me fit promettre de n'en parler à personne pour le moment. Le temps venu, c'est lui qui se chargerait d'annoncer la nouvelle. Dans sa famille, on n'acceptait pas que des enfants soient faits en dehors du mariage. Ils étaient intransigeants, très stricts là-dessus.

Surprise amère

Le temps des fêtes était arrivé. On refit le long voyage pour retourner dans notre coin de pays. Tout était pareil avant.

Pendant mon absence, j'avais autorisé ma sœur Diane à signer et à encaisser mes chèques d'assurance-chômage ainsi qu'à remplir mes « blancs ». À mon arrivée, je croyais avoir un peu d'argent avec les deux chèques que Diane avait changés. Je demandai à ma sœur de me remettre les sommes. Elle me présenta un seul billet de vingt dollars.

— C'est quoi ça, Diane?

— C'est ce qui reste.

— Comment ça?

— Je me suis servie de ton assurance-chômage pour acheter de la nourriture et pour payer des choses.

— Quoi! Tu as fait ça. C'était mon argent et j'en avais besoin pour passer le temps des fêtes.

Je ne pouvais comprendre pourquoi elle avait agi ainsi. Son inconscience me faisait mal. J'avais eu une leçon : il était temps que je prenne en main toutes mes affaires, que je cesse de me fier aux autres pour tout : surtout les questions monétaires. Je m'en voulais à mort de lui avoir confié cette responsabilité. J'étais résolue à apprendre à me débrouiller.

Jusque-là, j'avais été une femme concentrée sur les sentiments, la peur, la tristesse, la peine, la souffrance. À part ça, il n'y avait rien. J'avais toujours laissé les autres régler mes affaires d'argent. Je ne m'étais jamais arrêtée à remplir un formulaire quelconque. Ce temps-là était terminé. Je me devais d'agir, de prendre les choses une à une. Je portais maintenant un enfant et je ne pouvais me permettre de faire des erreurs. J'étais une grande personne. En juillet, j'allais avoir vingt ans.

La première chose que je fis en revenant à Sept-Îles, ce fut de faire transférer mes prestations. Personne n'allait se servir, une deuxième fois, de mon chômage pour ses fins personnelles.

Puis, je parlai à Marius de la nécessité de quitter cette chambre exiguë pour louer un appartement. La discussion fut courte : il était d'accord. On loua donc un trois pièces meublé. Ce n'était pas tellement confortable. Je devais faire le lavage à la main. Quand même, j'étais contente d'avoir enfin un foyer bien à nous.

Je ne savais plus quoi faire pour remercier Marius. Je voulais tellement le rendre heureux, lui montrer que cela n'était pas une dépense vaine, que c'était un besoin pour notre vie de couple.

L'arrivée de cet enfant était ce qu'il y avait de plus important pour nous deux. Je lui dis que j'avais déjà tout le trousseau. J'employais tout mon temps à préparer la place de mon bébé. J'avais tellement hâte de le tenir dans mes bras que j'en dormais mal. Je ne m'ennuyais plus. Je sortais tous les jours pour marcher. Cela facilitait mon sommeil. Marius, quant à lui, continuait à s'absenter pendant les jours de la semaine. Moi, je vivais dans mon rêve.

***

Nous avions tout pour être heureux. J'étais enceinte. Nous étions en santé. Marius avait un job. Nous avions notre appartement. Cependant, bien souvent, entre moi et mon ami, il y avait des chicanes, des engueulades, des disputes. On se brouillait avant son départ du dimanche, et pendant la semaine, lors de nos conversations téléphoniques, quand on était chacun de notre côté, on se pardonnait.

Notre vie de couple était de plus en plus difficile. C'était peut-être parce que je me sentais trop bien, seule, les jours de semaine, pendant qu'il travaillait à l'extérieur. Ma solitude avec l'enfant que je portais était devenue mon confort, mon bien-être. Marius n'avait plus sa place.

Harcèlements

Un jour, je devins craintive. À l'appartement, je recevais des appels anonymes, d'un homme. Il semblait me connaître. Il savait mon prénom et connaissait les horaires de Marius. J'avais une peur terrible. Je ne comprenais pas ce qu'il voulait. Quand il appelait, je raccrochais. J'avais mal au cœur seulement à l'idée d'entendre sa voix. Quand je marchais dans la rue, il m'arrivait d'entendre une voix derrière moi. Je croyais devenir folle. Je savais que les femmes enceintes avaient des goûts et des idées bizarres. Je me sentais terriblement seule.

Dès l'arrivée de Marius, je lui parlai de cette histoire. Il se mit vite en colère et dit qu'il tuerait le gars en question s'il venait à connaître son identité. Mais j'étais toute seule quand les problèmes arrivaient. Marius décida de me protéger et me donna un fusil de chasse et des munitions.

Je gardais précieusement ce fusil chargé, sous mon lit. Ça me sécurisait un peu. Je n'aurais jamais voulu tirer sur personne, mais je me sentais prête à tout pour protéger mon enfant. Les jours passaient et les appels continuaient. Cela m'écœurait de plus en plus. Que voulait-il d'une femme enceinte? Étais-je aux prises avec un maniaque?

***

La vie continuait quand même son cours. On fit l'acquisition d'une voiture. On était fatigués de toujours voyager à pied et d'avoir à prendre l'autobus pour nous rendre dans nos familles respectives.

Marius fit le voyage seul en autobus pour acheter cette voiture neuve. Il s'absenta quelques jours. J'étais habituée à rester seule. Et à cette période, j'étais très dormeuse, comme une marmotte. Ma grossesse était

159

presque rendue à terme. Je passais mes journées repliée sur moi-même, en conversation d'amour avec mon enfant. Je lui disais que jamais il n'allait trouver une mère plus aimante, plus douce, plus patiente que moi. Cet enfant était mon univers, mon paradis.

Depuis le départ de Marius, je ne me sentais pas très bien. J'avais mal au ventre. Le mal devint si atroce que je pris un bain d'eau chaude. Je pensais que cela calmerait ma douleur. J'ignorais tout du processus de la naissance. Quand je sortis de la baignoire, je me rendis compte que je perdais un peu de sang. J'étais affolée. Je ne voulais pas perdre mon bébé. Je m'habillai en catastrophe et j'appelai un taxi pour me rendre à l'hôpital. Je ne comprenais plus rien. J'avais si mal au ventre, au bas du dos. Je ne pouvais plus respirer.

L'accouchement

J'étais totalement ignorante de tout ce qui se passait dans mon corps. J'aurais voulu pouvoir me contrôler et répondre aux questions qu'on me posait, aux instructions qu'on me donnait. Et ça me faisait de plus en plus mal. Et j'avais peur, en plus, j'étais incapable de contrôler ma nervosité. Je ne voulais pas que mon enfant me quitte. Je résistai farouchement jusqu'à ce que je comprenne que le moment était enfin venu et qu'il fallait que je collabore.

Alors, je poussai, poussai, de toutes mes forces, comme une folle. Je n'arrêtai pas de pousser jusqu'à ce que j'entende un tout petit cri, jusqu'à ce qu'on me mette un petit enfant tout mouillé sur le ventre.

Le docteur me dit que c'était une petite fille. J'avais une petite fille, belle comme un cœur, douce, si douce. Je pleurais. Je pleurais, sans pouvoir m'arrêter. Je voulais la prendre, la serrer dans mes bras. Et on me l'enleva pour la conduire à la pouponnière. J'étais prête à faire tout ce qu'on voudrait pour que ma fille soit bien. Je pus enfin dormir.

Pendant toute ma grossesse, j'avais eu peur que ma fille meure à cause de moi, qu'elle ne soit pas une enfant normale à cause de mes antécédents. J'avais tellement peur d'avoir gardé des séquelles de mon enfance et que cela mette sa vie en danger. Je pensais beaucoup à ces épingles que j'avais avalées un jour. J'avais hâte de connaître son état de santé, après la visite du pédiatre à la pouponnière.

Dès son arrivée à Sept-Îles, Marius, très inquiet, m'avait cherchée partout. Finalement, il me téléphona à l'hôpital. Je lui appris la nouvelle. Il pleura au téléphone et me dit pour la première fois qu'il m'aimait, que je lui donnais, avec cette naissance, la plus grande joie de sa vie.

Je m'endormis, confiante, avec cette merveilleuse pensée de ma petite fille, tout près de mon cœur.

Dès mon réveil, le lendemain, j'étais inquiète de mon enfant. Je me sentais comme une louve qui a perdu son louveteau, j'aurais voulu avoir ma fille près de moi. Et je ne comprenais pas qu'on me force à me reposer. J'avais envie de me lever et d'aller à la pouponnière. Comment pouvait-on se reposer quand son enfant était si loin?

Un des amis de Marius vint me rendre visite. Il disait que le bébé ressemblait beaucoup à son père. J'étais tellement contente qu'elle soit belle. J'en remerciais le ciel.

Le soir, Marius s'amena à l'hôpital.

J'étais endormie. À mon réveil, il était là, au bout du lit, me regardant, plein de tendresse et d'amour. Jamais, auparavant, il ne m'avait regardée ainsi. J'en avais le cœur tout chaud. Il me fit toute une surprise. Il avait ramené avec lui ma sœur Sylvie, pour m'aider à me relever.

Quel bonheur d'avoir une de mes sœurs près de moi, en ce moment privilégié! Nous sommes allés à la pouponnière.

Marius regardait, pour la première fois, sa petite fille. J'attendais impatiemment sa réaction. Il ne parlait pas et il pleurait. Sa sensibilité était à son plus haut niveau, devant ce petit enfant qui était le nôtre.

— Oui, j'ai une maudite belle petite fille.

Il me prit par la main, me remerciant de lui avoir donné une si belle enfant.

De retour à la chambre, on bavarda beaucoup. Il me parla de l'auto neuve. Il avait aussi annoncé la nouvelle à sa mère concernant l'enfant que j'attendais.

— Elle l'a mal prise. Mais je lui ai fait comprendre qu'on ne pouvait revenir en arrière et qu'on voulait tous les deux cet enfant. Elle a fini par accepter, à condition, pour sauver l'honneur de la famille, qu'on se marie.

Pour nous, cela n'avait aucune importance.

Nous sommes retournés à la maison avec notre petite fille. Sylvie nous attendait.

Jessie était née le 18 août 1977, la même journée qu'on avait fait l'acquisition de notre auto neuve.

La vie de famille et les amis

Très vite, nous nous sommes fait de nouveaux amis. Marius travaillait avec un gars qui s'appelait Charles. C'était un jeune homme blond, pas très grand, très timide, mais très gentil. Il venait souvent à la maison faire son tour. Il aimait bien notre petite fille et la trouvait jolie. Il m'impressionnait par son sens des responsabilités et il avait un cœur en or. Il nous avait même fait un cadeau, un mélangeur, qu'il avait acheté avec un autre ami que nous fréquentions de temps en temps.

Un samedi matin, Marius fit la connaissance de Bernard. Il était peintre en bâtiment. Il avait été engagé par le propriétaire de la maison que nous habitions pour peindre l'extérieur. C'est de cette façon que Marius l'avait connu. Il vint chez nous avec son épouse qui était enceinte. Il ne lui restait qu'un mois avant l'accouchement. C'était leur premier enfant. Elle regardait ma fille et ne cessait de dire qu'elle avait bien hâte à cette naissance. Cette femme devint ma plus grande amie. On se voyait tous les jours et nous sortions ensemble.

Finalement, elle accoucha d'une petite fille. On était tous heureux de partager nos joies et nos peines. Je l'aimais beaucoup. Souvent, on allait magasiner avec nos deux bébés et on était toujours fières, l'une autant que l'autre, de les montrer.

Pour la première fois, nous avions de bons couples d'amis. Mon amie s'appelait Alice. Elle était très propre, merveilleuse, pleine de joie, très belle. Elle paraissait très heureuse avec son mari. C'était beau et merveilleux de les voir. Pour moi, ce couple était un modèle à suivre. Il leur arrivait de temps à autre de parler fort, mais on voyait qu'ils s'adoraient. Je sentais leur bonheur.

Souvent, très souvent, chacun à notre tour, on allait dîner ou souper chez l'autre. Chaque fin de semaine, on était deux couples inséparables et, pendant que nos chums sortaient ensemble, nous, on passait de bons moments à bavarder, regarder la télévision ou, encore, à cuisiner.

Bernard, que j'appelais Ben, était un homme très travaillant et taquin. Il aimait bien me faire fâcher. Il était doux et généreux. Je l'aimais beaucoup, lui aussi. Ils étaient donc des amis très précieux, toujours là pour nous aider.

Les choses n'avaient pas beaucoup changé entre

Marius et moi. Il adorait sa fille, Jessie. Il travaillait toujours à l'extérieur pendant la semaine et, les fins de semaine, on se voyait peu. Il sortait beaucoup. Sa vie était très difficile. Ce n'était pas drôle qu'il doive me quitter chaque dimanche, pour travailler. Je savais qu'il s'ennuyait beaucoup et qu'il travaillait très dur. Je savais aussi qu'il avait besoin de distraction quand il arrivait à la maison.

Cependant, plus le temps passait, plus je trouvais cette vie anormale pour un couple. On n'était pas du tout sur la même longueur d'onde. On n'avait pas la même conception de la vie familiale.

Et on commença à se chicaner davantage. C'était des scènes, des pleurs, des menaces. J'avais de plus en plus le sentiment de mon impuissance.

Ma relation avec ma fille

Avec ma fille, c'était beau. Nous avions une vie merveilleuse. Je lui racontais des histoires, chantais de petites chansons. On jouait beaucoup. Elle était mon soleil, ma poupée, ma chaleur, ma joie de vivre, mon amour. Elle suffisait à mon incroyable besoin de tendresse. J'aurais voulu avoir dix enfants, mais, avec Marius, il ne fallait pas y penser. Ma Jessie était le cœur de ma vie. Avec elle, je revivais la petite enfance que je n'avais jamais eue. Je lui donnais tout ce qui m'avait manqué : la sécurité, la tendresse, la confiance et l'amour absolu. Et puis, je la dévorais de baisers et d'attentions.

J'apprenais la vie à travers les yeux d'une petite fille d'un an. Je passais des journées complètes à jouer comme elle, avec elle. J'ai cru mourir de joie et d'excitation quand elle s'est mise à marcher.

Marius et Bernard étaient là. C'était la fête de ce dernier en plus. Jessie avait treize mois quand elle fit ses premiers pas. Je pleurai en la voyant venir vers moi, ce petit bout de rien du tout, les bras tendus, sérieuse. Quelle différence avec ma propre enfance, moi qui, chaque fois que je m'étais tournée vers ma mère, n'avais reçu que mépris et coups!

Je me promettais de donner toutes les chances à Jessie pour qu'elle ait confiance en elle, pour qu'elle apprenne tout ce que je n'avais pas appris.

Un bruit dans la nuit

Un nuit, vers une heure trente, je dormais paisiblement avec ma fille. Tout à coup, j'entendis le bruit d'une vitre que l'on casse. Le chahut semblait venir d'une porte de derrière, dans l'entrée du sous-sol. Il y avait là une sorte de remise où chaque locataire pouvait serrer quelques objets comme des pneus, des outils, des articles de sport. C'était là aussi que le propriétaire faisait ses réparations, mais jamais à cette heure.

C'était sûrement un voleur. Il fallait que je fasse quelque chose. Ma fille s'était réveillée entre-temps et avait maintenant aussi peur que moi.

— N'aie pas peur, ma fille, maman va prendre son fusil et on va aller voir ce qui se passe.

Je saisis l'arme bien fermement, j'enclenche le chien comme on me l'avait montré et je demande à Jessie de s'éloigner un peu de la porte au cas où... j'aurais vraiment à faire feu. J'ouvre la porte rapidement, j'épaule et je crie :

— Celui qui est en bas, qu'il se montre la face, ou j'appelle la police. Je vous avertis aussi que j'ai un fusil dans les mains et que je me gênerai pas pour tirer si vous sortez pas de là.

Pour lui faire peur, j'étais vraiment prête à tirer.

— Je te le dis pour la dernière fois, tu sors ou je tire. Je te manquerai pas, tu peux être sûr.

J'entends soudainement des pas qui s'avancent. J'ai le doigt prêt, sur la détente. Mes jambes tremblent.

— O.K., tirez pas, je monte.

Il avait les bras en l'air; je criais après lui et j'étais si fâchée que je ne me souviens pas de ce que je lui ai dit. Je le pointais avec mon fusil.

— T'es mieux de décamper d'icitte au plus vite.

— Tu sauras, bébé, que j'ai pas peur de toé, même si t'as un fusil.

Avant qu'il ne finisse sa phrase, je tirai un coup en l'air juste pour lui faire peur.

— Calme-toé, câlisse, je m'en vas, je m'en vas...

Enfin, j'avais réussi à l'effaroucher. Ma fille pleurait à chaudes larmes. Elle était vraiment inconsolable.

C'est là que je pris soudainement conscience de ce que j'avais fait. La panique me guettait. Je décidai d'appeler la police.

Deux agents municipaux sont arrivés rapidement chez nous. Ils me posèrent une tonne de questions; on aurait cru que j'étais au beau milieu d'un film. L'un des deux me demanda :

— As-tu ton permis de port d'armes?

— Non! Pourquoi?

Ils se sont regardés sans rien dire. Le plus gros ajouta avant de nous quitter :

— Étant donné que t'es seule avec ta fille, cette fois-ci, on va plutôt te dire que t'as bien fait d'agir ainsi. T'as eu beaucoup de courage. Mais, à l'avenir, avertis-nous avant.

Question de se calmer de l'aventure, je berçai Jessie quelque temps avant de retourner au lit. J'ai eu beaucoup de mal à m'endormir. Chaque petit bruit dans l'immeuble était louche et je croyais que l'histoire recommençait. Autant dire tout de suite que je terminai ma nuit dans un long cauchemar où s'entremêlaient, à qui mieux mieux, des bandits, des fusils, des casquettes de police, des sirènes et j'en passe.

Quand le jour s'est enfin levé, j'étais soulagée. J'appelai mon propriétaire pour qu'il vienne réparer la vitre cassée. Il était en furie contre moi parce que je ne l'avais pas appelé pendant la nuit. Il m'a fait promettre, advenant une autre aventure de ce genre, de l'appeler aussitôt, le jour comme la nuit.

Quelques jours plus tard, on apprit que le voleur demeurait dans le même immeuble que moi et qu'il n'en était pas à son premier vol...

Retour au travail

Mes prestations de chômage étaient épuisées depuis longtemps et je n'avais plus d'argent sauf celui que me donnait Marius. C'était peu pour faire fonctionner la maison. Je savais qu'il souhaitait que je me remette à travailler : il m'en parlait souvent quand il me téléphonait et qu'on discutait de nos problèmes financiers.

J'en sentais aussi le besoin, même si j'avais le cœur brisé à la seule idée de passer mes journées sans Jessie.

Mais une copine, Angéline, qu'on avait connue quelques semaines auparavant, m'avait offert de garder ma petite fille. Elle avait déjà un bébé. Cela me parut possible. Je fis donc le tour des restaurants de Sept-Îles pour leur donner mon nom. Dans la même soirée, je reçus un appel d'un porte-parole du restaurant Plaza Royale. On était prêt à m'engager. Je débutais dès le lendemain matin, à six heures.

Ce premier matin, j'eus un problème de transport. Je ne voulais pas faire d'auto-stop et n'avais pas d'argent pour prendre un taxi. L'idée me vint de prendre notre auto. Je n'avais jamais conduit et je n'avais pas de permis de conduire. Malgré cela, je pris le risque, me disant que j'étais capable étant donné qu'elle avait une transmission automatique. Je réussis tant bien que mal à conduire l'auto jusqu'au restaurant. Je circulais très lentement, avec beaucoup d'attention. J'avais peur, mais je me sentais fière de moi.

Tout alla bien au travail. J'apprenais à devenir autonome. J'avais toujours eu besoin de quelqu'un d'autre pour me débrouiller. Je n'avais jamais été une fonceuse. Je n'avais jamais eu confiance en moi. Maintenant, je faisais les choses en grand. Ma fille m'inspirait et je le faisais pour elle. Je me rendis compte avec joie et étonnement que j'étais capable de me débrouiller et de faire de grandes choses par moi-même, par mon pouvoir de décision. Je devenais une femme responsable et autonome, pas plus idiote que les autres. J'assumais ma vie.

La seule ombre qui planait toujours était ma famille : tous ses membres étaient devenus très indifférents à mon égard et envers ma fille. Pourtant, ç'aurait dû leur faire plaisir, à ma mère et à mon père, d'être des grands-parents, ainsi qu'à mes frères et sœurs d'avoir maintenant une première nièce.

Si Marius avait beaucoup de visite des siens, moi, je n'avais que de très rares nouvelles de ma famille. Depuis Sylvie, qui était venue me relever après l'accouchement, Diane nous avait rendu visite. Quelle visite! Elle était restée un mois et demi chez moi. Sylvie, elle, était venue à la sauvette. En dehors de cela, pas tellement de nouvelles de ma famille, à part quelques coups de téléphone, où, une fois, ce fut pour m'apprendre la tentative de suicide de mon père alors qu'il était saoul. On avait conclu à un accident, mais on ne l'a jamais cru. Papa était un homme très seul qui noyait sa peine et son échec de couple et de vie familiale dans la boisson. Il était très souvent découragé, dépressif.

J'avais toujours l'impression que j'étais une étrangère pour ma famille, une vague parente. Ils ne m'aimaient pas plus que lorsque je vivais avec eux.

Un premier mariage

Puis, un jour, ma sœur Sylvie m'apprit qu'elle allait se marier. J'étais tellement contente pour elle, mais j'étais triste parce que Marius ne pouvait se libérer de son travail pour faire le voyage. J'avais le cœur gros. J'aurais tant voulu être avec eux pour un événement de cette importance.

Pour moi, le mariage, c'était la plus belle des conclusions d'une histoire d'amour.

Voyant que je tenais à faire ce voyage, Marius m'offrit de m'y envoyer en avion.

— Tu vas aller aux noces de Sylvie. Je vais t'acheter un billet d'avion. Tu pourras amener Jessie avec toi.

Je me suis jetée à son cou, l'embrassant très fort et le remerciant de tout mon cœur. Il m'avait offert deux cadeaux : le billet d'avion et la permission d'emmener Jessie.

C'était le premier mariage de notre famille. Je n'aurais pas voulu manquer cela pour tout l'or du monde. J'enviais ma sœur. J'aurais bien désiré être la première à me marier. Mais je n'y pouvais rien, Marius ne parlait jamais de mariage et n'avait pas l'air de vouloir que ça se fasse un jour. Pour lui, je ne devais pas être celle qu'il avait choisie pour se marier. J'en avais pris mon parti.

Je quitterais donc Sept-Îles avec Jessie, en avion. J'avais téléphoné à Diane de venir nous chercher à l'aéroport. Le voyage durerait environ deux heures. C'était excitant et cela prenait l'allure d'un grand événement. Je n'avais voyagé seule qu'une fois pour venir rejoindre Marius en pleine tempête d'hiver. Et ce serait mon baptême de l'air. J'étais fière de moi, heureuse que ma fille fasse partie du voyage. J'avais bien hâte de me retrouver dans mon monde. Je m'étais beaucoup ennuyée de mon village natal.

La veille du départ, avec Marius, on alla magasiner. Un ensemble me plaisait. Je voulais l'acheter pour les noces. Marius me regardait. Il avait deviné. Il me dit de l'essayer. Il m'allait comme un gant. Il coûtait très cher, mais, pour cette fois-là, le prix importait peu.

— Il faut que tu sois bien habillée. C'est une fête spéciale. Je te trouve jolie dans cet ensemble.

J'étais émue et contente de ce cadeau. Tout cela me faisait bien chaud au cœur.

En venant me conduire à l'aéroport, il me demanda de l'excuser auprès des autres pour son absence parce qu'il ne pouvait vraiment pas laisser son travail.

— Tu leur souhaiteras mes meilleurs vœux de bonheur.

Je l'embrassai. Il embrassa Jessie. Et ce fut le voyage en avion. Je reviendrais à Sept-Îles une semaine plus tard.

La réalité

Rendue dans ma région natale, j'allai chez madame Labrecque. Elle accepta de garder Jessie : cela me permettrait de voir tout le monde et de bien m'amuser à la noce.

Le lendemain de mon arrivée, c'était le grand jour pour Sylvie, mais je me suis vite rendu compte que j'étais revenue dans un monde d'enfer et que rien n'avait changé.

Mon père est arrivé saoul au mariage, au point de ne pas être capable de lui servir de père.

Quant à ma mère, pour une des rares fois, je pus la voir à jeun, mais elle n'avait rien perdu de son arrogance et de sa méchanceté. Elle clamait à tout le monde sa joie de voir sa fille Sylvie se marier. Elle avait toujours été convaincue qu'elle serait la première et qu'elle le faisait avec quelqu'un qui avait une tête sur les épaules. Les autres étaient seulement capables de concubinage avec des « tout-nus ». Bien sûr, elle me visait directement.

Je me disais : « Une chance que Marius n'est pas ici. Elle n'aurait jamais pu finir sa phrase. Elle aurait connu ce que c'était un « tout-nu ». Une chance pour elle que mon chum est resté à Sept-Îles. Vraiment, elle peut remercier le bon Dieu. »

Cela m'avait choqué.

Sans réfléchir, je lui annonçai que Marius et moi, on allait aussi se marier et très bientôt. Je voulais la surprendre. J'ai réussi. Je voulais lui clouer le bec, mais là, j'eus moins de succès. Elle se mit à rire et dit :

— Je le croirai quand tu seras à l'église.

À tous les gens que je connaissais, je continuais à annoncer la nouvelle de mon mariage, bien que Marius et moi, on n'en eût pas vraiment parlé. Je leur précisais que la prochaine fois que Marius et moi, on viendrait ici, ce serait pour le mariage, ajoutant qu'ils auraient tous des faire-part. Et je leur parlais que ce serait un gros mariage avec beaucoup d'invités, le banquet et la soirée avec orchestre.

J'ai défilé ça comme si c'était vrai. Je voulais me venger. Mais je venais de me mettre dans un pétrin fou. Comment Marius réagirait-il à cela ? C'est moi qui devrais le demander en mariage. De quelle façon m'y prendrais-je ?

Je me dis que j'y verrais en temps et lieu et que cela ne devrait pas être un problème.

À la soirée des noces de Sylvie, je me suis bien amusée. J'ai beaucoup dansé. J'étais heureuse.

La journée du retour à Sept-Îles était arrivée. Comment allais-je faire pour me sortir de ce mensonge que j'avais lancé à la face de tout le monde ?

Mais, après tout, Jessie allait bientôt avoir trois ans et je savais que Marius et moi, on finirait par rester ensemble. Alors, pourquoi ne pas se marier ? Le frère de Marius s'offrit pour me reconduire à Sept-Îles. On fit donc le voyage à quatre, Marcel et sa blonde, Jessie et moi.

J'étais donc résolue à mon arrivée à parler de mariage avec Marius. Son frère et sa blonde restèrent quelques jours. Je voulais à tout prix montrer à ma mère, et à tous les autres qui doutaient de moi, que j'étais une femme aimée et comblée. Je voulais pouvoir les regarder de haut et les obliger à me respecter.

Après le départ de Marcel et de sa blonde, je me motivai à parler à mon chum de notre mariage. Je craignais sa réaction, mais j'avais un point en ma faveur, un argument de taille : notre mariage était souhaité dans sa famille, pour sauver l'honneur. Le concubinage était une sorte de honte chez les parents de Marius.

J'en parlai donc. Marius se montra très hésitant.

— Je ne suis pas prêt. Pourquoi se presser? On est bien comme ça!

— Ce serait une sécurité pour moi et Jessie. Nous vivons quand même comme mari et femme. On attend! On attend! Pis on attend! On remet toujours ça à plus tard. Pourquoi on ne le ferait pas cette année?

Finalement, après une longue discussion, il me donna son accord pour le mariage. J'espérais seulement qu'il ne change pas d'idée en cours de route.

Malgré nos chicanes et nos accrochages, je me disais que je l'aimais assez pour le marier et que, dans le mariage, tout s'améliorerait. C'était loin d'être le prince charmant de mes rêves, mais il comptait beaucoup pour moi. Et s'il avait accepté de me marier, et si moi, Élisa T., je devenais son épouse, c'est que je comptais aussi pour lui.

J'avais forcé un peu les événements, j'en conviens, mais je n'avais pas de remords. Il fallait en venir là un jour ou l'autre.

Et nous avons planifié l'organisation de notre mariage. Marius a tout choisi, décidé : du souper, de l'orchestre, des alliances, du photographe, des faire-part et du reste.

On avait décidé de faire ça en grand. On savait que cela n'arriverait qu'une seule fois dans notre vie. Pourquoi ne pas en profiter au maximum?

Parfois, avant le mariage, je devenais très « insécure ». Je n'étais plus tellement convaincue que tout cela était une bonne chose. J'avais l'impression de commettre une grave erreur, surtout quand on se chicanait. Je doutais souvent de notre amour toujours aussi fragile. Il devenait, par périodes, invivable. D'autres fois, quand on était sur la même longueur d'onde, c'était bien plus facile.

Au fil des jours, je devins une femme résignée, me consolant à la pensée que c'était tellement moins pire qu'avec mon père, ma mère et Arthur. Avec Marius, il n'y avait pas de violence physique. On ne cassait rien. Il ne me battait pas.

Le doute persistait. Je me sentais de moins en moins sûre de moi, mal dans ma peau. Peut-être avais-je fait une erreur en forçant la note, en précipitant ce mariage? Peut-être avait-il l'idée de me laisser tomber pour une autre femme? Son oui avait été hésitant et cela ne me rassurait toujours pas.

Et je me rappelais qu'il avait été amoureux d'une fille avant de me rencontrer. J'avais peur qu'il veuille la retrouver. Je devenais jalouse de cette fille taillée au couteau, plus belle que moi. Des fois, il m'entretenait à son sujet, se perdait dans la rêverie. Elle l'avait déjà charmé et il n'avait pu résister. Il avait déjà craqué... pour cette fille. Je voyais qu'avec elle, il avait vécu le vrai amour. Avec moi, ce ne fut jamais pareil. Je le sentais. Entre nous deux, c'était différent, très différent.

Je sais que je n'avais pas tous les vrais atouts pour plaire à un homme. J'étais loin d'être attirante physiquement. Je me sentais encore plus démunie auprès d'elle. J'étais si laide. Je n'avais pas sa fierté. Elle, elle savait parler, dialoguer avec les gens. Elle n'était pas naïve comme moi. Je me perdais dans ces pensées; et, en regardant Jessie, je me demandais comment j'avais pu mettre au monde une si jolie fille.

Malgré tous ces doutes, cette jalousie, malgré une relation instable et souvent difficile, je ne me voyais pas avec un autre homme que Marius. Il avait été mon premier amour. Il m'avait fait une fille. Je lui appartenais et je me devais d'être à lui pour la vie. Je me consolais en pensant que, bien souvent, des jeunes comme nous se mariaient et connaissaient le bonheur dans leur vie de couple. Cela me rendait plus forte et plus sûre.

Il ne restait que quelques jours avant notre mariage. Tous les préparatifs étaient au point. Je n'avais plus qu'à acheter la robe de mariée.

Quand nous fûmes arrivés dans mon village, Marius m'amena à la mercerie afin d'y trouver une robe de mariée. Je l'essayai. Je ressemblais à une grande dame. Je me sentais bien. Marius la trouvait belle, disant qu'elle m'allait à merveille. J'étais un peu superstitieuse : une histoire disait qu'un homme qui voit sa future dans la robe de mariée, avant le grand jour, cela entraînait un malheur. Mais j'essayais de ne pas y croire.

Mon mariage

Le matin du mariage, j'avais insisté pour que mon père me serve de témoin. Diane devait le surveiller pour qu'il ne prenne pas d'alcool. Ma mère fut plus rapide et elle déjoua ma sœur, en offrant à mon père un « petit remontant ». Elle avait mentionné qu'elle lui avait donné de l'alcool pour le calmer, pour lui permettre de passer à travers la journée. L'effet fut rapide. Mon père prenait beaucoup de pilules. Trop ivre, il ne put assister à la cérémonie à l'église.

Ma mère devenait la seule personne qui pouvait maintenant me servir de témoin : imaginez un peu la situation, c'était la dernière personne que j'aurais voulue à mes côtés. Cela me mit en colère.

Ce mariage était déjà un cauchemar. Rien ne marchait comme je le voulais.

Le curé attendait toujours pour savoir qui me servirait de témoin. Ce n'était pas le moment de faire un scandale. Ma mère fut donc mon témoin à mon mariage... Elle avait trouvé le moyen d'écarter mon père et de gâcher cette grande journée, comme elle l'avait toujours fait dans ma vie. Je voulais la forcer à me respecter, mais elle avait réussi à continuer à s'acharner et à briser tout mon plaisir.

Les heures précédant le mariage, on m'avait coiffée et maquillée comme une reine. C'était important pour moi de mettre toutes les chances de mon côté et d'être la plus jolie. Je voulais aussi impressionner Marius pour qu'il soit très fier de moi, qu'il ne regrette pas sa décision.

Dehors, il pleuvait et il neigeait. Je n'avais que des souliers à talons hauts. C'est mon oncle qui dut me porter dans ses bras jusque dans l'auto.

Finalement, on arriva à l'église. Marius m'y attendait patiemment. On était en retard de quelques minutes. À notre arrivée, c'était presque la tempête de neige. Marius était très nerveux, autant que moi je pouvais l'être. Nous étions tous deux mal à l'aise. Mais je me disais qu'il fallait faire des efforts pour se marier, qu'on n'avait rien sans peine. Je ne me sentais pas bien. J'étais comme étourdie. Je remarquai que Marius avait les yeux vitreux : il avait pris de l'alcool.

Comme je me sentais mal, honteuse : ce grand jour était gâché. J'avais perdu le goût de lui dire oui, de pousser plus loin tout ce cirque qui n'avait été que déceptions depuis le matin. Je ne pouvais plus sourire. La crainte et la peur avaient remplacé ma bonne humeur. Je n'avais jamais accepté qu'il prenne de l'alcool. Je détestais ça au plus haut point. Et il avait eu le culot de se présenter à notre mariage en état d'ébriété. Ajouté à mon père qui n'était pas là, à ma mère qui agissait comme témoin, c'en était trop. Pourtant, Marius savait mon horreur et ma peur de la boisson.

Mais je me dis qu'il avait fait ça pour se calmer et ça me soulagea un peu de penser ainsi. Je ne dis aucun mot à ce sujet et ne fis voir de rien.

Je voyais la cérémonie commencer : cela se passait très vite, comme dans un rêve. Il faisait à la fois chaud et froid. J'avais l'impression que monsieur le curé précipitait la cérémonie et qu'il avait hâte, lui aussi, que ça finisse.

Mon mariage, je l'avais vu dans une atmosphère calme, de silence religieux, avec de la musique d'ange. Marius, lui, serait ému et il me prendrait par la main. Je n'entendrais, comme seuls bruits, que quelques toussotements des personnes grippées...

Marius était élégant dans son habit de noce. Il me regardait souvent. Je n'osais pas lui rendre la pareille. J'aurais bien voulu savoir ce qu'il pensait. Le regrettait-il? J'avais hâte que ça finisse.

Il me passa l'anneau. J'étais devenue sa femme, en ce 24 novembre 1979, entre dix-sept et dix-huit heures.

Puis, il m'embrassa.

Je savais que le reste de la soirée se passerait très bien. À la sortie de l'église, j'avais le cœur amer et je me sentais heureuse et triste en même temps. Tout avait commencé dans un tourbillon et ça se poursuivrait ainsi.

Nous nous sommes engouffrés dans les voitures pour nous rendre à la ferme. Le cortège a fait le grand tour. Les voitures klaxonnaient. Et ce fut l'arrivée à la salle : les poignées de main, les vœux de bonheur avec... beaucoup d'enfants... et le paradis à la fin de nos jours...

Il y avait tellement de monde que c'en était étouffant. Nous avons eu du mal à manger au repas. Ça n'arrêtait pas de cogner sur les verres : on se levait et on s'embrassait. On ne s'était jamais embrassés autant. La musique commença. Avec Marius, mon époux, on ouvrit la danse sur une chanson de Daniel Hétu : « Tu m'appartiens... »

Je me découvrais une autre femme. Pour la première fois de ma vie, je sentais Marius très près de moi. On aurait dit qu'il était un autre homme que celui que j'avais connu avant. C'était comme dans un rêve.

Mais cela n'a pas duré longtemps : sa famille, ses oncles, ses cousins, ses chums venaient toujours me l'enlever pour prendre un verre avec lui. Je devais comprendre que, pour lui, c'était bien important d'être près d'eux. Il ne les avait pas vus depuis longtemps. Plus les heures avançaient, plus Marius était dérangé par l'alcool. Je passais mon temps à courir après lui pour qu'il soit près de moi.

L'heure de lancer la jarretière et le bouquet de fleurs arriva. Après, il y eut une dernière danse; puis, on est allés se changer.

Après ces quelques minutes de repos et après avoir revêtu un habillement plus décontracté, plus léger, on retourna rejoindre nos invités. Je perdis Marius de vue. Il était toujours avec d'autres. Il était devenu presque saoul. Après la soirée, je l'amenai vers la voiture. Tant bien que mal, il put s'asseoir. Il conduisait. J'avais peur. Il allait très vite. J'étais prise de panique. J'avais bien hâte d'arriver à la chambre d'hôtel. Il ne voulut pas rentrer tout de suite. Il avait faim. Il passa tout droit à l'hôtel pour se diriger vers un restaurant.

Lorsque nous sommes arrivés à notre chambre d'hôtel, il était épuisé. Il n'était pas dans un état pour faire l'amour. Il se jeta sur le lit et, quelques minutes plus tard, mon prince charmant ronflait déjà.

J'étais là, seule, dans une chambre d'hôtel, avec mon mari, ivre mort. C'était ma première nuit de noce. J'aurais aimé qu'on fasse l'amour, qu'il soit correct, qu'on termine cette journée dans l'euphorie, nos deux corps ne faisant qu'un.

Mais cette journée se termina à l'image de tout ce qui avait précédé depuis le matin. Rien ne laissait présager un avenir meilleur.

Le lendemain matin, à son réveil, Marius s'excusa pour son comportement. Puis, nous sommes repartis chez sa mère qui gardait Jessie. Elle nous attendait et fut très heureuse de nous retrouver. Notre fille était toujours aussi jolie. Cela me remontait le moral de la voir. Au moins, j'aurais quelques bons moments avec elle.

Marius, lui, avait un gros mal de tête et pour cause. Il disait qu'elle allait fendre, tellement il se sentait mal. Cette journée se passa d'une façon bien normale, sans rien de spécial. Le mariage était déjà chose du passé.

Je ne regrettais rien. J'avais prouvé à ma mère que moi aussi je pouvais me marier. Notre situation était dorénavant régularisée. Nous allions pouvoir revenir dans notre coin de pays.

Le retour dans la région

Marius se trouva un travail d'électricien dans notre patelin. Nous sommes retournés à Sept-Îles pour résilier notre bail. On a emprunté un camion pour revenir avec tout notre ménage.

J'étais incorrigible. Je me refusais de voir les

évidences. Je ne voyais plus comment je pourrais rendre cet homme heureux. Je cherchais tous les moyens pour que notre vie de couple s'améliore, pour qu'elle soit le reflet d'un amour réciproque. Je voulais fonder une vraie famille, que Jessie ait des frères ou des sœurs. Marius changeait toujours pour le pire. Il s'éloignait de moi de plus en plus. Il sortait beaucoup. Je ne le voyais pas souvent à la maison. Il vivait de plus en plus libre, comme si moi, sa femme, je n'étais pas là, comme si Jessie avait été absente.

Il était toujours avec ses amis. Ces derniers n'avaient pas de difficultés à le convaincre pour toutes les sorties.

Son attitude et sa vie de célibataire eurent vite des répercussions dans la maison. Plus rien ne fonctionnait : manque d'argent, comptes en retard, absences au travail.

Marius regrettait d'avoir laissé son emploi à Sept-Îles. Ici, il changeait souvent de situation et ne devenait jamais permanent.

Pour nous sortir du trou, il me fallut aller travailler. Puis, je tombai enceinte d'un deuxième enfant. Le temps était mal choisi. Marius continuait à s'absenter. Il allait souvent à la pêche ou à la chasse avec des amis. Et quand il en avait assez d'être plongé dans cette noirceur, il allait voir sa mère pour lui raconter nos problèmes. Et elle le réconfortait avec quelques verres d'alcool. Dans l'alcool, il retrouvait toujours son sourire, sa confiance, ses énergies, son goût de vivre.

Quand il revenait à la maison, ivre, j'étais dans tous mes états...

Au fil des mois, je me trouvai inutile aux côtés de cet homme. Je ne savais plus pourquoi je vivais avec lui. Et il était devenu très méfiant envers moi; il ne me faisait plus confiance. Il se mettait en colère pour des riens. Il changeait à vue d'œil, jamais pour le mieux. Lui qui m'avait toujours impressionnée par sa confiance, lui que j'avais vu comme mon protecteur, avait tout perdu de sa force. Il n'avait plus aucune confiance en lui.

Je me sentais responsable de ses malheurs. Je me disais que, peut-être, il n'aurait jamais atteint ces bas-fonds si je n'avais pas été là.

Les mois passèrent. Nos malheurs s'accumulaient et notre vie de couple était devenue un cauchemar insupportable.

Un deuxième enfant

Les douleurs avaient commencé. Je savais que ma grossesse achevait. J'allais mettre au monde un deuxième enfant. Cette fois, je n'étais plus la petite Élisa T., ignorante. J'espérais avoir un garçon. À ma première grossesse, tout s'était très bien passé.

Je n'étais plus seule, Marius était là. Cette naissance le rapprochait de moi. Il était aussi nerveux que moi. C'était la première fois qu'il allait assister à un accouchement. Je me sentais en confiance. Seule sa nervosité m'énervait. Nous sommes allés conduire Jessie chez la mère de Marius. On lui dit qu'elle aurait bientôt un petit bébé « tout neuf ». Cette deuxième grossesse avait été plus difficile. Je vivais dans un monde bouleversant, traumatisant. À Sept-Îles, j'avais porté Jessie dans le calme. Ce deuxième enfant que je portais avait connu tous mes petits secrets. Je lui avais tout dit. Il pouvait ressentir mes états d'âme, mes joies, mes pleurs, mes peines. J'avais si hâte de le voir.

Nous quittâmes rapidement la maison des grands-parents pour aller à la clinique. J'avais très mal. Mes douleurs étaient devenues atroces, partout dans le ventre, aux reins. Le docteur me dit que j'étais dilatée de six centimètres.

— Qu'est-ce que ça veut dire « six centimètres »?

À ma question, il dit qu'il nous fallait aller à l'hôpital et que cela était urgent. Nous avions une vingtaine de kilomètres à franchir pour atteindre la ville voisine où il y avait un hôpital.

Marius était curieux, il voulait savoir comment le docteur faisait pour compter les centimètres. Je les trouvais moins drôles. Ils discutaient, lui et le docteur, et ça me paraissait bien long. J'étais impatiente. Je me tortillais d'un côté comme de l'autre. J'avais peur d'accoucher dans le bureau. Je leur dis que ça pressait, que je n'en pouvais plus.

L'auto filait très vite. Il ne fallut que quelques minutes pour arriver à l'hôpital.

Là, rien ne fut simple. Je dus prendre une chaise roulante et aller avec mon mari pour l'inscription. J'avais de plus en plus mal dans le dos et les contractions s'étaient accentuées de plus belle. Je me promettais que cet enfant serait le dernier. Je souffrais trop. Pourtant, quand j'avais accouché de ma fille, j'avais trouvé cela si simple, presque sans douleur. Je ne comprenais plus rien à ce qui se passait. Je perdais toutes mes forces. J'avais presque déchiré la chemise de Marius, tellement ça me faisait mal. J'étais si stressée, énervée, que le travail s'arrêta.

J'étais restée bloquée à sept centimètres...

La douleur me rendit agressive. Je disais n'importe quoi; que je n'aurais jamais plus d'enfant, par exemple, car je souffrais trop.

Marius essayait de me calmer.

Finalement, après tant d'effort, je pus accoucher de mon deuxième enfant, un petit garçon, aussi beau que Jessie.

À ma chambre, me remettant de mes douleurs et de l'émotion, je me demandais comment il se faisait que moi, Élisa T., une femme si laide et si affreuse, je puisse avoir de si beaux enfants. Je me répondais que j'avais un bel homme et que ça devait être pour cela.

Marius était près de moi, à la chambre de l'hôpital. Il me tenait la main et il pleurait. Comme il l'avait fait pour Jessie, il ne cessait de répéter ses mercis, cette fois, pour lui avoir donné un si beau garçon. Il avait ajouté que tout cela donnait un nouveau sens à sa vie. J'étais contente qu'il soit ainsi, mais j'étais sans réaction, un peu mêlée, un peu triste aussi, sans raison. Je me suis endormie en entendant Marius qui me disait : « Je t'aime, Élisa. Je t'aime! »

Chapitre 7

La période noire

Et je pensais que moi aussi je l'aimais un peu, comme avant et que notre vie allait changer. Du moins, j'en avais l'espérance. Je pris la résolution d'être plus patiente avec lui.

Pendant mon séjour à l'hôpital, il était venu me voir tous les jours. Il s'était occupé de moi et m'avait apporté beaucoup d'attention. Je le voyais plus responsable. J'eus plusieurs visites et de nombreuses félicitations. Tous étaient émerveillés par cet enfant. Je reprenais espoir pour une vie meilleure.

Je constatais, à ma grande joie, que Marius s'intéressait beaucoup à son fils, qu'il en était très fier. Il ne prenait pas d'alcool. À la sortie de l'hôpital, Marius décida que c'est lui qui s'occuperait de moi et du petit pour m'aider à retrouver mes forces. Il préparait les repas et faisait la vaisselle. Jessie ne vivait pas avec nous pendant ces premiers jours du retour à la maison. Elle était chez sa grand-mère Labrecque. Mais en arrivant de l'hôpital, on lui a montré le bébé. Elle put le toucher, le regarder. Je voyais qu'elle aimait déjà son petit frère.

Les soirs de fins de semaine, Marius était gardien dans un hôtel et partait à vingt heures pour revenir vers trois heures trente, à la fermeture des hôtels. Pendant son absence, le bébé pleurait souvent. Il vomissait toujours son lait. Je ne comprenais pas ce qui se passait. J'étais de plus en plus nerveuse et préoccupée. Et, de mon côté, je saignais encore beaucoup, tellement que, des fois, je croyais que j'allais faire une hémorragie. Je n'avais pas d'appétit. Je ne dormais plus et j'étais découragée de voir mon fils malade.

Enfin, je me décidai à consulter un médecin, lui expliquant tout ce qui se passait. Il me conseilla de changer son lait pour le « trois pour cent ». Le Similac était trop riche pour lui. Il me signala, en plus, que je me devais de consulter un pédiatre, au plus tôt, pour me faire passer des examens.

J'espérais que toute cette démarche régularise la situation et que tout redevienne normal pour notre petit bébé.

J'avais une autre vision de la maladie de mon fils. Je croyais qu'il vomissait parce qu'il ne voulait pas vivre; qu'il se laissait mourir lentement. J'étais terriblement inquiète. Je n'étais plus que l'ombre de moi-même, au bord de la dépression nerveuse.

Les jours passaient et Jack pleurait toujours aussi souvent. Il ne vomissait plus, mais les coliques l'avaient entrepris.

Une infirmière vint à la maison et me suggéra, pour ma santé, de sortir, me balader souvent et laisser le papa s'occuper de l'enfant, une ou deux heures par jour. Je suivais les recommandations de la garde-malade. J'aurais aimé pouvoir amener le bébé avec moi et le promener dans un traîneau, mais il faisait trop froid.

Mon fils était né en plein hiver, le 30 janvier 1981.

J'avais peur de demander à Marius de s'occuper du petit : il était devenu très impatient devant les pleurs continus, incessants, du bébé. Cela le mettait en rogne.

Quand je sortais pour marcher et que j'allais prendre un café quelque part, il me faisait des reproches, me réprimandait pour ces minutes que je prenais pour me refaire une santé, comme me l'avait conseillé l'infirmière.

Moi aussi, j'étais devenue très impatiente. De plus en plus, Marius me tapait sur les nerfs. J'étais débordée. Notre vie de couple n'allait vraiment plus. Cela se ressentait partout. La maison était dans un tel désordre qu'une vache y aurait perdu son veau. Il y avait toujours du linge qui traînait. La vaisselle ne se lavait pas après tous les repas. Elle restait là. Je ne savais plus comment m'en sortir. Je sentais que la vie allait m'engloutir.

Et Jack pleurait toujours.

Je me sentais incapable, la dernière des dernières, une imparfaite, une moins que rien. Ça allait de mal en pis, d'autant plus que Marius ne cessait de me reprocher de ne pas être comme sa mère, de ne pas avoir le sens de l'organisation dans la maison. Cela me choquait au plus haut point. J'aurais voulu le tuer quand il m'accablait de ces remarques. J'en étais rendue au point où je ne pouvais plus le supporter. Pourtant, c'était toujours moi qui faisais les premiers pas et qui m'excusais quand on se chicanait.

Finalement, le pédiatre a diagnostiqué une malformation du foie chez Jack. C'était grave et dangereux pour sa vie de le laisser ainsi. On nous proposa l'intervention chirurgicale. Cette nouvelle fut très démoralisante. J'en fus accablée d'une façon extrême. Mon moral était atteint, durement atteint. Dans la maison, j'étais devenue une femme agressive. C'est sur Jessie que retombait tout. Je la négligeais et j'étais impatiente envers elle. Je me sentais coupable de ne pas trouver le temps et l'énergie pour être près d'elle, pour jouer, pour jaser, me rapprocher. Plutôt, je la chicanais pour des riens. Je la faisais pleurer.

Au bord de la dépression

J'étais devenue, ni plus ni moins, qu'un paquet de nerfs ambulant. Je ne me reconnaissais plus. La méchanceté m'avait totalement envahie. Plus le temps passait, plus je pensais que j'allais faire une vraie crise de nerfs. Je ne voulais pas faire comme ma mère et me mettre à battre mes enfants. J'étais affolée. Jamais, je n'aurais porté la main sur Jessie ou Jack, mais je me rendais bien compte que je criais sans arrêt après eux.

Un jour, je vis la peur dans le visage de Jessie. Cela me rendit honteuse. J'étais responsable. Je m'excusai auprès de la petite et lui demandai pardon. J'étais tellement fatiguée, mal dans ma peau. J'aurais voulu mourir. Je ne réussissais jamais à réaliser ce que les autres femmes faisaient si facilement. Pour moi, le moindre travail, la moindre tâche étaient devenus une montagne. Marius avait raison : j'étais une incapable, une niaiseuse. J'étais habitée par un sentiment de défaite et d'impuissance. Le passé, ce vautour, planait toujours sur ma vie.

Marius reçut un appel pour reprendre le travail à Sept-Îles. Il n'hésita pas un seul instant. Ici, il n'avait jamais pu se trouver un emploi permanent. Nous vivions avec le minimum d'argent, presque dans la pauvreté. Avec deux enfants, maintenant, il nous fallait plus de revenus pour subvenir à leurs besoins et pour nous acquitter des dettes contractées depuis le mariage.

Dès le dimanche, Marius quitta notre petite ville afin d'être au bureau le lundi matin.

Pour moi, si ce nouveau travail signifiait plus d'argent et une meilleure vie, l'idée de déménager ne me plaisait pas du tout. Et Marius pensait la même chose. Mais nous n'avions pas le choix. Nous devions rester ensemble et je me devais de suivre mon homme, une autre fois, à Sept-Îles. Nous devions partager et assumer, ensemble, cette décision. C'était une sorte d'association. Nous avions convenu que je le rejoindrais, avec les enfants, sitôt après l'opération de Jack.

À l'hôpital de Québec

Le jour venu, un ami de Marius vint me chercher pour conduire Jack à l'hôpital. Assise en avant, près du chauffeur, j'avais mon bébé dans les bras. Son ventre avait tellement grossi.

À le voir ainsi, j'étais très inquiète. Il pleurait beaucoup. Je serrais mon petit garçon contre moi, pour le rassurer, pour me rassurer. Il fallait qu'il guérisse. J'allais changer. Tout serait dorénavant plus facile. Je redeviendrais patiente. J'apprendrais à tenir ma maison, à faire de la cuisine. Je serais une bonne épouse. Je savais bien que, si tout avait si mal été, c'était, en grande partie, de ma faute.

J'étais toujours en train de quémander n'importe quoi à Marius. Je le tannais avec mes frustrations, mes peurs et mes jalousies. J'apprendrais à le comprendre. Il n'était pas si vilain que ça. C'était toujours un beau garçon et il avait de grandes qualités. Je lui faisais porter mes déceptions, l'agaçais avec mes problèmes. Je me disais que si je l'avais accepté tel qu'il était, arrêtant de le comparer à l'amour de mes rêves, alors peut-être j'aurais appris à l'aimer mieux. Il fallait que je me reprenne et que je sauve notre mariage, pour mes enfants, pour notre amour et, pour me prouver que j'étais capable de réussir au moins cela.

Dès mon arrivée à l'hôpital, je fus prise dans un tourbillon. Jack devait passer une série de tests et je n'avais pas besoin de rester avec lui. Son cas semblait grave et on ne savait pas encore si on allait l'opérer. Ils devaient le garder pour quelques jours. Je le laissai dans les bras de l'infirmière. Le pauvre petit bonhomme hurlait et me tendait les bras. J'avais le cœur déchiré, encore une fois, pour la centième fois.

Je m'enfuis de cette chambre et revins, en vitesse, à la voiture de l'ami de Marius. J'avais les yeux pleins de larmes, le cœur serré, comme si j'avais perdu mon petit. Je sentais un terrible vide, sans Jack, comme si on m'avait coupé une partie de moi-même.

Mon garçon avait quatre mois et demi et, depuis sa naissance, il avait été si malade que, la plupart du temps, il avait été dans mes bras. J'ai vécu les jours suivants dans l'angoisse de l'attente, près du téléphone. J'attendais constamment l'appel du médecin. J'ai passé la semaine à me casser la tête. Je me sentais terriblement ignorante. Peut-être aurais-je dû m'opposer au docteur et demeurer avec mon fils? Je suis certaine que Marius, lui, aurait su prendre la bonne décision. Moi, je ne savais rien. Mon mari me manquait terriblement.

J'aurais eu besoin de son aide, de sa présence et de son affection. J'étais seule et j'avais froid dans le cœur.

Heureusement que ma petite Jessie était avec moi. Nous parlions souvent de son petit frère. Je la berçais et je m'occupais d'elle. Ça nous donnait un petit moment ensemble. On se retrouvait un peu comme avant. Après une semaine, le docteur me fit savoir que je devais retourner à l'hôpital. Il allait me donner les résultats des examens et me faire signer des papiers importants. Tout allait bien, mais il n'avait rien voulu me dire au téléphone. La mort dans l'âme, je pris l'autobus. Parce que j'avais peur, que je n'étais courageuse que pour mes enfants, j'amenai ma fille avec moi. Elle était, en quelque sorte, mon porte-bonheur, mon gage que rien de terrible ne pourrait arriver.

À l'hôpital, on commença par refuser de me laisser monter parce que Jessie était avec moi. On me traita comme une irresponsable. Je me fis chicaner comme on le fait avec un enfant. Je ravalai difficilement mes larmes. J'étais désespérée. Je ne pouvais laisser Jessie comme ça et je ne connaissais personne à Québec pour prendre soin d'elle. Je n'avais pas réfléchi en décidant qu'elle soit du voyage avec moi plutôt que de la laisser chez sa grande-mère Labrecque. J'avais voulu bien faire, sans connaître les règlements des hôpitaux.

Finalement, on accepta de me laisser voir mon fils pour quelques minutes. Il semblait tout petit dans ce grand lit et eut peine à me reconnaître. On aurait dit qu'il voulait pleurer. Il faisait tellement pitié. Je le pris dans mes bras et il se serra contre moi. Mon cœur me faisait mal. Je pleurais et Jack se collait à moi, s'accrochait à moi de ses petites mains. Jessie aussi pleurait.

Le docteur vint nous rejoindre et m'expliqua que je devais donner mon autorisation pour qu'ils puissent prélever et analyser un petit morceau de son foie. J'ai remis mon fils à l'infirmière après l'avoir embrassé très fort et je suis repartie en me disant qu'il était en bonnes mains. Il me semblait que je n'étais plus capable d'avoir de la peine. Je n'étais même plus capable d'être inquiète. J'étais dépassée par les événements et je remis tout ça entre les mains de Dieu.

Après quelques jours, j'ai reçu la bonne nouvelle. On pouvait éviter l'intervention chirurgicale. Jack allait bien et je pouvais venir le chercher. En entrant dans sa chambre, j'eus un choc. Le pauvre petit avait été attaché dans son lit pour l'empêcher de tomber. Son petit visage était tout gonflé, tellement il avait pleuré. Je me sentais coupable de l'avoir laissé, même si je n'avais pu faire autrement. Il avait l'air tout mou, comme s'il avait été abandonné.

Je le détachai doucement en lui disant des mots d'amour, en lui répétant :

— Ne pleure pas, mon amour! Maman vient te chercher. Jamais plus je ne t'abandonnerai. Pleure pus, mon p'tit cœur. Maman reste avec toi. C'est fini... C'est fini...

Je le lavai tout doucement, comme pour faire revenir la vie dans son petit corps. Je l'habillai avec mille précautions. Il s'endormit dans mes bras.

Il a dormi pendant tout le voyage, comme soulagé, en sécurité enfin, à la manière d'un petit chat qui se roule en boule contre sa mère. Il me tenait le doigt très fort avec sa petite main repliée. Je l'ai gardé pendant tout le voyage contre mon cœur qui cognait, qui cognait très fort. Je l'aurais amené ainsi jusqu'au bout du monde.

Retour à la case départ

Le bout du monde est arrivé très vite. Je suis partie rejoindre mon mari à Sept-Îles. Marius avait loué un bel appartement et nous avions acheté de nouveaux meubles. Pour la première fois, j'avais une maison à mon goût. J'étais contente. J'étais pleine de bonnes résolutions. Il était temps que je devienne une vraie femme.

Bien sûr, notre mariage n'était pas à son plus fort. Mais, peut-être qu'en étant loin de ses proches, de sa famille, de ses amis, tout irait pour le mieux. J'espérais que tout redevienne comme avant.

Marius partait le dimanche soir, puis revenait le vendredi soir. Nous renouâmes vite avec nos anciens amis.

Mais Marius retomba vite dans ses vieilles habitudes. Il avait recommencé à sortir et arrivait souvent au beau milieu de la nuit.

Dans ce temps-là, mon cœur se serrait. Je me rappelais trop les retours de ma mère et d'Arthur. Mon passé remontait à la surface. J'étais loin d'être guérie. Je recommençais à faire des cauchemars. J'étais à nouveau dans le tunnel, incapable de m'en sortir. Je ne voyais jamais la fin. Mon passé m'habitait toujours, me hantait sans cesse. Malgré moi, malgré Marius, je replongeais au cœur de l'enfer.

Chaque nuit, je redevenais la petite fille d'avant, la petite Élisa T. qui avait peur des coups et de la folie portée par les brumes de l'alcool.

Cramponnée à mon côté du lit, je priais que mon mari n'ait pas envie de s'approcher de moi. Je ne voulais plus qu'il me touche, surtout lorsque je faisais des cauchemars. Ça me gelait le corps et le cœur.

Pendant la semaine, je partageais tout mon temps avec mon amie, Alice, que j'eus le plaisir de retrouver. Elle me rendait ces moments plus faciles. Tout le temps que je passais avec elle était agréable. Seulement pour cela, ma vie était belle. Un jour, Alice me fit rencontrer sa mère. Quelle femme exceptionnelle! Elle était joyeuse et très patiente. Je ne me lassais pas de la regarder, de l'écouter parler. Je comprenais pourquoi Alice avait une telle confiance en sa mère, pourquoi elle aimait tant la vie.

Je comprenais, plus que jamais, l'importance de la confiance et de l'amour d'une mère. Je voulais être une mère comme elle pour mes petits. J'allais tellement les aimer, tellement les admirer, que le monde leur appartiendrait. Jamais ils ne vivraient ce que moi j'avais vécu. Je ne pouvais m'empêcher de comparer ma mère avec celle d'Alice. Je ne pouvais m'empêcher de sentir toute l'injustice que des enfants comme moi avaient pu subir.

Pourquoi étais-je tombée dans une telle famille? Pourquoi avais-je eu cette mère et pas une autre, une qui m'aurait comprise, aimée; qui m'aurait donné la confiance si nécessaire dans la vie? Pourquoi avait-elle aimé certains de ses enfants et pas moi? Je redevenais amère et cherchais désespérément à comprendre. J'essayais encore de m'expliquer ce qui m'était arrivé. Je voulais trouver des réponses à mes questions. Il fallait que je les trouve pour savoir ce qui avait inspiré à ma mère cette haine envers moi. Quelle route m'avait donc conduite sur le chemin de la complication de tout, dans cette vie? J'étais même devenue jalouse des gens que mes enfants aimaient.

J'avais peur de perdre ce que j'avais si durement gagné. J'avais même peur de perdre Marius malgré notre vie de couple très instable et, plus souvent, sans amour. Je me serais battue jusqu'à la mort pour ne pas les perdre. J'étais très tendue, toujours prête à éclater.

J'avais comme une bombe dans le cœur et dans la tête. Je ne savais jamais à quel moment elle exploserait.

J'essayais de m'occuper. Je n'avais plus tellement le cœur à jouer avec mes enfants. Alors, je tricotais, je dessinais, je copiais des poèmes, juste pour me distraire; juste pour arrêter de penser. J'avais essayé d'expliquer à mon amie ma grande nervosité, lui racontant que cela avait un rapport direct avec mon enfance.

Alice savait que ma vie avait été spéciale et difficile. Toutefois, je ne lui avais pas dit grand-chose parce que j'avais trop honte, parce que je portais encore la responsabilité de tout ça.

Mais je souffrais autant qu'avant chaque fois que j'évoquais le moindre souvenir des seize années vécues avec ma mère, mon père et Arthur. J'avais toujours autant peur de cette femme qui m'avait mise au monde. Je faisais encore des cauchemars terribles dans lesquels ma mère et Arthur me menaçaient. Ils voulaient se venger. Ils voulaient me tuer. C'était devenu une vraie folie, une obsession. Je me mis à tout mêler et à avoir peur de Marius de la même manière : peur qu'il boive, qu'il me batte, qu'il me « chiale » pour tout ce que je faisais.

Le résultat fut que je faisais tout encore plus mal qu'avant. Mon passé me tenait à la gorge, prêt à m'étouffer. Je pleurais pour un oui ou pour un non. Chaque jour, le nœud se serrait davantage. Je n'arrivais plus à rien. Je voulais m'enlever la vie. Puis, un jour, je reçus un appel téléphonique d'une de mes sœurs.

Sylvie me mit tout de suite au courant des raisons de son appel.

— Je voulais t'informer, Élisa. Il est arrivé quelque chose de terrible. Michel est maltraité à la maison de ma mère. Personne ne sait plus quoi faire. On a tous peur que cela tourne mal et qu'elle ne le tue.

J'étais restée glacée, silencieuse, au bout du fil.

Cela ne finirait donc jamais. Je réussis à peine à desserrer les lèvres pour lui donner le numéro de téléphone de la travailleuse sociale. Et je coupai rapidement la communication.

Comme un robot, je pris l'annuaire et je cherchai le numéro de la Protection de la jeunesse. Je ne savais plus où chercher. Je tremblais comme une feuille. Je transpirais rien qu'à l'idée de raconter cette histoire au téléphone. J'avais peur qu'on me reconnaisse.

Je me sentais honteuse. Dès que j'eus fini de composer le numéro, je ne pris pas le temps d'avoir la communication et je raccrochai.

Je ne pouvais pas, je ne pouvais pas.

J'avais les pieds et les mains glacés. J'avais envie de faire pipi. Mon cœur voulait sortir de mon corps. Je demandai à Dieu de m'aider et je pris mon courage à deux mains. Et je composai à nouveau.

Au bout du fil, une responsable me dit qu'elle ne pouvait rien faire. Alors je lui ai dit qui j'étais, parlant de mes frères et de mes sœurs qui avaient été retirés de la famille pour violence physique à leur endroit. Je lui demandai d'aller consulter mon dossier. Je ne savais pas où j'avais puisé mes énergies pour tout lui raconter ça. Je voulais la convaincre de faire quelque chose, que c'était urgent.

Finalement, on me fit la promesse de consulter le directeur de son école et d'ouvrir, s'il y avait lieu, une enquête.

J'ai raccroché. Je ne pouvais faire autre chose que

ce coup de téléphone. J'étais sans autre moyen. J'aurais voulu tuer ma mère comme on se débarrasse d'une bête maléfique. Je rêvais chaque nuit que je la tuais. Cela accentua ma nervosité.

Avec mes enfants, j'étais devenue encore plus impatiente. Je les chicanais tout le temps et j'avais de plus en plus l'impression que je deviendrais comme ma mère. J'étais comme un lion en cage. Je tournais en rond. Je pleurais. Je pensais que j'allais devenir folle ou bien que je mourrais. Je n'avais plus le goût de rien. Je me laissais glisser dans le noir. J'étais fatiguée de lutter avec ce passé pourri.

Est-ce que tout cela allait s'arrêter un jour? Et je pleurais. Et je pleurais...

Mes enfants me regardaient, avec de plus en plus d'inquiétude dans leurs yeux. Ils avaient l'air traumatisés par mon comportement, mes cris, mon attitude. Ça n'avait plus de bons sens.

Je tentai tout pour reprendre mes sens, multipliant les efforts pour être plus positive, pour leur donner toute l'affection qu'ils méritaient, pour les faire évoluer dans un climat normal pour leur développement affectif et psychologique.

Je voyais mes enfants qui grandissaient et je me disais que je n'avais pas le droit de leur faire payer l'amour que je n'avais pas eu de ma mère. Eux et Marius n'étaient pas responsables de cette haine que j'avais connue dans mon enfance ni des coups que j'avais eus sur le corps.

Marius ne comprenait plus rien lui non plus. Il me regardait, inquiet, découragé. Il se mettait à pleurer à son tour. Alors, je me calmai, pour lui rendre la vie meilleure et pour mes enfants.

Un petit enfant, c'est tellement doux. Des caresses, un regard tendre, c'est facile à donner à un enfant. Pourquoi ma mère ne m'avait-elle jamais prise dans ses bras? Pourquoi, jamais un merci de sa part? Pourquoi moi? Pourquoi? Pourquoi?

J'étouffais.

Je respirais mal. Je ne pourrais plus parler et vivre normalement tant que cette histoire me trotterait dans la tête, dans le cœur. C'était l'affolement.

Je ne pouvais rien pour mon frère Michel. J'étais trop loin. Si cette mère avait été près de moi, je l'aurais écrasée comme une mouche. J'étais prête à aller l'affronter, mais le bon Dieu avait voulu que je sois à mille kilomètres d'elle. Cependant, dans mon for intérieur, je savais que, devant elle, je n'aurais rien fait, qu'elle m'aurait dominée comme elle l'avait toujours fait.

Une amie de Ben m'avait conseillé de tout écrire, de raconter toute mon histoire sur papier.

Tout le monde voyait bien que j'étais en train de me détruire à petit feu.

L'écriture

Je me mis à la tâche et commençai à écrire tous mes souvenirs d'enfance.

J'allais les chercher le plus loin possible, à partir du moment des premières fois où je me rappelais avoir eu peur de ma mère : la haine, les coups, la misère, la honte. J'ai écrit... Puis écrit. Puis réécrit, pendant trois longues semaines, le jour, la nuit.

J'écrivais et je pleurais. J'écrivais et je revivais le long calvaire qui me dévorait toujours, petit à petit.

Chaque minute que j'avais de libre, même la nuit, j'écrivais. Cela me faisait du bien. J'écrivais d'un seul jet, sans passer de lignes, sans paragraphes, sans réfléchir. Jamais je ne revenais sur les pages. Mon esprit, mon corps se souvenaient de tout, tout...

À travers cet exercice, je m'occupais de mes enfants. Je les surveillais quand ils étaient près de moi.

Pendant leur sommeil de l'après-midi, j'écrivais. Je profitais de cette disponibilité, ne voulant pas perdre une seconde.

De temps en temps, je les regardais dans leur sommeil.

J'aimais écrire, tellement que je le faisais jusqu'à ce que mes doigts me fassent mal. J'étais très concentrée. Je revenais dans les maisons de mon enfance, ne perdant aucun détail. Je voulais éviter les coups de ma mère. Je me voyais les mains sur les oreilles pour ne plus les entendre crier, elle et mon père; puis, elle et Arthur. Je me rappelais la barre de fer; je me revoyais, assise sur la chaise, sans avoir la permission de regarder la télévision; dehors, à la mi-novembre, presque nue, gelée, sans avoir le droit de rentrer dans la maison parce qu'on m'avait barré la porte; Arthur qui voulait m'agresser sexuellement; la parade nue devant ma mère et Arthur, à l'âge de quatorze ans; le seau d'eau; l'étranglement; l'orphelinat; les cauchemars, les raclées à coups de bâton; tout me revenait, même les plus infimes détails. Un vrai film d'horreurs.

Quand tout fut terminé, les deux bras me sont tombés. Je pris un grand « respire », comme si je venais d'accoucher de quelque chose d'énorme.

Quel soulagement!

J'étais moins pesante à porter. Je me sentais plus légère.

Quand je repris mon souffle, je pris le manuscrit, qui contenait quelques centaines de pages, et cachai le tout, près de mon lit, dans ma petite commode, sous mon linge.

Jamais personne ne devait lire cela. C'était mon secret à moi. J'aurais pu le jeter ou bien le brûler. Cela m'était venu à l'idée. J'avais préféré cacher le manuscrit.

J'étais certaine que jamais, en ce monde, quelqu'un ne lirait cette infamie : tout ce que j'avais porté pendant tant d'années; tout le malheur et toute la honte; tout ce que je n'avais jamais osé dire à personne; toute la douleur et l'humiliation d'une petite fille trop laide et trop insignifiante; toute la méchanceté de cette mère indigne.

Cette histoire, je l'avais comme scellée dans cette commode, éclipsée à tout jamais de la vue de quiconque.

Je pouvais dormir en paix. Je pouvais, enfin, sortir du long tunnel qui m'avait tenue emprisonnée pendant si longtemps. Je pouvais maintenant regarder mes enfants et leur tendre les bras. Je n'avais rien réglé, mais l'abcès était crevé et le pus était sorti. Le mauvais qui avait empesté ma vie n'était plus. Je vivrais le reste de ma vie avec seulement le souvenir de cette écriture qui avait réuni tous les éléments de ma souffrance.

Encore une fois, j'avais mêlé mes désirs avec la réalité.

***

J'avais réussi à oublier mes cahiers quand, un matin, je les sortis. Sans réfléchir, machinalement, je les remis à Marius. Il savait que j'avais écrit longuement. Il m'avait vue quelques fois : je n'avais pu, toujours, me cacher. Il avait envie d'en connaître le contenu.

Il était retourné sur le lit, dans notre chambre, feuilletant les pages. Je sentis que son sang bouillait. J'étais mal. Je me sentais responsable. Il se mit en colère. Je devins abasourdie. Je voulais lui parler, mais je bégayais, comme je l'avais toujours fait quand j'étais dans des circonstances hors de l'ordinaire. Puis, je voulus lui enlever le manuscrit.

— T'as pas le droit de lire ça! Ça ne t'appartient pas! C'est personnel! C'est mon secret! Lâche ça! C'est à moi!

— Wow! Une minute! T'es ma femme. Ce qui est à toi est à moi. T'as pas le droit de me cacher quoi que ce soit.

— Non, je ne veux pas! T'as pas le droit! C'est pas juste!

— Pour le moment, on va serrer ça, mais je vais l'apporter à mon travail et je vais le lire, dès cette semaine, dans mes soirées. J'aurai le temps. Après, on verra.

J'avais eu beau le supplier, il n'y avait rien à faire. Il voulait tout savoir. Il allait partir avec ma honte. Il allait tout connaître sur mon passé. J'étais affaissée. Après avoir lu cela, j'étais convaincue qu'il ne voudrait plus de moi. Il ne voudrait plus rester une minute de plus avec une femme qui avait vécu dans une pareille famille. Et, peut-être qu'il ne voudrait plus que je m'occupe des enfants. « Oh! mon Dieu, qu'est-ce qui va bien pouvoir arriver à son retour, vendredi prochain? »

Marius paraissait terriblement excité et en colère.

Le vendredi suivant, à son retour du travail, Marius, en rentrant, me parla du manuscrit.

— Je l'ai lu. D'abord, je ne veux plus voir ta famille chez moi. Jamais! Et si je vois Arthur rôder autour de nos enfants, je le tue! C'est écœurant, cette histoire-là. J'ai pleuré quand je l'ai lue. Dis-tu toute la vérité?

— Oui, Marius. La pure vérité.

J'avais tellement honte que j'aurais voulu disparaître. Je m'attendais à ce qu'il me chasse de la maison. Il continua :

— Pourquoi ne m'as-tu jamais parlé de ça?

— Penses-tu que je suis fière de raconter mon

enfance et ce qui se passait à la maison? Crois-tu que c'est une chose qu'on aime à raconter. Ça va me poursuivre jusqu'à la fin de mes jours. Tu comprends maintenant! Je veux que tu me remettes mon histoire.

Je voulus lui arracher les cahiers.

— Oh! non, madame. Te rends-tu compte, Élisa, que tu pourrais faire un livre avec tout ce que t'as écrit? Tes textes pourraient être offerts à un éditeur. Ce livre pourrait aller très loin. Tu racontes des événements, des anecdotes que tout le monde devrait connaître.

— Jamais. Je n'aurais jamais le courage de faire connaître ça à tout le monde. Je ne veux pas. J'ai bien trop honte! Tu vas remettre les cahiers dans mon tiroir et oublier tout ça.

— T'es folle. Ça pourrait rapporter gros. Je vais tout retranscrire et je vais l'offrir à un éditeur. On verra ce qu'il en dira, si ça vaut la peine ou non.

— Pas question! C'est ma vie privée!

Juste à penser à la réaction de ma mère, d'Arthur, de mes frères et sœurs, je faillis m'évanouir. Je me mis à crier :

— Ce sont *mes* écrits! C'est *mon* histoire! Je veux que tu me redonnes ces cahiers au plus vite.

Marius n'abandonnait pas son projet. Il voulait tout savoir, tout connaître de mon enfance. Il me faisait tout raconter, préciser et recommencer les moindres détails.

Je me retrouvais à nouveau plongée en enfer. Tout ce que je voulais oublier, il me le faisait revivre encore... et encore... avec tous les détails. Je me sentais mourir chaque fois. Il me volait tous les secrets de ma vie. Il me volait ma honte, pas seulement pour me l'enlever, mais pour la faire connaître à tout le monde de mon village, de la région, du Québec, du Canada, du monde entier.

Je me sentais plus mal, plus coupable. Il ne me

laissait plus dormir en paix. Même la nuit, il voulait que je lui explique ce qu'il comprenait mal. Il me faisait à nouveau raconter des péripéties, ajouter des détails. Jamais il ne lâchait prise. Il était devenu obstiné. Il voulait que rien ne lui échappe. Même quand il était à son travail, il me téléphonait pour connaître d'autres éléments qui lui manquaient. Au début, j'avais pensé que, si je répondais à ses questions, il finirait par se fatiguer, qu'il abandonnerait.

Mais non, on recommençait constamment les mêmes explications. Il se fichait de ma souffrance. Il voulait tout savoir, tout.

**

C'est à compter de cette période, où il transcrivait mes écrits, que mon amour pour lui a vraiment commencé à s'affaiblir. Il ne m'inspirait plus confiance.

Dans sa tête, l'important, c'était de sortir un livre pour faire de l'argent.

Plus le temps passait, moins on se comprenait et plus je sentais le besoin de m'éloigner de lui. Je ne l'aimais plus.

Trois années s'étaient écoulées depuis le début de l'écriture de mon journal. Les deux dernières, avec Marius, tout fut réécrit : une période interminable.

On était revenus dans ma région d'origine.

Nous étions pauvres. Je dus me chercher un emploi. On ne vivait plus que des prestations d'assurance-chômage.

Enfin, j'avais trouvé du travail. Avec l'assurance-chômage de Marius, on pourrait joindre les deux bouts. Marius était d'accord, mais il était inquiet pour les enfants.

— Qui va garder les enfants, Élisa?

— Mais toi, Marius. T'es sur le chômage. Tu les

garderas, les enfants. T'as le temps et ça nous économisera des honoraires de gardienne. On pourra mettre cet argent-là de côté. Puis, en commençant seulement à quatre heures de l'après-midi, je pourrai faire mon ouvrage à la maison, comme avant. Je finirai de travailler à minuit. Et si tu veux sortir après, tu pourras le faire.

Il ne dit rien. Il se leva vers le lavabo pour rincer sa tasse de café, puis il sortit de la maison.

C'était fait! C'était dit! J'étais soulagée. Et j'ai commencé à travailler, bien décidée, malgré ma gêne toujours présente, et ma maladresse. Je tenais à conserver cet emploi, coûte que coûte.

Dès le premier quart, j'ai renversé du café dans une soucoupe. Je n'avais jamais été serveuse aux tables. Les clients m'avaient taquinée avec ça. Mais je les trouvais sympathiques. Au début, ils se montrèrent très compréhensifs et patients envers moi. Je passais mes journées avec du monde fin, intéressant, à rire, à faire des blagues. Je travaillais dur, mais c'était infiniment mieux que ce qui se passait à la maison.

Quand nous fermions, je faisais la vaisselle. J'étais serveuse, cuisinière et caissière. Et je faisais même de la conciergerie. Il fallait que le restaurant soit toujours propre, en ordre, pour le lendemain matin.

Quand je finissais, vers une heure ou une heure trente, Marius était là qui m'attendait. Il était toujours fâché. Quand j'arrivais à la maison, j'étais fatiguée, crevée et j'allais tout de suite au lit.

Des fois, je prenais le temps de discuter avec lui. J'avais compris ce qu'il avait : il était jaloux.

J'avais beau tenter de le rassurer, il n'avait pas confiance. Je lui disais la vérité, mais il ne me croyait jamais. Il était devenu très soupçonneux. Il en était rendu à me soumettre à un interrogatoire serré pour que je me contredise et qu'il découvre ce qu'il croyait être mes mensonges.

Parfois, les conversations m'exaspéraient et je n'en pouvais plus. J'habillais mes petits et on sortait de la maison. J'avais besoin d'air pur, de distraction. Avec mes enfants, j'allais prendre un café au restaurant où je travaillais.

Ces chicanes étaient devenues insupportables. Souvent, je me mettais à pleurer et je criais. Il allait me rendre folle. Il n'était jamais convaincu. J'étais désespérée. J'avais toujours eu horreur des mensonges. Je n'allais pas commencer à tricher et à jouer à l'hypocrite. Je n'avais absolument rien à me reprocher. Mais il continuait à ne vouloir rien comprendre.

L'escapade

Un matin, je me levai comme d'habitude pour faire le déjeuner des enfants. Marius était déjà parti, pour aller à la pêche. Je préparai ma fille pour l'école et je la surveillai lorsqu'elle traversa la rue. Ensuite, je mis le verrou sur la porte.

Je faisais cela depuis quelque temps. Ce matin-là, après avoir barré la porte, comme je le faisais souvent, je me mis au lit avec Jack. Cela me donnait l'occasion de dormir et de me reposer un peu. Mon fils faisait de même. Jack aimait dormir près de moi. Il adorait ça.

Mon jeune s'était endormi et moi, je me sentais comme entre deux sommeils. Tout à coup, au bout de mon lit, quelqu'un me brassait les pieds pour pouvoir me réveiller. C'était la cousine de Marius. J'étais complètement perdue. Ça devait faire une heure ou peut-être plus que je dormais. Je me demandais ce qu'elle faisait dans ma chambre. Elle essayait de me faire comprendre que Jack s'était enfui et qu'il s'était rendu à la Polyvalente.

Je n'en croyais pas mes oreilles. Je pensais que je

faisais un cauchemar. Je regardai près de moi. Jack n'y était plus.

Je me levai comme une flèche et sortis de la chambre. Jack était dans la cuisine, en pyjama, avec ses bottes de caoutchouc dans les pieds. C'était émouvant de le voir, si petit, l'air penaud, les bottes dans les mauvais pieds. Je me sentais gênée, comme une mauvaise mère. Je remerciai la cousine de Marius de l'avoir ramené à la maison.

C'était fini, les siestes. Plus jamais je ne dormirais le jour. Mon petit garçon avait réussi à monter sur une chaise. Il avait déverrouillé la porte, réussi à l'ouvrir puis traversé la grande rue, seul. Finalement, il était parvenu à trouver l'école. En pensant à cela, j'avais des sueurs froides.

Et s'il lui était arrivé quelque chose... Mon Dieu!

Mon fils avait l'âme d'un aventurier. Il ne tenait jamais en place. Il était toujours en train d'inventer les choses les plus farfelues : un vrai petit diable.

Marius revint de la pêche sur l'heure du midi. Pendant le dîner, je lui racontai l'escapade de notre fils. On décida de construire une barrière à la galerie afin de l'empêcher de récidiver. Jack n'était pas de tout repos. Il était vif, intelligent.

Bien sûr, Marius a mal réagi quand je lui ai raconté l'histoire. Et je m'y attendais. À la moindre occasion qu'il avait pour m'engueuler, il sautait dessus. Il m'accusa de ne pas m'occuper convenablement des enfants, de n'avoir la tête qu'à mon chum, qu'à mes aventures.

Moi, j'étais une femme qui aimait ça, passer mes journées en robe de chambre. Lui, il n'aimait pas cela.

— Tu dors toute la journée. Tu ne t'occupes pas des enfants.

Je ne voulais pas répondre, embarquer dans une autre chicane. Je me disais que je me sentais bien ainsi. C'était mon choix...

Toutefois, je décidai, dorénavant, de m'habiller afin qu'il cesse de me soupçonner.

Avec mon mari, je n'avais pas la manière. J'étais très naïve et lui racontais tout ce que je vivais. Surtout, je lui disais tout ce que je pensais. Il était devenu persuadé qu'il avait épousé la plus « grande niaiseuse du monde ». J'étais facile à manipuler et à berner. Il avait raison de me trouver naïve. J'étais dépendante de lui. Je lui donnais toutes mes payes. Je ne faisais rien sans sa permission.

Tout cela devait avoir une fin. Je commençais à être révoltée de me priver des choses que j'aimais; d'être traitée comme une petite fille.

Je me connaissais maintenant mieux. Je m'acceptais telle que j'étais, me disant que, moi, j'étais aussi bien que toutes les autres. J'avais beaucoup plus confiance.

Chapitre 8

La séparation

Un copain

Je m'étais fait un bon copain que j'aimais bien. Nous discutions de tout et de rien. Il prenait le temps de m'expliquer les choses. Avec lui, je n'avais jamais l'impression d'être une idiote.

Près de lui, je me sentais une femme normale, intéressante et valorisée. Il était timide, très tendre, travaillant, fort, intelligent et compréhensif. Il avait tout ce que j'aimais d'un homme. Mais j'étais totalement fidèle à mon mari. Il n'avait jamais été question d'amour avec ce copain, ni de relations sexuelles. Jamais.

Je profitais beaucoup de cette amitié. Grâce à lui et grâce à nos conversations, j'étais devenue plus calme. Je n'avais plus peur.

Un jour, Marius apprit que j'avais un lien très amical avec ce garçon. Il devint coléreux. Il jugea que cette amitié était une aventure sordide. Il me menaça même de se battre avec celui qu'il appelait mon « amant ». Plus je défendais cet ami, plus Marius m'accusait des pires choses. Je ne savais pas quoi faire. Je n'avais donc pas le droit d'avoir un seul ami, à qui me confier, avec qui échanger?

Pourtant lui, il pouvait se payer le nombre d'amis qu'il voulait, garçons et filles. Je le trouvais ingrat, déloyal, méchant. Mon mari était en train de devenir malade de jalousie.

Ce jour-là, ma relation de couple avec Marius

Labrecque en prit un coup et sa détérioration lente ne semblait pas vouloir s'arrêter.

***

Notre retour chez nous n'avait fait qu'empirer la situation. Même si tout allait bien à mon travail, même si ce revenu nous permettait maintenant de joindre les deux bouts, Marius était devenu si jaloux que je dus quitter mon emploi au restaurant.

Tous les jours, je pleurais. J'étais très abattue, découragée, très triste. Je n'avais plus le goût de faire quoi que ce soit. Je me sentais étouffée. Je regrettais tout, ma vie, mes enfants, la situation actuelle, etc. Je trouvais que notre vie de couple avait plongé nos deux enfants dans un monde sans amour, un monde agressif, de chicane, d'engueulade. Ces deux petits méritaient plus que cela. Ils étaient devenus, eux aussi, tristes. Ils devaient se demander pourquoi tout cela. Je dois avouer que je n'avais pas réussi à faire beaucoup mieux que le milieu d'où je venais.

L'année se poursuivit, toujours sur le même ton : la haine, la jalousie, l'éventuelle séparation, les querelles. L'idée de la séparation était de plus en plus présente à mon esprit.

Mais si c'est une chose de prendre une décision, c'en est une autre de la mettre à exécution.

J'avais toujours la même peur et les mêmes maladresses. J'attendis le bon moment. C'était le lendemain de ma fête. Je pris mon courage à deux mains et, décidée, convaincue, j'annonçai la grande nouvelle.

Le jour de ma fête, je m'étais sentie triste et amère. Depuis toujours, sauf de rares fois à mon travail, ma fête était toujours passée inaperçue. Le jour de ma fête, à la maison, ce fut comme toujours. Marius ne m'en glissa pas un mot. Ça me fit mal. J'avais le cœur gros :

ça ne passait plus dans le gosier. Je n'existais pas. Je n'acceptais plus d'être ignorée ainsi. Une fête, quand il y a de l'amour, de l'amitié, de la reconnaissance, ça se souligne. Je passais toujours en dernier. J'étais la moins importante.

C'était fini, ma décision était prise. J'allais partir et amener les enfants avec moi.

Je lui parlai et lui expliquai que ce serait mieux ainsi, qu'on ne s'entendait plus et qu'on ne pouvait plus vivre ensemble et continuer à éduquer nos enfants à travers un couple divisé, brisé, un foyer où l'amour était totalement absent.

— Oui, mais moi, Élisa, je t'aime encore.

Et il s'adoucit et il argumenta.

Il rendait l'exécution de ma décision encore plus difficile que je ne l'aurais cru. J'étais résolue. J'allais tenir mon bout malgré ses doléances, malgré une attitude devenue subitement positive et plus ouverte.

Il ne pouvait plus m'amener à l'aimer. L'amour, c'est dans nos tripes. C'est spontané. C'est naturel. Le passé était garant de l'avenir. Nous, notre passé, depuis les dernières années, c'était le monde à l'envers, un milieu de déchirements, de chicanes, de contradictions constantes.

Il me remit de l'argent.

— Tiens, Élisa. C'est pour ton cadeau de fête. Je sais que je n'ai jamais trouvé le moyen de te faire un cadeau mais, cette fois-ci, je pense que tu le mérites. De plus, tu vas en avoir besoin pour les enfants que je ne reverrai plus.

En le quittant, je confirmais l'échec de notre mariage. Il serait le premier dans sa famille à vivre une séparation. Il voulait qu'on essaye encore, qu'on se donne une autre chance.

Je tenais mon bout. J'avais hâte que cette discussion se termine. Il était surpris de voir comment j'étais inébranlable. Ni les larmes, ni les promesses, ni les menaces ne me faisaient broncher. J'avais tellement réfléchi à la question que je ne voulais plus y penser. Et il tenta un autre avenue :

— J'imagine qu'il y a un autre homme en dessous de ça?

— Non, pas du tout. Arrête de raisonner en fou. Comment veux-tu que j'attire un autre homme avec la face et le corps que j'ai? T'es bien placé pour le savoir.

— Si tu veux rester avec moi, Élisa, on va se refaire une nouvelle vie, je te le promets. Je t'aime, moi.

— Écoute, Marius, je ne suis plus capable de continuer à vivre avec toi. Je suis fatiguée, à bout. J'ai besoin de réfléchir, de me retrouver, de vivre seule, avec mes deux enfants.

Je venais de faiblir, de lui ouvrir une porte.

— Ça veut-tu dire que tu ne pars pas pour toujours? Ça veut-tu dire que tu pars juste pour réfléchir? Si c'est ça, prends le temps qu'il te faudra. Mais tu vas voir que tu vas avoir envie de revenir. Après, on recommencera à neuf. Je suis prêt à t'attendre, Élisa.

Je n'avais pas été capable de lui dire que ma décision était définitive, irrévocable. Je n'avais pas besoin de réfléchir. Tout ce que je voulais, c'était de mettre fin à cette discussion qui était devenue stérile et qui me stressait au plus haut point. Je voulais gagner du temps. Je voulais partir. Je voulais qu'il me laisse tranquille, qu'il me fiche la paix. Je n'étais pas fière de moi, de lui avoir ouvert une porte, de l'avoir laissé sur un espoir. Mais c'était un début.

Premier départ
Je m'étais bien dit qu'une fois partie, je prolongerais mon absence jusqu'à ce qu'il se soit fait une idée. Je préparai mes bagages et ceux des enfants et allai vivre chez ma sœur.

Nous nous sommes retrouvées, ma sœur et moi, et nous avons formé une très joyeuse famille avec mes enfants. C'était la fête.

Du moins, au début.

Puis, Marius se mit à me téléphoner. D'abord, ce fut pour prendre de nos nouvelles. Par la suite, il répétait souvent les appels téléphoniques pour me dire que je lui manquais, pour me demander quand j'allais revenir; pour me répéter qu'il était malheureux, qu'il s'ennuyait de moi et des enfants.

Depuis mon départ, Marius souffrait de terribles maux de tête : c'est ce qu'il disait. Il prenait beaucoup de médicaments. Des fois, il augmentait les doses. Il avait besoin de moi. Il noyait sa peine dans des échappatoires peu recommandables.

Ses questions étaient toujours les mêmes :

— Quand allez-vous revenir? Pourquoi tu ne dis rien? Avec qui as-tu l'intention de refaire ta vie?

Dans un de ses appels téléphoniques, il me dit, un jour, qu'il tuerait le salaud qui referait sa vie avec moi.

J'étais devenue très nerveuse quand il appelait. Je ne cessais de lui répéter les mêmes choses. À bout de nerfs, je raccrochais. Il était devenu harcelant.

Et il rappelait, rappelait, jusqu'à ce que je lui reparle.

Et ça recommençait. Il pouvait appeler dix fois dans une même soirée. Ma sœur était devenue impatiente, exaspérée par cette situation. Nous étions sur le qui-vive. Chaque fois que le téléphone sonnait, nos battements de cœur s'accentuaient. Il me tannait tellement avec ses jérémiades que je devins toute mêlée. Je ne savais plus quoi penser. Je ne savais plus rien... de rien... Il m'avait comme lavé le cerveau. Il était devenu à moitié fou, et sa folie, c'était de me harceler jusqu'à ce que je cède. Il avait trouvé la méthode qui consistait à me répéter les mêmes mots, les mêmes phrases, à me les enfoncer dans le cerveau, à grands coups de marteau.

À force d'appeler, il m'avait mise dans un état de doute, d'hésitation. Je ne savais plus, maintenant, pourquoi j'étais partie de la maison. À force de pleurer, d'insister, il finit par me convaincre que j'avais fait une erreur et que ma place était auprès de lui.

Drôle de réconciliation

J'acceptai donc de revenir vivre avec lui, avec les enfants. Je lui donnai mon accord pour un nouvel essai, à condition qu'il cesse ses interrogatoires.

Les enfants étaient très heureux, contents, qu'on revienne vivre avec leur père. Cela me consola de mon échec, d'avoir flanché, d'avoir cédé à son harcèlement. Ça calmait mes craintes, mes angoisses.

Diane, elle, n'était pas d'accord avec ma décision. Elle croyait que tout redeviendrait comme avant et que je me devrais de recommencer un autre scénario de séparation. Elle pensait que ce ne serait que partie remise et que je perdais du temps; que je me replongerais dans une situation négative, une vie marquée par l'absence d'amour; une vie où chicanes, engueulades et négativisme, de toute manière, referaient surface tôt ou tard.

— Si tu le regrettes et que tu changes d'idée, Élisa, les portes de ma maison te seront toujours ouvertes, m'avait-elle dit en partant.

Le lendemain matin, quand j'ai vu Marius, à la porte, qui embrassait les enfants, transportant les valises dans l'auto, pour le départ de chez Diane et le retour à la maison, je fus comme prise de panique. Je regrettais déjà mon geste. Je renouais avec lui, mal intentionnée, convaincue que ce serait un échec, certaine que rien n'allait changer. Je ne voulais plus de cette vie et je n'y croyais plus.

Dans l'auto, je ne pouvais pas parler. J'avais le cœur gros. Je me sentais piégée. Je retournais contre mon gré. Et je ne savais pas comment j'allais me sortir, cette fois-ci, du guêpier. En conduisant, Marius se tournait souvent vers moi et me regardait. Il m'observait, il parlait beaucoup. Il riait. Il était de bonne humeur.

Il me prit la main, mais je la retirai aussitôt. Nous devînmes un peu gênés, tous les deux. Nous nous étions dit plus de choses au téléphone, ces derniers jours, que dans toutes les années de notre vie commune.

Devant mon silence total, il me demanda à quoi je pensais.

Je pensais à la pauvre Élisa T. Il fallait que je me fasse une idée. Dans quelques minutes, nous allions rentrer de nouveau à la maison pour reprendre la vie de couple, en famille.

Il descendit de l'auto et transporta toutes les valises.

Les enfants, eux, se sont précipités dans leurs chambres pour retrouver leurs jouets. Moi, je retrouvais mes beaux meubles, mais sans joie, dans la tristesse et le sentiment d'un échec total.

L'interrogatoire

Je préparai du café et je rejoignis Marius à la table, dans la cuisine. Il était assis devant une pile de feuilles qu'il me tendit.

— Élisa, j'aimerais que tu répondes aux questions qui sont inscrites sur ces feuilles. Après, je te jure qu'on en reparlera plus jamais.

Il venait de me gifler. Je suis restée tellement surprise que j'ai failli laisser tomber les tasses de café sur le prélart de la cuisine. J'étais complètement abasourdie. Mes forces vitales s'étaient comme affaissées. Il y avait seulement quelques minutes que j'étais revenue à la maison et il recommençait. Cette fois, par écrit. C'était le comble. Il n'avait pas tenu compte de sa promesse, de la condition que je lui avais imposée. Il y avait là trente belles questions... toutes préparées. Dès ma rentrée à la maison, il allait m'obliger à passer son examen, ce questionnaire, qu'il avait préparé à mon intention, pour moi. J'étais encore la petite fille dominée qui devait se plier à lui, qui devait ramper devant sa force de mâle. Pourtant, lors de ses appels téléphoniques, pendant que j'étais chez Diane, avec les enfants, il n'avait pas eu cette attitude. Il montrait une facette plus positive. Il paraissait mieux intentionné. Comment avait-il eu le culot de m'accueillir ainsi?

— Tu m'avais promis que c'était fini, les questions. Tu avais dit qu'on ne reviendrait pas en arrière, mais qu'on recommencerait à neuf. C'est quoi cette feuille de papier?

J'avais la voix qui tremblait tellement que j'avais envie de pleurer. Lui, il ne disait rien, n'ajouta rien à ce que je venais de lui répliquer.

Il me tendit encore, en silence, ces maudites questions.

Alors, je décidai d'en finir une fois pour toutes. Il voulait la vérité, il allait avoir toute la vérité.

Il serait grandement déçu. Rien n'avait été plus monotone, ni plus clair dans ma vie. J'ai écrit comme une folle.

Non, je n'avais pas eu d'amant...

Non, je n'avais pas été infidèle...

Oui, je ne l'aimais plus... etc., etc.

Et j'ai répondu à toutes les questions. Et je lui ai tendu les réponses bien inscrites sur ses feuilles.

Sans le regarder, sans savoir si j'avais obtenu la note de passage pour son test écrit, je me rendis à ma chambre et me couchai.

Dans mon lit, j'avais décidé que j'allais repartir et

que ce n'était qu'une question de temps. J'avais fait une folie en revenant dans cette maison, en renouant avec cet homme.

Quelques minutes plus tard, après avoir lu les réponses, il vint me trouver à la chambre, toujours aussi insatisfait. Et il recommença :

— C'est-tu vrai que tu m'aimes pus? Je le sais, tu me mens. Tu es en amour avec un autre.

Son obsession était encore là. Elle était toujours aussi présente. Il était incorrigible, indomptable, toujours aussi incrédule. Il n'avait pas plus confiance en moi qu'avant. Je n'étais encore qu'une vulgaire menteuse, qui trichait, qui se payait sa tête, qui l'avait fait cocu avec un autre.

Je pensais que c'est ça qu'il voulait que j'aie, un amant, pour m'accuser, se donner bonne conscience. Il aurait ainsi eu des arguments, des raisons en sa faveur. Il pourrait me traîner dans la boue, me faire passer pour une mère « courailleuse ». Mais j'étais sans tache de ce côté. Et il revenait à la charge.

— Je viendrai ben qu'à savoir qui est dans ta vie. Je viendrai ben qu'à savoir la vérité.

Un autre départ

Je suis repartie vivre chez ma sœur avec mes enfants.

Je savais que ça allait être difficile. J'avais peur de tout perdre : la considération des gens, les amis, toute la sécurité que m'avait donnés mon statut de femme mariée. Je n'étais plus sûre de rien. Je savais seulement qu'entre Marius et moi, il n'y avait plus rien.

Tout était fini.

Je savais aussi que j'allais porter l'odieux de cette séparation. Tout serait de ma faute. Je me sentais coupable devant mes enfants. Ils aimaient leur père. Je ne savais pas comment concilier tout cela.

Marius était en plein délire. Il était tellement persuadé de la présence d'un autre homme dans ma vie qu'il me faisait surveiller constamment. Tout le monde était nerveux. J'aurais tellement voulu que mon mari comprenne que tout était pour le mieux ainsi; que nous pouvions tout de même avoir de bonnes relations pour nos enfants; que notre vie commune avait été une erreur.

Au lieu de cela, nous allions tomber dans un monde de querelles puériles qui nous rapporterait très peu, ni à l'un ni à l'autre.

Je savais si mal me défendre. Je me sentais si responsable et coupable de tout cela. J'avais été naïve de croire que tout serait réglé en ne faisant que m'éloigner de lui avec mes enfants et continuant ma vie autrement. Je n'avais pas prévu tous les problèmes, toutes les souffrances qui s'ajouteraient, qui s'accumuleraient. Et, malgré tout, je ne voulais pas revenir en arrière.

Marius me téléphonait encore sans arrêt. Son obsession était encore là, aussi présente qu'avant.

Il ne cessait de me répéter sa menace que « mon cher ami » était mon amant et qu'il finirait par avoir sa peau.

J'avais vu mon copain quelquefois. Il était devenu plus distant. Il n'était plus comme avant. Il savait que mon mari le détestait. J'étais responsable de sa réputation gâchée, de certains de ses problèmes. Il avait peur. Je me sentais si malheureuse.

Tout ce que j'avais touché dans ma vie avait causé des problèmes. Avec ce copain, ce fut la même chose. Tout, à mon contact, se salissait. Je ne me sentais pas capable de porter la responsabilité de cette relation. Ce copain, quand mon mari me téléphonait, était devenu un constant sujet de conversation. J'avais peur que Marius lui fasse un très mauvais parti pour de bon.

Je voulais le protéger. C'était le seul homme lumineux dans ma vie. Ma seule façon de le protéger était de retourner avec Marius.

La chaise musicale

J'étais dans une situation qui ressemblait au jeu de la chaise musicale, tellement les changements étaient rapides : départ, retour, départ, retour...

Tout était devenu embrouillé.

J'ai supplié Marius de me reprendre. J'ai dû lui dire que je m'étais trompée, que lui seul comptait dans ma vie; que je voulais reprendre à zéro, avec la meilleure des volontés du monde; que je l'aimais...

Et on reprit notre vie de couple.

Je me rendis vite compte, cependant, que, cette fois, je n'étais plus rien pour lui. Il avait le beau jeu. Il m'avait à sa merci. C'est moi qui avais quémandé qu'il me reprenne. Il avait les meilleures pièces du jeu d'échecs. Il pouvait m'attaquer à sa guise et sa défensive était impénétrable.

Je voulais jouer mes devoirs de femme dans un couple, mais je n'étais pas plus capable de l'approcher qu'avant. Il ne m'était plus possible d'avoir des relations sexuelles avec cet homme. Plus jamais il ne mettrait la main sur moi. C'était au-dessus de mes forces.

Marius ne fut pas dupe longtemps. Si ma présence lui appartenait, mon cœur et ma tête lui échappaient totalement. Et cela lui était devenu inacceptable. Il ne comprenait pas comment la petite Élisa pouvait lui échapper aussi facilement. Je ne pouvais plus sortir seule. Ma sœur Diane était bannie de ma maison. J'étais très malheureuse, au-delà de toute expression. J'étais devenue très tendue.

J'étais si stressée que je n'avais pas eu de règles depuis deux mois. Je passais mon temps à pleurer et à crier après les enfants. Alors je m'en voulais et je leur demandais pardon. Je ne savais pas ce que j'avais. Je me sentais très mal dans ma peau. Je n'avais plus le goût de rien, seulement l'envie de pleurer, de pleurer...

Parfois, je ne pouvais pratiquement plus contrôler mes nerfs et j'avais une grande douleur au ventre. Ma tête voulait exploser. Je devenais de plus en plus faible, vulnérable sur tout et sur rien, à la merci du moindre événement. Tout m'influençait, tout me dérangeait. J'étais en train de sombrer.

Le débordement

Un matin, après le départ de Jessie, je me sentis si mal que je crus que j'allais m'évanouir dans la cuisine. Je pris Jack avec moi et allai m'étendre sur mon lit.

Il fallait que je voie un médecin. Je n'étais plus capable d'avaler quoi que ce soit. Je ne comprenais plus mon corps. Je me sentais tellement mal. J'avais besoin d'aide.

Marius s'amena dans la chambre. Je croyais qu'il venait me porter secours, m'aider, me réconforter. Mais, au lieu de cela, il m'ordonna de me lever.

— Tu n'as pas d'affaire à passer la journée couchée. Il y a de la besogne dans la maison. Tu n'es qu'une paresseuse.

J'étais là, sur le lit, sans défense, presque morte. Et il continuait :

— Occupe-toi de Jack. Ce n'est pas dans le lit que tu vas faire tes devoirs de mère.

— Marius, laisse-moi me reposer une petite heure. Je n'en peux plus.

— Non, il n'en est pas question. Et il y a le dîner à préparer.

J'étais sur le bord de la crise de nerfs. C'était ça sa

compréhension. C'était ça son amour. Notre relation était rendue là. Il ne voulait rien comprendre. Lui, il pouvait se permettre d'être malade, de sortir, de boire, de revenir à l'heure de son choix, de faire tout ce qu'il voulait avec ses amis. Il pouvait aller à la pêche quand bon lui semblait. Il n'avait pas besoin de me demander la permission. Il était le boss. Il était l'homme. Il était l'autorité. Tout lui était permis. Tout lui était dû. Malade, en dépression, sans le minimum de mes forces physiques et mentales, je devais me lever, je devais obéir à ses ordres. Il aurait été capable, lui, cette journée-là, de vaquer aux petites occupations de la maison, pendant que se rechargeraient mes batteries. Mais non, j'étais la Noire, Élisa T., cette petite femme dominée et coincée comme dans un étau, sous l'emprise d'un homme sans cœur. S'il était le plus fort, le dominant, le plus intelligent, l'homme sans faille, le parfait, l'homme non responsable de la détérioration de notre vie de couple, pourquoi, ce matin-là, n'avait-il pas eu un brin de compréhension, un brin de tendresse, d'amour, ou, au moins, de pitié, envers cette femme diminuée et à bout?

J'allais mourir si je ne quittais pas cette maison, tout de suite et pour toujours.

Je ne pouvais plus supporter ça. Je n'en pouvais plus. Ma vie n'avait plus aucun sens. J'étais devenue, pour mon mari, une mauvaise mère. Je n'avais plus le goût de rien. Je ne pensais qu'à disparaître pour toujours de cette terre. Ma vie m'échappait. Pourtant, j'aimais la vie. Je voulais vivre heureuse, un point, c'est tout. Je n'en demandais pas plus. Je voulais la paix et une vie douce; une vie normale avec mes enfants, sans chicanes, sans crises, sans boisson, sans violence. Je désirais une vie comme tout le monde. Je n'étais plus capable d'arrêter de pleurer.

Le départ définitif

Je mis quelques vêtements dans un sac et je téléphonai à ma sœur Diane.

Je lui annonçai qu'on allait revenir.

C'était la troisième fois. Diane refusa de nous reprendre. Elle ne voulait pas revivre tout ce stress. Elle ne voulait pas endurer de nouveau les fréquents coups de téléphone de Marius. En plus, elle venait de se faire un nouvel amoureux et avait besoin de sa vie privée pour le recevoir à son logement. Ce ne fut donc plus possible qu'on s'installe chez elle.

Je me demandai ce que je ferais, sans argent, sans travail, sans personne pour m'aider. J'étais dans la désolation la plus totale, désespérée. Mais il fallait que je parte, que je réorganise ma vie. Je décidai de partir, seule, et de lui laisser les enfants pendant quelques jours, le temps de me trouver un logement et du travail. Je ne pouvais amener les enfants avec moi. Je n'avais que quelques dollars en poche. Je ne pouvais pas mettre mes deux petits dans la misère juste pour dire qu'ils seraient à mes côtés. Il m'aurait fallu subvenir à leurs besoins.

Marius était sorti de la maison. Au retour, il vit mon sac de linge. Je lui expliquai ma décision. Cette fois, elle était irrévocable. Il m'apostropha :

— J'espère que t'as bien réfléchi. Car, si tu changes d'idée encore une fois, tu t'en mordras les pouces. Il va être trop tard. Je ne te reprendrai plus.

Il accepta de garder les enfants pour quelques jours, trois semaines, tout au plus.

En tout cas, une chose était sûre, j'allais me trouver un appartement et je viendrais chercher mes enfants, au plus tôt. Il avait accepté de garder les enfants, pour m'aider. Il avait accepté cette entente. Je pourrais donc revenir prendre mes enfants dans quelques semaines, il me l'avait promis. Pour une fois, il avait compris. Je me sentais mieux et les enfants étaient en sécurité, pour l'instant. J'avais déjà hâte à ce jour où je viendrais chercher Jessie et Jack. On repartirait à neuf. Cette fois, nous serions heureux pour de bon. Jessie avait compris que je partais. Elle voulait venir avec moi, me suppliait et pleurait. Quant à Jack, en voyant sa sœur pleurer, il fit de même.

— Ne pleurez pas, mes petits! Maman va revenir vous chercher bientôt, dès que j'aurai trouvé une nouvelle maison. On sera heureux et on va rire tout le temps. Pleurez pas, je vous aime tellement.

Je les serrai fort, très fort, dans mes bras, et les embrassai. J'avais les yeux pleins de larmes, moi aussi. J'étais si malheureuse de voir ces deux petits enfants avoir un tel chagrin par ma faute. Je trouvais que la vie était trop dure, trop imparfaite, pour nous séparer ainsi, même pour quelques jours. Je partais avec rien, seulement ma volonté de réussir ma vie, comme tout le monde. J'étais morte d'inquiétude.

Marius, après le dîner, vint me conduire au restaurant. Nous nous sommes dit adieu pendant que Jack, dans la voiture, hurlait de peine, devant ce déchirement. J'avais le cœur arraché. Je poussai la porte du restaurant, en pleurant. Je commandai un café et m'allumai une cigarette pour empêcher mes mains de trembler.

Ma nouvelle vie commençait et je n'étais devant rien, moins que rien.

Pour poursuivre mon chemin, j'avais dû briser le cœur de mes enfants. Je me sentais tellement impuissante, tellement ignorante, tellement seule. Je ne savais pas par où commencer. Je ne savais pas où chercher. Je me suis trouvée une petite chambre et me mis en quête de travail.

Les jobs se faisaient très rares. J'étais sans le sou pour subvenir à mes besoins. Et je m'ennuyais énormément de mes deux enfants. Je ne voyais pas comment et quand j'allais pouvoir les reprendre. Je me sentais dans une sorte de piège. Je n'avais aucun moyen d'imaginer ce que serait ma vie, encore moins la solution pour me sortir de cette pénible situation.

Tout était noir. Je broyais constamment du noir. J'avais dû rencontrer un médecin. Il m'avait prescrit du calme et du repos. J'étais à bout. Mais je ne pouvais pas m'arrêter. Je n'avais pas les moyens de me reposer.

L'idée ou l'éventualité de perdre mes enfants me hantait.

Ils étaient mon unique raison de vivre. Après la première semaine, Marius est venu avec les deux enfants et il me les a laissés pour une journée. J'étais tellement contente. Nous nous sommes longuement amusés. On a ri, on a pleuré, on a parlé.

J'aurais voulu leur donner la lune, mais j'étais dans une petite chambre. Il fallait être discret, ne pas crier, ne pas faire de bruit, de peur de réveiller les autres personnes qui dormaient dans les chambres voisines. Je me sentais malhabile. J'avais tellement pensé à cette journée des retrouvailles, avec mes enfants, que j'allais la gâcher. On ne pouvait aller dehors. Il pleuvait. La chambre était le refuge.

Marius revint. Il voulait me parler, avait quelque chose à me dire, « en adulte », pour régler certains détails de notre séparation.

Mais, bien vite, on s'est mis à ressasser notre vie en commun, les mêmes vieilles haines, les mêmes désillusions, les mêmes mensonges...

Furieux, il se leva et quitta ma chambre, avec les deux enfants. Il avait même refusé que j'aille à la maison pour prendre mes vêtements d'hiver. Il m'avait dit que j'étais partie de moi-même, que je n'avais plus d'affaire à la maison, que je devais assumer personnellement mon geste. Il me lança :

— C'est moi, Élisa T., qui ai payé ces vêtements, et maintenant, ils m'appartiennent.

J'étais découragée. Il commençait à faire froid et je n'avais que des vêtements très légers. Je ne voyais pas, non plus, le moment où j'aurais un salaire. Le peu d'argent que j'avais servait à payer ma nourriture et la chambre.

La vie, seule

Malgré tout, j'étais déterminée à demander le divorce.

Comment? Je ne le savais pas.

Les jours se succédaient et j'étais toujours dans le même marasme. J'avais un tel mal de mes enfants que je me surpris à rôder autour de l'école de Jessie.

Un jour, sur l'heure du midi, je l'ai aperçue qui descendait de l'autobus scolaire. Elle me vit et courut vers moi.

Je l'ai prise dans mes bras. Je voulais la serrer très fort contre moi pour savourer ce beau moment, cette minute de présence. Elle était ma belle poupée d'amour, ma belle petite fille, ma chérie. Je touchais ses cheveux, son visage. Je la serrais, encore et encore. Elle pleurait.

— Pourquoi, maman, tu ne reviens pas à la maison, avec nous? C'est pas pareil quand tu n'es pas là. Papa passe son temps à pleurer et il dit que c'est de ta faute, que c'est toi qui le fais pleurer.

Mon Dieu! Pourquoi était-ce aussi difficile?

J'essayai de lui expliquer que son père et moi, on ne s'aimait plus, que c'était mieux comme ça.

— Je veux rester avec toi. Amène-moi.

Je lui répondis que c'était impossible pour le moment, qu'il fallait qu'elle reste avec son père.

— Bientôt, j'irai te chercher avec Jack, je te le promets, Jessie.

Je demandai de l'aide à Dieu. Je voulais retrouver mes enfants, mais j'étais de moins en moins certaine d'en être capable. La haine de Marius pour moi, son ressentiment étaient tels qu'il était bien capable de me faire payer ma « trahison ». Je commençais à avoir peur de lui, de ce qu'il allait faire. Il était instruit et débrouillard. Il pourrait jouer avec la Loi pour garder les enfants. Moi, je ne connaissais rien.

La moindre démarche me semblait une montagne. Il avait une famille pour l'épauler, et qui me détestait pour le déshonneur que je leur faisais vivre. Cette famille m'avait aimée jusqu'à la première séparation, mais ensuite, tout s'était gâté avec elle au même rythme qu'avec Marius. Moi, j'étais toute seule, démunie, pas attirante, même pour mes propres enfants. Avec moi, allaient-ils regretter le confort qu'ils avaient avec leur père?

Je me sentais écrasée et impuissante devant le chagrin de Jessie. Et tellement, tellement coupable. Devant ses questions embarrassantes, j'avais baissé la tête.

Elle me quitta. Notre rencontre n'avait duré que quelques minutes. Je la regardais s'éloigner, la gorge nouée, si jolie, si triste, si minuscule encore. Je la voyais au milieu de ses jeunes camarades, dans la cour de l'école, ce petit bout de femme qui m'envoyait tristement la main. J'avais l'impression que je ne la reverrais plus jamais.

De retour à la chambre, je me suis étendue sur le lit et j'ai longuement pleuré. J'ai vidé mon corps de toutes les larmes qu'il pouvait produire. Je souffrais énormément. Je regrettais mon geste. J'aurais dû rester chez nous pour mes enfants. J'aurais dû me sacrifier pour eux, faire semblant que Marius n'existait pas. Mais il était trop tard. Je ne pouvais plus revenir en arrière. Il fallait que j'avance, que je prenne le temps

de retrouver ma confiance en la vie. C'était très difficile car j'étais toujours négative.

**

Quelques jours plus tard, au début de la nuit, alors
que je dormais, on frappa à ma porte. C'était Marius.

Il voulait me parler. C'était urgent. Il était une heure
et trente. Je me hâtai rapidement de mettre ma robe de
chambre. J'avais peur qu'il soit arrivé quelque chose
aux enfants. Oh! non, pas ça, mon Dieu! J'espérais
qu'il ne vienne pas m'annoncer ce type de mauvaise
nouvelle.

Je lui ouvris la porte et pus me rendre compte que
Jessie et Jack attendaient dans l'auto. Il avait dû sortir
les deux petits de leur sommeil pour les amener avec
lui.

— Es-tu malade, avec les enfants, à cette heure et
il fait froid dehors.

— Fais-toé-z'en pas, le char vire.

— Envoye, dis-le, c'est quoi. Il est arrivé quelque
chose aux enfants?

— Non, eux, ils vont très bien. Ne te casse pas la
tête.

— Pourquoi les as-tu laissés dans l'auto, t'aurais
pu les faire entrer?

— Non, c'est impossible. Je ne veux pas qu'ils
entendent ce que je vais te dire.

— Alors, c'est quoi?

— Je suis venu t'annoncer que j'ai décidé de garder
les enfants. Je vais en demander la garde, officiellement.
Et si tu les veux, tu devras te battre et venir en cour.

— Oh! non, ça se passera pas comme ça. Tu n'as
pas le droit de me faire ça. Tu m'avais promis que je
pourrais reprendre les enfants sitôt que j'aurais du travail et un logement.

Il ne prit même plus le temps pour continuer à discuter. Il ne voulait même plus m'écouter. Il sortit de ma chambre et repartit avec les enfants qui l'attendaient dans l'auto. Il était presque deux heures de la nuit.

Au bord de la folie

Jamais je n'avais vécu un tel choc. Cette fois, je deviendrais folle.

Ce qu'il venait de dire était inacceptable. À cette minute où il sortit de ma chambre, je le haïssais tellement que j'aurais pu le tuer si j'avais eu quelque chose dans les mains pour le faire. J'étais effondrée, dans le précipice.

J'avais si mal à organiser ma vie sans qu'il cloue davantage mon cercueil.

Je ne connaissais rien de la Loi. Comment allais-je m'en sortir?

J'allai à l'assistance sociale. On me remit des formules à remplir. Je dus demander de l'aide pour m'acquitter de cette tâche. Comment allais-je faire pour me défendre? Je ne savais même pas par où commencer.

Je haïssais cet homme pour ce qu'il me faisait vivre.

Il m'avait pourtant promis.

Je le maudissais. J'avais envie d'aller le frapper, à coups de poing. J'avais envie de lui faire mal. Plus je l'avais supplié de ne pas me faire ça, plus il m'avait regardé de haut. Plus il était devenu méprisant. J'aurais crié de rage et de désespoir. Pourquoi? Pourquoi m'avait-il fait ça? Il m'avait écrasée, une fois pour toutes, pour que je ne puisse plus jamais me relever. En gardant les enfants, il savait qu'il avait frappé au bon endroit.

Dans mon affolement, ma folie, mon ignorance, ma gêne, je devenais incapable de demander une consultation à un avocat.

Mais je devais me défendre. Je ne pourrais jamais vivre sans mes enfants. J'ai demandé à ma sœur Diane de m'aider.

Je me suis donc accrochée à l'amour de mes enfants. Je les aimais et je savais qu'eux aussi, ils m'aimaient. Je pris mon courage à deux mains... et l'annuaire téléphonique.

Enfin, je pus me trouver un avocat pour me défendre, pour faire respecter mes droits, pour me sortir de cette injustice dans laquelle m'avait plongée cet homme sans cœur que je détestais.

L'avocat

J'obtins un rendez-vous.

Le moment venu, j'allai rencontrer cet avocat, en compagnie de ma sœur.

Son bureau était grand, chic. On y trouvait de beaux meubles, un tapis épais, très épais. J'étais gênée seulement à marcher sur ce tapis. Je n'osais pas m'asseoir.

L'avocat était un gros monsieur. Il avait l'air très occupé : pas moins d'une dizaine d'appels téléphoniques pendant que nous étions là. J'étais si impressionnée que j'avais la certitude que je le dérangeais. J'ai failli m'enfuir, à un certain moment. Seule la pensée de mes enfants m'avait tenue vissée là, sur ma chaise. Il parlait d'un ton coupant. Je le trouvais beau mais bête comme ses deux pieds.

J'essayai néanmoins de lui expliquer la situation. Il m'interrompait sans arrêt. Et moi, confuse, je m'embrouillais de plus en plus dans mes explications. J'étais assise en face de lui, nerveuse, tellement que je ne cessais pas de trembler et de me ronger les ongles. J'avais vraiment l'impression qu'il me trouvait désagréable. J'étais mal habillée et parlais avec des mots trop simples. Dans ce beau bureau, j'avais l'air pauvre et une apparence miteuse. Il me coupait l'inspiration, me faisait perdre le déroulement de ma pensée. Il avait le don de me mêler et je comprenais mal ce qu'il me demandait.

Une chance que ma sœur Diane était là pour traduire.

On ne resta pas longtemps : aussi vite entrées, aussi vite sorties. Il m'avait expédiée comme une tâche désagréable.

Pourtant, cette rencontre était importante. J'avais mis ma vie, mon avenir, entre ses mains. J'aurais voulu qu'il comprenne l'importance de mes enfants dans ma vie. J'avais voulu le convaincre que j'étais la meilleure, la plus aimante des mères de toute la terre. Au lieu de cela, j'avais lamentablement bafouillé.

J'étais maintenant persuadée que tout était perdu.

Marius était tellement plus habile que moi dans ces jeux-là. Il était instruit. Il s'exprimait bien. Il était beau et se présentait bien. Je me sentais si petite, si nerveuse. Je tremblais pour un rien et la moindre parole me demandait un effort terrible. Plus j'essayais de m'expliquer, plus je voulais être claire, plus j'avais l'impression de mêler davantage les cartes. Je n'avais aucune chance contre lui.

Si j'avais pu, je me serais traînée à ses pieds pour qu'il me reprenne, pour ne pas perdre mes enfants. Mais la haine entre nous était devenue tellement forte que plus rien ne pourrait nous rapprocher.

Il savait bien qu'il pouvait me détruire. Il avait trouvé le bon moyen avec les enfants. J'étais prête à subir toutes les humiliations pour qu'il me laisse les deux petits. Seulement à penser ce que serait ma vie sans mes enfants, je devenais complètement affolée. J'étais réduite à une ombre, un ver de terre, une ignorante, une femme indigne, qui n'a plus droit de s'occuper de ses deux enfants. Il ne cessait de me montrer son mépris, à chaque occasion que cela lui était possible; de me considérer comme une fille facile, seule- ment capable de baisser sa culotte devant tous les hom- mes. Tout cela me rendait malade de honte, de tris- tesse, de peur. J'étais seule, découragée.

Et parce que j'étais à la dernière limite, parce que je me défendais comme une lionne affolée, nous nous sommes mis à nous déchirer, lamentablement.

J'avais dû blesser terriblement mon mari, en par- tant et en le mettant dans cette situation mal vue dans sa famille et dans notre entourage. J'avais abîmé son image d'homme fort, séduisant. J'étais son bien, sa chose, sa possession. J'étais sa femme, je lui apparte- nais. Ma place était donc auprès de lui. Si quelqu'un avait dû partir, ç'aurait dû être lui et non pas moi. J'avais inversé l'ordre des choses.

Je me demandais si j'avais été correcte avec lui. Il m'avait sûrement aimée au cours de toutes ces an- nées, mais il ne restait plus rien : seulement une fré- nésie de destruction. Partant du fait que l'amour est l'envers de la haine, il avait dû m'adorer. J'imagine que, maintenant, il devait croire que le simple fait de demander la garde des enfants allait me détruire, me faire ramper, me réduire en poussière. Il tenait sa vengeance entre ses mains. Il la tenait bien. Mais j'en avais vu d'autres.

Je n'étais pas seule en cause. Je voulais mes en- fants. Lui, il aurait toutes les chances de refaire sa vie. Moi, je n'avais qu'eux. Ils étaient ma seule raison de vivre. Il n'avait jamais pensé que je pourrais me dé- fendre aussi désespérément.

Ma réaction, au lieu de lui inspirer le respect, avait fouetté son instinct de batailleur. Il s'était attendu à ce que je me laisse faire, à ce que j'écrase, je pleure et je plie. Pour lui, je n'étais pas de taille. Chaque fois que nous nous rencontrions, je voyais l'éclat de la haine s'allumer dans ses yeux; je voyais la petite lumière du guerrier qui sait que son armée est la plus forte et le demeurera, advienne que pourra.

Je voyais bien qu'il jouait avec moi, comme le chat avec la souris. Je ne comprenais rien. Je réagissais en furie et tombais dans le panneau de chacune de ses provocations. Je tombais dans ses pièges, tête première, essuyant les pires blessures. Lui, il sortait de là, intact.

Je n'avais pas le sens du combat, seulement l'instinct de survie : ce n'était pas assez, malheureusement, pour pouvoir gagner mes petits.

Comme une enfant, je me précipitais, les poings en avant, et quand les coups commençaient à pleuvoir, je me roulais en boule, les bras autour de la tête pour me protéger. J'étais naïve et désespérée. Je pensais que je pourrais tenir le coup, que le cauchemar allait se terminer. J'aurais donné n'importe quoi pour tenir mes enfants dans mes bras. J'aurais tellement voulu retourner en arrière. Quand je me mettais à réfléchir à tout ça, je paniquais. Je ne voyais aucune issue possible. Mais je devais tenir bon, je devais...

Je savais que Marius aimait autant les enfants que moi. La bataille allait être dure et très difficile. Mes enfants aimaient autant leur père que moi. Pour eux, c'était impossible de faire un choix. Ils étaient encore trop jeunes pour décider. Ils n'auraient pas su choisir, de peur de faire de la peine à l'un ou à l'autre.

Je trouvais la vie injuste, totalement injuste. Je pensais souvent à la mort. Sans mes enfants, il n'y avait plus de vie possible. Je ne pourrais supporter une telle souffrance. Je perdais ma raison de vivre. J'étais dans un état lamentable, de demi-cauchemar.

Je vivais ainsi depuis plusieurs semaines. Je passais mes journées à essayer de me trouver un travail.

Un jour, je fus embauchée, temporairement. Cela me redonna un peu le goût de me battre, de vivre. Pour moi, gagner de l'argent, c'était une condition pour reprendre mes enfants.

Marius, au début, refusait de m'aider pour la moindre petite chose. Nous étions loin l'un de l'autre. Il m'avait fallu habiter une ville voisine. Notre ville était trop petite. Il fallait se sauver des regards réprobateurs. Tout le monde se connaissait dans ce milieu où j'avais toujours vécu.

De temps en temps, il me permettait de voir mes enfants, comme si j'avais besoin d'une permission pour un droit qui était acquis : c'était mes enfants. Je les avais mis au monde, avec mes énergies, mon corps, mes souffrances. Ses permissions coïncidaient avec des situations impossibles : je travaillais ou je n'avais pas d'argent pour payer un taxi ou même l'essence nécessaire pour les amener chez moi. Pour voir mes enfants, je devais toujours aller les chercher chez lui, à environ trente kilomètres. C'était l'enfer chaque fois.

J'avais le cœur tordu de peine et je me débattais comme une folle pour trouver une solution. Quand ce n'était pas possible d'aller chercher mes enfants, je me cachais dans ma chambre pour pleurer.

Mais quand je pouvais les tenir dans mes bras, c'était la fête.

Je dépensais tout ce que j'avais ramassé pour leur acheter des gâteaux, du chocolat, de la « liqueur » ou des chips. Je les amenais jouer aux quilles. Cela me faisait oublier les chagrins pendant quelques heures. J'étais tellement contente. Je leur parlais de ce que serait notre vie. Les enfants me donnaient leur avis, des trucs sur la façon dont on vivrait ensemble.

Comme nous serions heureux, nous trois!

Je leur disais : « Soyez patients, mes enfants, maman prépare notre nouvelle vie. »

Chapitre 9

Des fleurs sur la neige

Une signature aveugle

Un jour, je reçus un coup de téléphone de Marius. Je vivais chez ma sœur, Diane, dans la ville voisine. Il voulait me voir pour quelque chose de très important. Je lui dis qu'on pourrait se rencontrer, l'après-midi, tout près de sa résidence, puisque j'avais des cours de poterie à suivre.

Je savais qu'il amènerait les enfants avec lui. Je pourrais ainsi les voir un peu. J'étais peu curieuse de savoir ce que Marius avait à me révéler. Pour moi, c'était une occasion pour embrasser mes petits. Je n'osais croire qu'un jour nous pourrions avoir des relations normales, sans chantage, sans violence. J'imaginais naïvement que tout finirait par se tasser, qu'il finirait par se fatiguer.

Il vint au local de la poterie. Je dus sortir pour le rencontrer à l'auto. Les enfants étaient tous deux à l'intérieur. Tout ce qui m'intéressait, c'était de les prendre dans mes bras. Il ne voulut pas et me dit sèchement :

— J'ai rendez-vous avec un éditeur. Je pense que ça va faire une bonne histoire.

— Ce n'est pas une histoire, c'est ma vie.

— Je voudrais que tu te rappelles que c'est moi qui ai vu le premier que cela pourrait faire un livre. Si l'éditeur veut publier ce que t'as écrit, je voudrais qu'on partage les profits moitié-moitié.

Il avait mon histoire dans la tête. Il voulait en faire

231

un livre. Jamais personne ne s'intéresserait à la vie d'une fille comme moi. Il était tout à fait fou de vouloir aller plus loin avec ce manuscrit.

Je voulais garder mon calme. Tout allait bien de ce côté. Je voyais, à l'intérieur, Jessie me faire des petits signes et Jack qui m'envoyait des baisers. Ils étaient mes amours. Je mis la main sur la poignée de la portière de l'auto pour rejoindre mes deux enfants. Marius était nerveux, pressé.

— Minute, Élisa! M'as-tu bien compris? Je veux la moitié des bénéfices du livre. C'est moé qui ai découvert ton livre. J'y ai travaillé des jours et des nuits pour le réécrire, tellement que j'en ai mal aux doigts.

Je sentais qu'il avait préparé quelque chose. Pour lui, ce n'était pas important que j'embrasse mes enfants. Il pensait à lui. Il voulait en finir au plus vite avec ce qu'il avait dans la tête. Et il continuait :

— Ce sera grâce à moé si on réussit à vendre le livre.

Il avait un bout de feuille de papier. Il voulait que je signe au bas d'un texte qu'il avait préparé ou qu'il avait fait préparer par quelqu'un d'autre. Il devait être sûr de ce texte et de son importance. En plus, il n'était pas venu seul. Il avait une femme avec lui, pour la faire signer, elle aussi, mais comme témoin.

J'étais hésitante. Je ne savais pas quoi faire. J'avais peur qu'il me fasse une crise. Je devins très nerveuse.

Et je signai cette feuille, sans en connaître vraiment la portée.

J'avais signé pour m'en débarrasser, pour qu'il me laisse enfin tranquille.

J'essayai à nouveau de parler avec mes deux enfants. J'avais le cœur si gros, si triste. Je ne pus que les embrasser rapidement. Il était devenu pressé. Il fallait qu'il parte au plus vite.

Je n'eus pas de remords à signer son papier. J'étais

convaincue que mon manuscrit ne le mènerait nulle part et que jamais personne ne voudrait l'éditer, encore moins le lire.

Mon erreur

J'aurais voulu qu'il m'efface de sa vie, à tout jamais, et qu'il recommence avec une autre femme, digne de lui.

Je me sentais coupable et malheureuse d'avoir fait tant de mal à cet homme et, surtout, à mes enfants. J'aurais voulu qu'il me pardonne et qu'il me laisse aller. Notre séparation, je n'y pouvais plus rien. Nous ne pouvions plus vivre ensemble. C'était un amour impossible. J'aurais dû comprendre cela dès le début de mon union avec lui, avant que les enfants arrivent. Je me sentais coupable d'avoir cru en cet amour qui n'existait pas, qui n'existait que dans mon ardent désir d'avoir un amoureux, un mari, et que ce mari soit le plus beau, le plus adorable, le plus adoré, sur écran géant. Je me suis piégée par excès de romantisme, par ignorance, par enfance prolongée.

Nous n'avions jamais rien eu en commun, jamais rien, sauf... les enfants.

Je me voyais comme la seule responsable de ce gâchis : c'est moi qui lui avais demandé de m'épouser, ce qui a fait de nous un mari et une épouse. Maintenant, la haine s'était installée entre nous deux. Il n'y avait plus rien de tendre, rien de doux, aucun souvenir positif, sauf du ressentiment et de l'orgueil.

J'étais retombée dans la peur, peur de lui. J'étais en pleine crise. J'étais comme un oiseau fou au milieu de la tempête, ne sachant où voler, ni même comment voler. Je me cognais partout. J'étais complètement affolée, incapable d'accomplir les moindres gestes quotidiens. Même manger ne me disait plus rien.

Je me cramponnais, de crainte de devenir folle.

Mon bateau coulait lentement. Il y avait maintenant trop de brèches. Je me sentais aller vers le fond de ma vie. Tout m'échappait.

Tout ce que je voulais, c'était de vivre normalement, une vie simple, sans boisson, sans violence, sans engueulade. Mais j'avais enclenché inconsciemment une bataille sans fin pour laquelle je n'avais jamais été préparée.

Un autre interrogatoire

Peu après avoir signé ce papier qui donnerait à Marius la moitié des droits d'auteur advenant la publication d'un livre, je reçus un avis de convocation du Bureau de service d'expertise psychosociale, d'une femme du nom de Lachance.

C'était important. Je me suis donc présentée à l'endroit et à l'heure prévus. Dans la salle d'attente, je me suis retrouvée devant Marius.

Un Marius très doux, très calme. Il me sourit. Il était de bonne humeur. Il expliquait cette rencontre pour le bien des enfants. C'était, disait-il, « pour trouver le parent le plus apte à s'occuper d'eux ».

Nous attendions de passer l'entrevue. Pendant ce temps, je fumais. J'étais nerveuse. Finalement, on vint nous chercher. On entra dans le bureau, ensemble.

Ce fut long. On a dû raconter nos vies, ou presque, parler de nos mésententes, dire les raisons de notre séparation, chacun faisant valoir son point de vue.

Au fur et à mesure de l'interrogatoire, je sentais que j'allais devoir porter la responsabilité de la séparation, l'odieux de la situation. J'essayais d'expliquer, de me disculper. Mais je n'y arrivais pas. Je ne faisais que me lamenter et accuser Marius de tout et de rien. Je ressemblais à une femme frustrée. J'offrais l'image d'une femme insatisfaite, au passé difficile. Marius, lui, venait d'une bonne famille. Il semblait équilibré et sensible. Et je n'avais qu'un travail à mi-temps, et pas tellement d'éducation.

Je ne pouvais rien faire devant lui et cette dame pour améliorer mon image. Plus je parlais, pire c'était. J'étais une femme fragile, instable, sans le sou.

Oui, j'avais un job à mi-temps.

Oui, j'avais été une enfant battue.

Oui, j'étais nerveuse.

Mais ils ne voulaient pas comprendre.

J'adorais mes enfants.

Je ne buvais pas.

Je n'avais pas d'amant.

Je n'étais pas capable de faire tous les devoirs de ma fille, mais je l'aimais.

Je sentais déjà que je serais la perdante. J'essayais bien de garder espoir, mais j'avais une boule dans la gorge qui voulait m'étouffer.

Ils étaient très dérangés par ma situation.

Je venais d'une famille où l'on battait les enfants.

— Madame, est-ce que vous perdez patience avec eux?

— Madame, avez-vous déjà levé la main sur vos enfants?

Non, je ne les battais pas.

— Vous, monsieur, avez-vous un emploi stable?

— Vous, monsieur, avez-vous déjà quitté votre épouse ou voulu le faire?

Monsieur avait un emploi stable. Monsieur ne m'avait pas quittée. Il n'avait pas voulu le faire. Il m'aimait.

Moi, je l'avais quitté. J'étais la responsable.

Je ne pouvais battre mes enfants. J'avais si souffert de cela avec ma mère. Jamais je n'aurais pu. Mais, quand je me sentais mal, quand il n'était pas à la maison, qu'il sortait, qu'il buvait, qu'il était à la pêche, qu'il fréquentait ses amis, qu'il chialait parce que ça coûtait cher et qu'on manquait d'argent, quand il me considérait comme son jouet, dans ce temps-là, je devenais anxieuse, nerveuse... et... je criais après mes enfants parce que je devenais impatiente, parce que j'étais malheureuse, sans bonheur avec cet homme.

Avec cet interrogatoire, je me voyais comme un monstre; ou plutôt eux me faisaient voir une telle image de moi-même.

Je n'étais plus sûre de rien. Je voulais leur prouver que je n'étais pas comme ma mère, que jamais je ne pourrais être comme ma mère, que jamais je ne serais un monstre.

Mon enfance se retournait contre moi. Marius la connaissait maintenant, depuis la lecture de mon manuscrit. Il exploitait ça à sa façon, en sa faveur, pour que je porte tout l'odieux de la séparation.

Lui, il jouait à la victime. On se range toujours du côté de la victime, dans ces cas-là. Il montrait l'image de l'homme amoureux que l'épouse a quitté.

Il m'aimait toujours. Il m'avait toujours aimé. Il n'avait jamais voulu que je parte. Il avait permis, deux fois, que je revienne à la maison, après deux escapades avec les enfants.

Il semblait ému, triste. Il affirmait avoir toujours voulu être mon ami; que ce sentiment avait remplacé l'amour entre nous. Il avait voulu me protéger et me faire oublier mon enfance terrible.

Il arrêtait de parler, de temps en temps, pour prendre une gorgée d'eau. Puis, il recommençait.

Moi, j'avais mal au cœur. Je me sentais rapetisser sur ma chaise. On avait réussi à m'humilier, à me faire voir comme la perdante, la responsable; comme une femme indigne et incapable...

L'éditeur

Il ne me restait plus qu'à espérer et à attendre. Je ne savais vraiment plus ce qui allait arriver avec mes enfants. Je n'étais plus certaine qu'on me confie leur garde. Je pensais beaucoup à cela et je me torturais.

Marius trouvait toujours le moyen de tourner le fer dans la plaie. Il continuait à me téléphoner, me parlant de sa grande logique et répétant qu'il allait gagner ce procès pour la garde des enfants. Il revenait toujours avec les mêmes arguments : moi, j'étais l'ignorante, la niaiseuse; lui, le bien éduqué, le bon garçon issu d'une bonne famille.

Je raccrochais en pleurant et en me persuadant que Dieu ne pouvait me faire un coup pareil, soit celui de m'enlever mes enfants. Et je priais comme une forcenée pour m'assurer la compréhension de ceux qui allaient jouer le sort de ma vie.

Entre mon doute, mes incertitudes et les interventions de mon mari, il y avait la vie journalière : elle ressemblait de plus en plus à un cauchemar.

C'est à cette période que je reçus un appel téléphonique de l'éditeur à qui Marius avait remis mon histoire. Il voulait me rencontrer et pouvoir examiner le manuscrit original écrit par moi. Il me mentionna également qu'il voulait traiter toute cette affaire directement avec moi, car un témoignage de cette ampleur, me disait-il, ne pouvait se traiter avec une autre personne que l'auteure elle-même. J'étais tellement gênée en pensant que cet homme, un pur inconnu, avait lu ma vie. Il connaissait maintenant mon histoire la plus secrète.

J'ai dû négocier avec Marius pour reprendre mon journal intime et l'envoyer à l'éditeur. Il l'avait encore en sa possession. Il me répondit qu'il s'occuperait lui-même de cela et qu'il se chargerait de l'envoyer directement à l'éditeur.

Le coup de téléphone de l'éditeur avait changé radicalement mes rapports avec Marius. Il se montrait maintenant plein de gentillesse et de compréhension.

Il était devenu plus conciliant depuis qu'il était question de faire un livre avec mon histoire. Il me donnait les enfants plus souvent et s'offrait même à venir les reconduire, me laissant leur parler au téléphone.

Mais le procès s'en venait et j'étais très nerveuse. La question du divorce me préoccupait beaucoup plus que ce livre. Et quand j'y pensais, je me sentais très gênée, parce que tout le monde allait connaître toute mon enfance et ce qui se passait dans notre famille. Quand même, je profitai de cette accalmie que le projet du livre me procurait. Après, on verrait bien.

Marius voulait me conseiller dans toute cette histoire. Il ne me trouvait pas assez débrouillarde pour aller plus loin avec le projet.

Un soir, l'éditeur me téléphona pour me fixer un rendez-vous chez lui, afin de régler les derniers détails. Marius voulut m'y conduire, mais je refusai. J'y allai avec Sylvie. Avec elle, je me sentirais moins fragile, moins perdue. Nous avons eu du mal à trouver la maison de l'éditeur. C'était dans un rang, à une quinzaine de kilomètres d'une petite municipalité. Sur le chemin du rendez-vous, je fis preuve d'impatience. Plusieurs fois, je voulus qu'on revienne à la maison.

Finalement, nous avons trouvé la belle et grande maison, dans un coin enchanteur, isolé. J'étais intimidée à la pensée d'entrer dans une maison si confortable. J'étais surtout mal à l'aise de me retrouver en face de l'éditeur, un homme que je n'avais jamais vu de ma vie. Je me trouvai face à face avec lui : il n'était pas grand et ses yeux vifs me transperçaient jusqu'au cœur.

Assise dans le salon, je ne pouvais m'empêcher de regarder partout. J'étais curieuse et impressionnée. Il y avait des livres partout, un énorme foyer en pierre, beaucoup de plantes et des enfants joyeux, aux cheveux couleur du soleil couchant. Je sentais la tranquillité dans ce lieu, la paix. C'était très propre. Tout était bien rangé. Rien ne traînait. Je me sentais une vraie étrangère. Il me servit le café. Je faisais attention de ne pas le renverser dans ma soucoupe, comme cela m'arrivait souvent. Mes mains étaient moites et tremblantes. Ma sœur et son mari avaient l'air aussi mal à l'aise que moi.

Nous avons longuement parlé de l'histoire d'Élisa T. Il me posait beaucoup de questions sur les faits racontés et sur l'écriture. Je ne savais pas comment lui expliquer que j'avais tout écrit cela pour me défouler, à la suite des conseils d'une amie. Je n'avais pas voulu écrire un livre, mais libérer mon cœur et ma tête de quelque chose de terrible qui était en train de me faire mourir.

Je fus agréablement surprise qu'il me considère comme une auteure, même si je n'avais pas d'instruction, même si je faisais beaucoup de fautes, même si j'avais de nombreuses phrases boiteuses ou difficiles à comprendre.

Le contrat

Et nous avons parlé d'un projet de contrat. Je devins essoufflée. Je ne parvenais pas à lire ce papier rempli de mots à vingt piastres. Je devais l'emporter et consulter quelqu'un qui pourrait m'aider à comprendre tout ça. La seule personne qui m'est venue à l'idée, c'était Marius : il était instruit et comprenait ce genre de jargon.

J'en parlai donc à Marius. Il se montra très fier de me conseiller. Et j'étais tout à fait d'accord. Quand nous avions à en discuter, il amenait les enfants avec lui et nous passions de bons moments ensemble. Il était gentil.

Pendant qu'il consultait, étudiait le projet de contrat, moi, je jouais avec mes enfants. Ils me procuraient un grand bonheur. Ils se serraient contre moi. Je pouvais les embrasser, les cajoler. Je les regardais, et les larmes me coulaient sur les joues. Ils avaient terriblement changé. Je ne pouvais croire qu'ils avaient vécu si longtemps sans moi. Je regrettais tellement de les avoir laissés.

Si je les avais amenés avec moi, ils n'auraient jamais été tant déchirés par l'absence de leur mère. Je profitais de ces occasions pour leur dire combien je les aimais.

Entre-temps, il y eut une autre étape de l'enquête. J'ai dû amener les deux enfants pour rencontrer madame Lachance afin qu'elle constate comment ils se comportaient envers moi.

C'était facile.

Je me sentais plus à l'aise, plus détendue que lors du premier interrogatoire avec Marius. Elle devait sentir le grand courant d'amour et de confiance entre mes enfants et moi.

Marius continuait à jouer son rôle de père serviable, responsable, tendre.

J'avais une grande hâte que tout cela finisse. J'avais hâte d'avoir mes enfants avec moi, pour tout le temps. Chaque fois que je les laissais repartir avec leur père, je mourais un peu plus. Pourtant, les relations avec Marius étaient devenues beaucoup plus cordiales, tellement plus détendues qu'à Noël. On put faire un souper de famille avec un arbre et des cadeaux.

Je me sentais le cœur d'une enfant.

Quel plaisir de préparer des petites surprises, de les emballer, de les accrocher dans l'arbre!

Même Marius avait proposé de partager les frais de cette fête et le coût des cadeaux avec moi.

C'était la trêve du temps des fêtes.

Nous étions tous chez ma sœur Diane.

Je reprenais espoir.

Le temps de la noirceur et de la violence semblait

terminé. J'avais envie de chanter. Marius me laissa même le plaisir de faire mousser le savon sur mes mains et de frotter les petits corps, si doux, de mes deux enfants, de les envelopper dans les grandes serviettes et de leur donner plein de baisers dans le cou.

Le plus beau des cadeaux de ce Noël, c'est Marius qui me l'offrit : je pus garder les enfants avec moi pendant quelques jours. J'étais tellement heureuse que je ne portais plus à terre.

C'était le bonheur total.

Il est revenu chercher les enfants avec le contrat bien rempli, me laissant quelques questions que je me devais de poser à l'éditeur. Il aurait préféré venir avec moi et me servir de témoin : il ne me faisait pas confiance.

Je n'arrivais pas à accepter cela. Je tenais à ce qu'il soit loin de moi, le plus loin possible dans ce projet de livre.

Je décidai, cette fois, de rencontrer l'éditeur avec ma sœur Diane. Il se montra incroyablement patient avec moi. Il prit le temps de tout m'expliquer convenablement, de répondre à toutes mes questions. Il me parla du lancement, des conférences de presse, des entrevues à la radio, à la télévision, des journalistes, de mon nom qu'il faudrait changer.

J'avais la tête qui tournait. Je voulais reculer, revenir en arrière. Je ne pourrais pas passer à travers tout cela.

J'aurais voulu que ce maudit manuscrit brûle et disparaisse, à jamais, en fumée. J'avais l'impression d'essayer de retenir la mer avec mes mains entrouvertes. Je m'étais embarquée dans un bateau dont je ne connaissais pas l'ampleur. Mais je ne pouvais plus rien faire. Tout était rendu trop loin.

J'avais peur de la réaction des membres de ma famille quand ils liraient ce livre.

J'étais terrorisée à cette seule pensée. Mais, quelque part en dedans de moi, je respirais mieux parce que l'éditeur me mettait en confiance.

Cette petite histoire triste et pénible devait prendre forme.

La peur, la nervosité existaient toujours, mais c'était en dedans de moi. À l'extérieur, je ne le ferais pas voir devant tout le monde, y compris les journalistes. Après tout, ce livre, c'était réellement ma vie, j'étais bien capable d'en parler.

Je reprenais un peu espoir. Je me sentais mieux. Les gens avaient recommencé à me parler. Beaucoup m'avaient montrée du doigt. J'avais été une femme à problèmes, une femme de rien. J'ai été jugée pour tous les vices du monde. Ils m'ont écrasée jusqu'au bout des orteils. Mais c'était une trêve. Elle me fut bénéfique, me fit un grand bien. J'en avais besoin.

Halte-Secours

Je travaillais parfois dans un restaurant. Ça ne suffisait pas : je vivais sous le seuil de la pauvreté.

Je ne pouvais demeurer définitivement chez Diane. Il fallait que je trouve une solution. Dans mes grands moments de noirceur, de découragement, j'allais dans ma ville natale prendre un café au restaurant où j'avais longtemps travaillé.

Mes anciens clients fréquentaient encore cet endroit. Ils montraient du plaisir à me revoir. Ils me donnaient des conseils et me remontaient le moral.

C'est lors d'une visite à ce restaurant qu'une jeune femme me remit un dépliant de la maison Halte-Secours.

Il s'agissait d'une maison d'hébergement pour les femmes en difficulté : un endroit de refuge en attendant une solution, un endroit pour respirer, avant de recommencer. Un séjour en ce lieu n'était pas une solution finale, mais ça me donnerait le temps de voir venir les événements. J'ai pris tout mon courage pour téléphoner. J'ai raccroché une dizaine de fois avant de me décider à demander des renseignements.

Au téléphone, j'ai défilé toute ma vie, d'une traite, à la personne qui m'avait répondu. Elle m'invita à la rencontrer.

J'ai raccroché en poussant un soupir de soulagement. Je ne savais pas ce que me réservait l'avenir, mais les choses commençaient à bouger. Je voyais une petite lueur de soleil dans ma triste vie.

À Halte-Secours, j'ai trouvé des femmes pleines de sympathie, de chaleur et de compréhension; des vies aussi écorchées que la mienne.

J'ai trouvé des conseils et de la protection. On m'a donné une chambre.

Je me demandais bien ce que je faisais là. Je me sentais un peu perdue, comme une pensionnaire de l'orphelinat. Toutes ces femmes avaient une histoire aussi triste que la mienne. Chacune d'elles venait de quitter quelqu'un, quelque chose; chacune d'elles était désemparée, désarmée et totalement perdue. Elles étaient là pour reprendre leur vie en main, pour recommencer.

J'ai donc trouvé une halte et beaucoup de chaleur; aussi de la complicité et de l'espoir.

C'était un début.

Pas la fin.

Pas la mort.

Marius avait su que j'habitais à cet endroit. Il me contacta pour savoir s'il y avait eu de nouveaux développements concernant le livre.

J'inventais toutes sortes de ruses pour parler à mes enfants sans avoir à répondre à son interrogatoire. Je passais presque tout mon temps à travailler au livre.

Mes enfants, j'allais les chercher à l'école. La directrice me prêtait de l'argent pour que je puisse prendre un taxi. Quand je les voyais, je me sentais un peu mieux, même si j'avais encore de grands moments de tristesse.

Quand je n'avais rien à faire, je m'approchais de la fenêtre et je pleurais. Si une des femmes me voyait ainsi, elle venait me voir pour me réconforter. C'était terriblement important, cette chaleur et cette solidarité entre nous. Je retrouvais mon calme.

On m'avait conseillé de me trouver un loisir, un passe-temps. Ainsi, je continuai à jouer aux quilles. Les quelques heures que je passais là me permettaient d'oublier mes problèmes.

J'étais sur le point de recevoir mes prestations d'assurance-chômage. Je ne pouvais pas tellement compter là-dessus pour m'en sortir et je n'avais pas droit à l'aide sociale, non plus. Tout allait mal.

L'enquête pour le divorce et la garde des enfants piétinait. Plus rien n'allait. Je ne voyais pas le jour où je pourrais m'installer ailleurs, de façon autonome. Même si je voulais faire des projets d'avenir, je n'avais absolument rien pour démarrer.

Marius me menait la vie toujours aussi difficile, depuis cette trêve de Noël.

On aurait dit qu'il voulait que mes enfants me détestent.

Je m'y prenais mal pour dire à mes enfants que je les aimais. Je ne savais pas comment leur expliquer que je n'étais pas cette vilaine mère qui les avait abandonnés.

Mes enfants étaient pris entre leur père et leur mère. Et, chez les Labrecque, on me considérait comme une ennemie, comme une femme honteuse qui avait abandonné son mari et ses enfants.

Je continuais à voir les enfants de temps à autre. Chaque fois, ils se serraient dans mes bras et pleuraient. Devant leur chagrin, leurs larmes, je faisais de même. Ça me faisait mal, ça me déchirait.

Je continuais à me dire que tout cela était de ma faute. J'étais la responsable de ce gâchis. Mes pauvres petits enfants! Pourtant, je n'avais pas le choix.

Quand j'allais les reconduire chez leur père, c'était toujours la même histoire avec Marius : engueulades, accusations, menaces.

Ma fille, elle, se mettait les mains sur les oreilles pour ne plus entendre. Comme j'avais fait jadis pour ne plus entendre la réalité.

Au fur et à mesure que le temps passait, j'en étais venue à me dire que les enfants finiraient par ne plus vouloir me voir. Je repartais le cœur cassé. Dans le taxi, sur le chemin du retour, je mélangeais tout. Le présent se confondait avec le passé et l'avenir était vu comme du pareil au même.

Qu'est-ce qui allait m'arriver encore? Pourquoi étais-je née? Est-ce qu'un jour mes désirs seraient comblés?

Ma crainte de lâcher, de manquer de force, d'abandonner était toujours aussi présente. Mon moral était toujours aussi bas.

Le verdict

Depuis longtemps, j'avais hâte de savoir qui aurait la garde des enfants. Je reçus une lettre de mon avocat, me demandant de le rencontrer dès que possible. Je me rendis donc à son bureau. En entrant, seulement à voir son visage, je savais déjà ce qu'il allait me dire.

Il me tendit la dernière page d'un document. J'étais nerveuse. Les feuilles tremblaient dans mes mains. Je lisais ligne par ligne, chacun de ces mots qui, de plus en plus, me poignardaient le cœur.

J'avais perdu ma cause. Les enfants étaient confiés à la garde de Marius Labrecque. Je ne comprends toujours pas pourquoi je ne suis pas morte à cet instant même.

Je ne demeurai pas dans ce bureau un instant de plus. Je me levai d'un bond et sortis comme une folle enragée.

En arrivant à la maison Halte-Secours, j'ai lu et relu, puis relu ces mots, pour moi, horribles.

Ce n'était pas vrai. Je devais avoir mal lu, au bureau, et, encore, maintenant. Je devais faire un cauchemar! Cela ne se pouvait pas. J'avais toujours été une bonne mère pour mes enfants. Ils n'avaient aucun droit de me les enlever. Il devait y avoir une erreur quelque part. Je devais avoir mal interprété le texte.

Ce n'était pas possible!

Ainsi, il avait réussi. Il avait réussi à m'enlever ma seule raison de vivre, la seule chose qui m'importait au monde, mon seul bien gagné au prix de souffrances et de grossesses difficiles, dans la solitude, sans son amour, sans sa tendresse, sans ses attentions.

Il avait obtenu la garde de mes deux enfants.

Pourquoi le bon Dieu avait-il été si méchant avec moi? Il savait, lui, que j'aimais mes enfants, que je ne leur avais jamais fait aucun mal, aucune violence.

Je ne pouvais le croire.

J'avais perdu mes petits. Qu'est-ce que j'allais devenir sans eux? Je restais bloquée à l'idée qu'il avait gagné. Je ne pouvais plus rien comprendre. Je ne réalisais pas ce qui venait de se passer. Ce n'était pas possible que cela m'arrive à moi.

Pourquoi? Pourquoi?

Mais c'était la réalité, la vraie réalité : Élisa T., l'enfant battue, la Noire, l'épouse de Marius Labrecque, en vertu d'un jugement, avait perdu la garde de ses enfants, à la suite des interrogatoires, d'une enquête.

Je marchais sur le boulevard en parlant toute seule et en pleurant. Je ne m'en rendais pas compte.

Des gens se retournaient pour me regarder. Ils

devaient penser que j'étais folle ou bien que j'étais saoule. Puis, finalement, j'arrivai à la maison. Je me serais jetée en dessous des roues d'une voiture. Mais je m'étais dit « non ».

Je me déshabillai. Je ne voyais plus rien. C'était plus fort que moi, je pleurais à en perdre la tête. Quelqu'un est venu me chercher pour me conduire à ma chambre, me demandant de me calmer. Je pleurais tellement que je ne pouvais leur expliquer ce qui s'était passé. Alors, je leur ai lancé ce « papier maudit » qui me brûlait les doigts.

Et je leur criai :

— J'ai perdu mes enfants. Vous comprenez ça! C'est pas juste. Je hais cet homme à mort. Lui, il peut faire n'importe quoi, berner n'importe qui, il gagne toujours.

Il était très connu, dans ma ville natale, surtout comme un batailleur, et on venait de lui confier la garde de mes enfants. Il avait berné les enquêteurs, un par un, une par une. Il les avait endormis. Il avait bien parlé. Il avait joué son rôle à merveille. Il avait même dû pleurer devant chacun d'eux. En ce domaine, il était passé maître.

Où était-elle, la justice, dans tout ça?

Il m'avait brisée, détruite à jamais.

Je maudissais le jour où je l'avais connu. Je ne cessais de pleurer et de crier. J'avais si mal. Je voulais en finir à tout jamais avec cette vie d'enfer, cette chienne de vie, cette grosse tarte de « marde » que je mangeais depuis ma naissance.

Le réconfort

Au foyer, on m'a entourée. On m'a consolée.

Tout le monde pleurait cette injustice. On me répétait des mots d'encouragement, d'espoir.

Mais moi, je savais que, jamais plus, je ne pourrais me relever de ça. Je ne croyais plus aux prières, ni à Dieu. Je n'avais plus aucun espoir. Rien! J'étais finie.

Je portais ce drame, jour et nuit. Je n'étais plus capable de travailler. J'abandonnai. De toute façon, je ne faisais pas assez d'heures pour vivre. Alors, à quoi bon?

J'étais de moins en moins dans mon assiette. Je voulais tout casser autour de moi. J'étais devenue très agressive. J'étais fatiguée de faire semblant; faire semblant de sourire, d'avoir le goût de vivre. Je perdais mon temps.

Souvent, je marchais et je pleurais.

Quand je voyais mes enfants, je me mettais toujours à pleurer. Je me sentais encore coupable. Je les avais laissés et Dieu m'avait punie. J'étais devenue une sorte de zombie.

Cette décision de la Cour, je la portais comme une honte.

Comme on l'avait fait avec ma mère, on m'avait retiré mes enfants. Comme ma mère, je me sentais maudite. Je m'enfermais dans ma chambre. Je ne voulais plus rien dire à personne. Je passais toutes mes journées dans mon lit à essayer de disparaître, à essayer de me confondre avec les fleurs du couvre-lit.

Mais les filles venaient me chercher. Elles ne m'abandonnaient pas. Elles voulaient me changer les idées. Je n'osais pas leur dire non. Je faisais des efforts, pour elles. J'essayais de me plaquer un sourire dans la figure pour qu'on ne me demande rien, pour qu'on cesse de m'en parler.

La justice injuste

Je ne comprenais rien à la Justice. Ma mère et son chum m'ont battue, brutalisée, humiliée. La supposée Justice, la Loi des hommes, celle qui avait les moyens de me retirer de cette maison d'enfer, tôt, dans mon jeune âge, ne l'a pas fait avant seize ans. Il avait fallu le témoignage de Diane. Sans elle, que serais-je devenue?

Se fier aux policiers du coin, à la Sûreté du Québec ou municipale? Ils étaient tous au courant, depuis longtemps, de ce qui se passait chez les T. Ils avaient eu des plaintes concernant ma mère. Malgré tout cela, qu'ont-ils fait? La plupart du temps, presque tout le temps : rien. Ils voulaient des preuves. J'avais des dizaines de marques visibles sur le corps, partout : ça, ce n'était pas des preuves... Bande de caves...

J'ai aimé mes enfants. Je les ai protégés. Je leur ai donné mon amour, de l'affection, la sécurité. Ils n'ont jamais manqué de rien malgré un mari absent, sauf pour me les enlever, les derniers mois que j'ai vécu avec lui. On m'a forcée à me confesser. Je n'ai jamais menti. Oui, je leur ai dit que, parfois, j'avais été impatiente avec mes enfants, que je leur avais donné des petites claques sur les fesses, quand ils étaient « malcommodes », mais toutes les mères font cela : ce n'est pas de la violence. Oui, quelquefois, j'ai crié après mes enfants. Mais ces cris, le père en était, la plupart du temps, responsable. Car, il ne me secondait pas, dans notre relation de couple.

Et cette Justice de ceux qui décident du sort des enfants et des parents, où était-elle?

Une nouvelle famille

Peu après cette nouvelle que j'avais perdu mes enfants, à la suite de la décision des enquêteurs du ministère des Affaires sociales, l'éditeur recommuniqua avec moi.

La correction du livre était presque terminée. Il voulait me rencontrer à son bureau.

J'allais là pour travailler avec eux à finaliser le

livre. J'étais contente de partir, malgré ma peur de l'inconnu. Et ça me ferait changer d'air. J'avais un grand besoin de m'absorber dans quelque chose pour éviter la folie.

Mais je n'avais pas un sou.

Je ne connaissais personne qui pouvait m'en prêter afin d'acheter le billet d'autobus, pour le voyage. Finalement, une des femmes du foyer consentit à m'avancer la somme requise, soit cinquante dollars. Avec un tel montant, je pourrais prendre plusieurs repas, en plus de payer le billet de l'autobus.

Cette dame me demanda ce que j'allais faire là-bas.

Je ne répondis pas. J'étais contente d'échapper à sa curiosité et à celle des autres femmes du foyer. Je voulais être seule avec mon froid dans le cœur, seule avec mon vide. C'était l'occasion pour oublier ma peine et ma misère.

Mais, une fois dans l'autobus, je devins très nerveuse. Je partais toute seule rejoindre des inconnus, dans une aventure tout à fait nouvelle dans ma vie. Et je me posais des questions qui m'avaient trotté souvent dans la tête, par le passé, dans des situations nouvelles.

Allaient-ils m'oublier? Allaient-ils venir me chercher? Un terminus, c'est grand.

L'éditeur m'avait dit que sa correctrice viendrait me chercher. Mais je ne l'avais jamais vue, moi. Et elle non plus. Qu'est-ce qu'on allait pouvoir se dire pendant toutes ces journées? J'ai passé tout le voyage à me répéter les même peurs.

À l'arrivée, j'ai laissé tout le monde descendre. Je suis sortie la dernière.

J'ai aperçu une grande femme s'avancer vers moi. Elle m'avait immédiatement reconnue. Pourtant, elle ne m'avait jamais vue. Elle avait l'air d'une gitane avec sa grande jupe et ses cheveux fous. Je priais qu'elle ait le pouvoir de me redonner la chance.

Je me suis sentie tout de suite en confiance avec elle. Et j'ai perçu qu'elle avait eu la même impression envers moi.

Je me suis vite attachée à elle.

J'avais tellement peur d'avoir l'air ridicule. Je ne savais rien. Même demander l'addition au restaurant était un problème. Puis, nous nous sommes mis au travail.

L'éditeur était très chaleureux, de même que son assistante. C'était plus qu'une équipe... Une vraie famille!

Pour la première fois depuis fort longtemps, j'avais un peu de soleil dans le cœur. Ils m'aimaient. Ils me respectaient. Ils m'écoutaient.

J'étais l'auteure, l'écrivaine, la maîtresse des décisions. Jamais dans ma vie quelqu'un ne m'avait fait autant confiance. Jamais quelqu'un ne m'avait mis dans la situation d'un être responsable, d'une personne qui a un pouvoir de décider; et, surtout, un pouvoir qu'on lui laissait assumer pleinement. Ils étaient en train de me « virer à l'envers ».

Ils me conseillaient avec gentillesse. Jamais ils ne me faisaient sentir que j'étais ridicule.

Peu à peu, avec eux, je perdais ma honte.

Tout était beau et nouveau pour moi : la chambre d'hôtel, le restaurant, les locaux de la maison d'édition.

Je vivais dans un autre monde et cela me faisait du bien. Je n'étais pas toujours à l'aise. Mais, d'un seul sourire, ils m'encourageaient, me redonnaient mes énergies, mon goût de poursuivre, ma confiance, ma joie, mon petit bonheur.

Durant ces quelques jours avec eux, j'ai plus appris que pendant mes dix années de vie antérieure.

Mon livre prenait corps.

Ça me faisait tout drôle de travailler sur les mots qui représentaient, pour moi, tant d'écorchures. Ce n'était pourtant que des mots qu'on mettrait ensemble dans le meilleur ordre possible. C'était comme si je racontais l'histoire de quelqu'un d'autre. Je prenais de la distance face à mon récit.

Mon cœur me faisait moins mal. Je pensais moins à mes enfants.

Eux, ils m'entouraient dans un tourbillon de projets. Je n'avais plus tellement peur.

Nous avons beaucoup travaillé. Le temps passa trop vite à mon goût. Le moment était venu de reprendre l'autobus pour revenir au foyer. Je serais restée avec eux encore plus longtemps. J'avais si peu de choses qui m'attendaient là-bas.

Chapitre 10

Un autre homme

À la maison, les femmes attendaient mon retour.

J'avais l'impression de revenir dans ma famille. Elles m'ont pressée de tout raconter. J'avais le sentiment d'être une héroïne de roman. J'avais écrit ma peine et ma peine était devenue un livre. Je ne le croyais toujours pas.

À leur raconter mon expérience, je devenais tout excitée, tout enflammée. Ça me faisait oublier momentanément cette triste épreuve d'avoir perdu mes enfants.

Quelques jours après mon retour, Marius est venu me porter Jack. Il avait besoin d'une gardienne. Il me déplaisait de lui rendre service, mais ma joie fut grande de revoir mon fils. Je ne pouvais supporter la vue de son père.

Il me prenait en pitié, s'en faisait pour moi. Il se disait peiné de me voir dans cette situation. Il ajoutait que j'étais si malchanceuse d'avoir perdu le procès... Imaginez.

Je me retenais pour ne pas exploser, pour ne pas que les choses empirent. Je ne voulais pas perdre la possibilité de voir mon fils. Je devais continuer ma vie.

Encore une fois, je me relevai les manches et me mis en quête de travail.

Si je n'avais mes enfants qu'une fois par deux semaines, j'allais pouvoir les gâter et leur faire oublier mon absence au foyer. Mon amie Julie me donnait un grand coup de main. Son énergie me faisait du bien.

Une proposition

Julie m'avait donné rendez-vous, dans un restaurant, pour qu'on parte, ensemble, à la recherche d'un emploi.

À mon arrivée, elle était en compagnie d'un homme. Elle me le présenta, me disant que c'était son frère. Il était très brun. Il avait l'air doux, calme. Je le trouvai tout de suite sensible, mais nerveux.

Il me trouvait belle!

Mais je me suis comme foutue de lui. Pour moi, les hommes, c'était terminé.

J'avais seulement besoin d'un ami.

Il paraissait bien. Je le trouvais honnête et sincère. Il avait besoin de parler, besoin qu'on croie en lui, qu'on lui fasse confiance. Je ne voulais pas refaire ma vie. Je ne voulais plus de lien avec un homme, ma souffrance avait été trop grande.

Nous sommes sortis quelquefois ensemble. Je lui donnais de la force et du courage et il me donnait la tendresse qui me manquait et qui m'avait manqué depuis très longtemps.

Je ne voulais pas précipiter les choses. Mais, parfois, la vie se charge de changer nos plans. Il a fallu que je quitte Halte-Secours.

J'habitais à cet endroit depuis quatre mois. Il était temps que je devienne autonome, que je me débrouille seule. Mon moral était bien meilleur. J'étais cependant toujours sans travail, ni argent, ni meubles, ni rien...

Louis, que je venais de connaître, m'offrit alors d'aller vivre chez lui, dans sa maison, et de partager sa vie, avec beaucoup de promesses et de bonnes intentions, sachant qui j'étais, ce que j'avais vécu et mon état actuel.

Il m'avait clairement spécifié que, si ça ne marchait pas entre nous deux, dès les premières semaines, nous nous quitterions... Pas pires amis.

J'hésitais un peu.

Je n'étais aucunement en amour avec lui. Il était tout simplement un bon copain, quelqu'un avec qui je me sentais bien pour parler et échanger.

Je ne voulais pas recommencer le même scénario qu'avec Marius. Je voulais rester libre et garder précieusement ce que j'avais péniblement acquis. Mais, à force d'y penser et d'y réfléchir, je trouvais que je n'avais pas tellement d'autres solutions que d'aller habiter chez lui. Ça me permettrait de recommencer à gagner mon autonomie. Je me trouvais un peu coincée.

Je venais de vivre un creux, une énorme déception. Il me fit cette offre à une époque de ma vie où je vivais dans une éternelle noirceur, perdue, sans sentiment pour personne. Une époque donc où j'étais très vulnérable émotivement.

Je pleurais sans cesse l'absence de mes enfants. J'avais toujours été une « rien ». Les réponses sur le sens de la vie ne venaient toujours pas. Peut-être qu'en allant chez cet homme, il pourrait se construire un monde neuf, un monde nouveau, meilleur, plus positif.

C'était la carte de l'espérance.

J'acceptai la proposition de Louis, sans me poser plus de questions, lui faisant confiance, à lui, et en l'avenir.

En entrant dans la maison, quelle ne fut pas ma surprise! Aucun meuble. Je me dis que c'était temporaire. Cela ne le rendait même pas mal à l'aise.

— J'aurai des meubles d'ici quelques jours. Des membres de ma famille m'en ont offert. Ils conviendront.

J'ai senti tout de suite que je m'étais encore fait embarquer.

Qui était-il, cet homme que je ne connaissais pas?

Sa sœur m'en avait seulement parlé un peu, me disant qu'il était bon garçon, que son seul défaut, c'était de boire un peu. La boisson n'était qu'un défaut, oui, mais je savais qu'elle était une « engendreuse » de situations allant jusqu'à la tragédie; une multiplicatrice d'autres défauts.

« Rien de grave, m'avait dit Julie, il ne boit qu'un peu... »

Il est vrai que j'avais peu réfléchi. J'étais comme dans la rue. Un homme venait m'offrir d'aller vivre chez lui. Et comme copain, c'était bien avec lui. Il était ma seule porte de sortie. J'étais dehors : pas pire de vivre avec lui que de vivre ailleurs. J'avais encore réagi comme une petite fille de dix ans qui ne demande qu'à faire confiance à la vie et aux êtres qui l'habitent sans penser plus loin. En entrant, donc, je vis un logement vide. Quelle déception!

Je n'en revenais pas. Nous devrions, pour quelques jours, coucher par terre, manger sur un comptoir. Le gros lot, quoi!

C'était l'homme des promesses. Et il m'en fit tellement, qu'il gagna ma confiance. Quelques jours plus tard, on vint livrer des meubles au logement.

C'était des meubles de 1950. Ils étaient en piteux état et sales. Lui, il s'en disait fier. Et il ajoutait qu'il avait déjà tout payé.

Pourtant, peu après, des gens vinrent au logement pour collecter les comptes payables sur ces meubles…

Moi qui avais cru en lui : j'étais tellement gênée quand quelqu'un entrait au logement, je me faufilais et me tenais à l'écart pour ne pas être vue.

Question de sexe

Il a eu ce qu'il voulait. Il voulait mon corps. Je le lui ai donné.

Après cela, avec lui, ce fut le début d'une autre

grande noirceur. Je ne le voyais jamais. Il menait sa vie comme avant, comme si je n'avais jamais été là. Il ne venait à la maison que pour prendre sa douche et se raser.

Il était chauffeur de camion. Et quand il laissait le volant, il allait dans les bars et il buvait.

Sa vie se résumait à peu : le camionnage, les bars, prendre sa douche, se faire la barbe, dormir et manger. Aucune attention envers moi. Je n'avais été là que pour satisfaire ses besoins sexuels.

L'argent qu'il faisait avec son travail, c'était pour acheter sa bière et son alcool. Tous ses revenus y passaient. Très vite, il ne me donna plus un sou pour acheter de la nourriture.

Je dus aller au Bien-Être social pour leur demander de l'aide en attendant de me trouver du travail.

J'ai commencé à recevoir des chèques de l'aide sociale, mais étant donné qu'on vivait à deux, c'était pour les deux.

Quand arrivait le premier du mois, il encaissait tout. Il ne me laissait pas un sou. J'étais trop gênée pour me défendre. Je me taisais. Je rongeais mon frein, endurais mon mal, comme avant, comme toujours.

Aux yeux des autres, on formait un beau couple. Il fallait que je fasse encore semblant que ça allait bien. Et quand il était saoul, j'avais peur de lui. J'informai mon amie Julie, sa sœur, de la situation qui était devenue intenable pour moi. Elle se mit à tout me raconter sur son frère, à me décrire son passé. Cela me fit dresser les cheveux sur la tête.

Il avait déjà une femme et des enfants.

Il ne m'avait rien dit de tout cela. Julie me confia qu'il ne s'était jamais occupé de sa femme ni de ses enfants; qu'ils avaient toujours vécu dans la misère, sans argent, sans nourriture. En plus, il était endetté jusqu'au cou. Maintenant, sa femme, qui vivait avec ses deux petits, était obligée de payer toutes les dettes qu'il avait contractées avant son départ. Tout l'argent qu'il avait gagné, lorsqu'il vivait avec sa femme et ses enfants, il l'avait dépensé à boire.

Tout ce qu'elle me racontait, c'était facile à croire. Car, en très peu de temps, il m'avait fait plonger dans le même monde. J'étais déjà au beau milieu de la misère avec lui.

Et ça empirait chaque jour. Je ne savais plus quoi faire. J'ai recommuniqué avec Halte-Secours pour qu'ils me reprennent quelques jours. La nuit, je ne dormais plus. J'étais retombée dans ma grande nervosité.

Une troisième surprise

Je dus consulter un médecin pour des étourdissements et maux de cœur. Il me dit que j'étais enceinte.

— Êtes-vous contente?

Je lui souris et répondis oui sans aucun enthousiasme. Mais, dans le fond, j'avais envie de pleurer. J'étais si malheureuse. Je ne voulais pas d'un troisième enfant. J'étais déjà assez dans la misère et mes deux petits n'étaient plus sous ma responsabilité. J'étais bouleversée.

Quel malheur!

Non, je n'en voulais pas!

Je songeai sérieusement à me faire avorter. Je ne pouvais plus souffrir un troisième accouchement. Vivre une troisième grossesse dans les circonstances où j'avais été mise enceinte, ça ne me disait rien, absolument rien.

Je ne voulais pas non plus mener cette grossesse à terme pour, par la suite, encore une fois, me faire prendre mon enfant comme on l'avait fait pour Jessie et Jack.

Mais l'avortement me faisait peur. Je ne me sentais pas la conscience tranquille à l'idée de tuer ce qui était déjà dans mon corps, un enfant, un être humain, qui ne demandait qu'à vivre. S'il était là, c'était de ma faute. Je n'avais pas été prudente. Lui, il avait le droit de vivre, de naître, de voir le soleil, de respirer.

J'étais affolée. Que me diraient mes deux petits à l'annonce qu'ils allaient avoir un autre frère ou une autre sœur.

Quelques jours plus tard, je l'annonçai à Jessie et à Jack. Je fus franche avec eux. Ils furent spontanés, comme le sont les enfants : tout heureux. Jessie me fit promettre de bien prendre soin de moi. Tous les deux me dirent qu'ils avaient hâte de voir le nouveau bébé.

L'alcoolisme

Après avoir laissé mes deux enfants, je pris la décision de quitter Louis. Je ne voulais pas de cette sorte de chum. Je ne voulais pas que mon troisième enfant connaisse la misère. Je ne voulais pas qu'il vive une vie difficile comme ça avait toujours été le cas pour moi. Avant de quitter définitivement le logement, j'écrivis une lettre d'adieu à Louis, que je laissai sur la table de cuisine.

Je retournai chez ma sœur en l'informant de cette décision et je lui appris la nouvelle que j'étais enceinte d'un troisième enfant. Elle se montra heureuse pour moi et me demanda même d'être la marraine. Elle eut tout de suite mon plein consentement.

Elle vint me conduire à la maison Halte-Secours. Là, j'ai laissé mes affaires personnelles, puis je suis repartie avec elle. Nous sommes allées nous faire tirer aux cartes. On me dit alors beaucoup de choses, toutes vraies, sur mon passé, mon présent. Mais la « tireuse » s'arrêta sur le futur.

Nous nous dirigions vers l'auto de ma sœur, dans

un stationnement. Louis était là et il m'attendait. Il avait à me parler. C'était important, urgent.

Ma décision était prise. Il s'assit dans l'auto. Et il commença à pleurer. Il tremblait comme une feuille, me demandant pardon. Il me supplia de revenir avec lui, de lui donner sa dernière chance, que jamais plus il ne prendrait un autre verre d'alcool.

Il promettait et il promettait.

— Si je reprends une goutte d'alcool, tu pourras repartir tout de suite. S'il te plaît, Élisa, reviens, reviens. J'ai besoin de toi.

Ses larmes et ses promesses m'ont plongée dans un état de grande pitié à son endroit. Il avait besoin de moi. Je le voyais. J'étais très sensible. Tant et si bien qu'il réussit à me faire changer d'idée. Et il promettait, à nouveau, que plus jamais il ne me mentirait, que plus jamais il ne boirait.

Ça ne m'enchantait pas de retourner avec lui, dans ce petit loyer qui ne me plaisait pas du tout. Mais, pour le moment, je n'avais pas beaucoup le choix, compte tenu de toutes les circonstantces.

Résignée à retourner avec Louis, je me devais de lui annoncer que j'étais enceinte. Mes enfants et ma sœur Diane le savaient et je l'avais également dit aux amies de Halte-Secours.

— Louis, j'ai une nouvelle à t'annoncer.

Il me regarda, l'air surpris. J'aurais pu lui dire n'importe quoi à ce moment-là, tellement il était repentant, tellement il voulait me faire plaisir. Et ce que j'allais lui dire, ça devait être une belle nouvelle pour lui.

— Je suis enceinte de toi.

J'avais peur de sa réaction. J'avais hésité. Je le lui avais caché depuis quelques semaines.

— Élisa, je suis très content. Ça va nous rapprocher. Avoir un enfant de toi, c'est le mieux qui pouvait m'arriver.

J'étais quand même heureuse de voir que cela lui faisait plaisir et qu'il prendrait ma grossesse à cœur. Et je me disais que, s'il faisait comme il faut, s'il ne retombait plus dans la boisson, cela m'aiderait à porter ce troisième enfant. Je serais moins seule.

Je décidai donc de revenir avec Louis et de tenter le coup de la dernière chance.

Un combat à mort

Depuis quelque temps, Louis n'avait plus repris d'alcool. Il était devenu un enfant. Il luttait, se battait de toutes ses forces contre cette maladie. Il paraissait malheureux. Il avait du mal à s'en sortir. Je le voyais livrer la bataille de sa vie. J'étais près de lui et je l'aidais du mieux que je pouvais. Il refusait de sortir de la maison. Il voulait du calme, de la tranquillité. On ne se parlait presque pas. C'était deux mondes, deux solitudes, l'une à côté de l'autre.

Quand Jack et Jessie venaient au logement, il devenait agressif. Il criait après mes deux petits, faisant preuve d'une grande impatience, de beaucoup d'incompréhension. Leur présence le dérangeait. Ils lui tombaient sur les nerfs. Je voyais qu'il ne les aimait pas ou que, tout simplement, il n'aimait pas les enfants.

Il faisait des reproches à mes deux enfants sur tout, par exemple, s'ils demandaient de la nourriture une deuxième fois, lors d'un repas.

Parfois, c'était encore l'enfer!

Je ne pouvais pas arrêter les enfants de bouger. Bien sûr, je n'aimais pas qu'il s'en prenne toujours à Jessie et Jack. Je l'engueulais. Une fois, il me dit :

— Élisa, Jack et Jessie, je les aime, comme mes propres enfants.

« Des paroles en l'air », me disais-je.

Qu'il aimât mes deux enfants comme les siens,

pour moi, ce n'était rien de bien positif, rien pour me faire plaisir. S'il aimait mes enfants comme les siens, ça devait être un drôle d'amour puisqu'il avait abandonné les deux siens, qu'il ne s'en était jamais occupé. Il les voyait très rarement et ne leur portait aucune attention. Il les ignorait presque totalement.

Quand mes enfants venaient, il se couchait sur le divan. Il dormait ou faisait semblant de dormir. Il ne parlait presque pas, ni à Jack ni à Jessie. Mes deux enfants n'étaient pas à l'aise avec lui. Ils étaient tristes de voir Louis leur tourner le dos, les ignorer.

Un jour, je rencontrai le fils de Louis, le plus vieux. Il me confia toute sa haine envers son père, combien il avait fait du mal à sa mère. Je ne pouvais y croire. C'était écœurant. Ce père de l'enfant que j'avais dans le ventre me dégoûtait de plus en plus. Mais j'étais tenace. Je me disais qu'un jour, je ferais quelqu'un de bien avec lui.

Il était dans une phase très importante de lutte contre l'alcoolisme. Je ne voulais pas l'abandonner, malgré mon dégoût. J'étais en face d'un homme malade. Tant qu'il combattrait, tant qu'il ferait des efforts, tant qu'il lutterait, je serais à ses côtés. Il avait cessé de boire et il n'avait pas eu connaissance de son passé.

Alors, je lui ai pardonné.

Plus tard, il devint encore plus agressif. Il ne voulait pas qu'on se parle. J'en étais rendue au point où je me sentais bien seulement quand il partait de la maison. Là, je reposais ma tête.

« Des fleurs sur la neige »

Le livre était sur le point d'être publié. L'éditeur me téléphona pour m'annoncer que, bientôt, ce serait le grand jour. On était rendus aux derniers préparatifs du lancement du livre de ma vie.

Plus le jour approchait, plus j'avais peur. Le lendemain de son appel, il me fit parvenir deux exemplaires du livre. Quand je les pris dans mes mains, j'eus très mal au fond de moi-même. Je voyais la page couverture, cette petite fille qui me ressemblait tellement lorsque j'étais une enfant. Pourtant, l'artiste ne m'avait jamais rencontrée ni vu en photo.

J'étais sûre que tout le monde allait me reconnaître. Je pleurais. Je ressentais de la rage. J'en voulais presque à mon mari de m'avoir poussée à la publication de ce livre. Quel désastre!

Il y avait dans ce livre une histoire tellement dure que personne ne voudrait y croire. J'avais si honte, si peur, pour moi et ma famille, même s'ils avaient tous été informés de la publication de ce livre.

Mais, c'était trop tard!

Je devais maintenant affronter, seule, les conséquences de ce livre. On me pointerait du doigt; toute l'attention serait sur Élisa T.; les regards réprobateurs m'envahiraient.

Je me consolais toutefois en me disant que le livre ne se vendrait pas, qu'il ne serait pas lu. J'avais toujours été un moteur à idées négatives, je continuais.

Le salon d'esthétique
Le jour du lancement était arrivé.

C'était Denise, l'attachée de presse de la maison, qui avait eu la tâche de s'occuper de moi, de me préparer : la coiffure, l'habillement, le maquillage.

Quand nous sommes parties de l'hôtel, Denise et moi, pour me faire faire une beauté au salon d'esthétique, elle me confia que toutes les filles adoraient leur travail. Je la voyais radieuse, enthousiaste, heureuse de m'offrir cette nouvelle expérience.

— Toutes s'entendent à merveille. C'est comme une petite famille. Tu vas voir, Élisa, elles vont te plaire.

Denise me fit sentir comment elle aimait bien celles qui travaillaient au salon. J'avais l'impression qu'elle en mettait un peu. Elle me parlait de la responsable. Je sentais qu'elle l'aimait bien. J'étais presque jalouse. Plus j'entendais parler Denise, plus je la trouvais sympathique. J'espérais me faire aimer d'elle. Elle était si différente de moi. Deux contraires. Moi, je voyais tout négativement. Elle, elle était positive. Ça m'intriguait de constater cette différence.

L'esthétique, je connaissais cela un peu. Quand j'allais à l'école, je suivais des « métiers courts », avec une partie où on parlait d'esthétique. J'avais appris la manière de se laver les cheveux, les sortes de shampoings, le maquillage, le nettoyage de la peau, etc.

Je me souviens, quand j'arrivais chez nous bien maquillée, la tête bien lavée, ma mère me traitait de tous le noms possibles pour me ridiculiser. Elle me disait que cela m'enlaidissait et que, même en mettant une couche de peinture, je ne serais jamais belle. Elle me tirait les oreilles et me conduisait à la salle de bain, me lançant un torchon pour ne pas salir une débarbouillette. Ensuite, il fallait que j'enlève le maquillage. Puis, en revenant dans la cuisine, elle me criait :

— Je t'avertis : si tu te maquilles encore, tu vas manger une maudite volée.

Denise m'amenait au salon d'esthétique pour me faire maquiller et coiffer.

Elle passait son temps à me dire :

— Tu vas voir, Élisa, on ne te reconnaîtra plus. Tu vas être très belle.

J'avais hâte de voir le résultat.

Rendue au stationnement du salon, j'étais devenue très nerveuse et gênée. Je n'étais pas habituée à cela. En plus, je voyais l'heure qui avançait rapidement. J'étais très impressionnée par ce gros bâtiment qui avait l'air luxueux. J'hésitais à entrer.

— Viens, Élisa. Tu vas voir, les filles sont très gentilles. Tu vas les aimer toutes.

Un autre grand soupir. Je la suivis sans dire un mot. Je trouvais que tout cela, c'était un peu trop pour moi. J'étais une femme trop pauvre pour avoir autant d'attention. Denise continuait à m'encourager, à me mettre à l'aise, me disant de me laisser gâter, pour une fois, de ne pas m'en faire, que j'étais attendue et que je serais la bienvenue.

Quand nous sommes entrées, je fus très impressionnée. Une dame vint nous rejoindre et embrassa Denise. Elle me salua. Je lui dis bonjour du coin des lèvres. J'étais affreusement gênée. Je me sentais si mal à l'aise.

Mais la dame avait l'air très gentille. Je suis certaine que c'est d'elle que Denise me parlait comme d'une mère. Après la rencontre, avec Denise, on fit le tour de la maison.

Comme c'était grand, beau, propre!

Il y avait plein de jeunes et belles filles, avec de beaux sourires. J'avais presque honte d'être là. Je me disais que ma présence briserait tout ce beau décor, toutes ces belles choses, cette belle ambiance.

Denise me présenta à chacune des filles du salon. Elles paraissaient toutes gentilles. L'accueil fut chaleureux. Je me sentais bien, entourée de gens pleins de vie, avec de si beaux sourires. Pour moi, elles reflétaient toutes la joie, la gaieté. Je sentais qu'elles aimaient leur travail. Elles étaient radieuses, belles. J'aurais tant souhaité leur ressembler.

Je pensais beaucoup.

Je me disais que, lorsque je sortirais d'ici, je voudrais être transformée au point où personne ne pourrait plus me reconnaître. Je sortirais la tête haute, très belle, afin que tout le monde se retourne pour bien me regarder et dire : « Quelle belle femme! »

Je souhaitais tant que le miracle se produise.

Dans ce salon, il y avait tellement de choses à voir. Leur métier me semblait difficile, tant il y avait à faire.

Je les trouvais courageuses parce que les clientes étaient toutes différentes et qu'il devait y en avoir certaines très difficiles.

Malgré tout, toutes les filles avaient l'air heureuses dans leur travail. On aurait dit des gens sans aucun problème. Denise ne m'avait pas trompée. Elle avait dit la vérité. Je la croyais, maintenant. Cependant, ce dont j'étais certaine : mon monde à moi était tout autre, et même très différent.

On m'amena dans un salon. C'était à mon tour de me faire coiffer. Le temps passait. Les deux filles avaient la conversation facile. Parfois, j'avais beaucoup de mal à les comprendre. Je les faisais répéter. Cela me mettait hors de moi. Elles étaient en train non seulement de me coiffer, mais de changer toute mon apparence.

Quand tout fut terminé, je me regardai dans le miroir. Le changement était total. Je me trouvais si bizarre. Je trouvais que ça m'allait à la fois très bien et très mal. Je ne savais plus trop qui j'étais. Je préférai ne plus me regarder.

Après, ce fut le maquillage, dans un autre petit salon. Il y avait tellement de pots de toutes sortes. Je me demandais comment elles faisaient pour se démêler avec tout cela. Je me sentais embellir. On me signalait que tout me faisait bien. Je préférais ne rien entendre. Je n'aimais pas qu'on me fasse des compliments. Quand même, je leur dis merci.

Puis, on quitta le salon. J'avais trouvé cela bien plaisant. On retourna à l'hôtel pour les derniers préparatifs avant le lancement.

Le lancement

Bien que l'éditeur m'eût laissé le choix d'assister ou non au lancement, je voulais absolument m'y rendre et dire un petit mot.

J'étais si nerveuse. Je me demandais si j'allais tenir jusqu'au bout. L'éditeur m'encourageait, me calmait. Lucile, qui avait travaillé à la réécriture de ce livre, s'occupait de mon discours. Elle l'avait composé et me l'avait fait apprendre, presque par cœur.

Tous m'encourageaient.

À certains moments, j'aurais voulu revenir en arrière, tout abandonner, me sauver tellement loin que jamais personne n'aurait pu me retrouver. Mais j'étais dans la barque et la barque avait déjà quitté le rivage.

Je ne pouvais plus reculer. Subitement, je ne voulais plus que mon histoire paraisse dans un livre. Je croyais qu'il était encore temps de tout arrêter. J'en voulais à Marius pour tout le mal qu'il m'avait fait. Je me disais qu'il n'avait pas voulu se mêler de ses affaires. Ce manuscrit, c'était mon journal, c'était mon histoire, ma façon de me défouler. Il n'avait pas d'affaire à me le prendre de force.

Le lancement coïncidait avec l'ouverture d'un Salon de la Femme régional. La ministre Andrée Champagne, du gouvernement du Canada, avait été invitée comme présidente d'honneur. Mon éditeur me raconta que le destin faisait de drôles de choses. Il avait en effet demandé, quelques mois auparavant, à cette ministre d'État à la jeunesse de signer la préface de mon livre publié dans le cadre de l'Année internationale de la jeunesse (1985). La ministre avait cependant décliné poliment sa demande. Pourtant, elle se trouvait là, ce soir, par hasard, à prendre la parole juste avant moi, une sorte de préface donc.

Rendue sur place, il y avait beaucoup de monde. J'étais là, assise, honteuse. Je tremblais comme une feuille.

Je pensais au petit bébé qui grandissait dans mon ventre. J'étais si angoissée, terrifiée, que j'avais peur de le perdre. Je me sentais très mal.

J'avais des sensations de chaleur intense, puis de froid, sur toute la surface de mon corps qui ne se contrôlait plus. L'émotion avait pris trop d'intensité. J'essayais tout de même de garder mon calme.

Lucile, qui était assise près de moi, m'encourageait de son mieux. Je lui répondais vaguement, en mâchant mes mots, en bégayant. Le stress était incontrôlable. J'aurais tant voulu partir, quitter cette salle bondée. Je me demandais encore pourquoi j'étais là. Je trouvais cela déshonorant de venir leur parler de ma vie, de répondre à leurs questions.

Des lunettes teintées me cachaient les yeux, heureusement. Mais je ne les trouvais pas assez grandes encore pour masquer mon angoisse.

Les gens parlaient tout autour de moi. Je les entendais tous, mais je ne comprenais pas ce qu'ils disaient. J'espérais qu'ils continuent à parler, à bavarder ainsi, pendant mon discours. De cette façon, ils ne comprendraient pas ce que j'allais leur dire.

Mon tour était arrivé.

On me présenta en spécifiant qu'il était préférable, à cause de la teneur de mon témoignage et de la portée de celui-ci sur des personnes encore vivantes, que l'on s'abstienne de prendre des photos ou des films.

J'entrai en scène.

Je tremblais.

Mes jambes ne voulaient plus me porter.

Je commençai à lire mon petit discours. Je le débitais, rapidement, sans arrêt. Je ne prenais pas de pause pour retrouver mon souffle. Je manquais d'air. J'essayais d'écouter leurs bavardages. Mais rien...

C'était le silence le plus total dans cette salle trop remplie. On aurait entendu voler une mouche.

Tous, ils avaient leurs yeux rivés sur moi. Je paniquais. J'avais chaud et j'avais froid. Je tremblais. Je me sentais devenir faible. J'avais peur d'écraser. Je vivais un trac fou, indescriptible. J'aurais dû demander à Lucile de rester près de moi.

Je pus quand même me rendre jusqu'au bout.

Enfin! J'avais terminé! Tout le monde m'applaudissait. C'était fini! J'avais passé l'épreuve. Quel soulagement!

Je retournai derrière les panneaux. Je tremblais encore. Lucile me félicita avec beaucoup de chaleur. Elle avait l'air très fière de moi. On pouvait maintenant s'asseoir, pour quelques minutes. Je ne voulais plus me relever. J'étais encore plongée dans la honte. J'étais si mal dans ma peau.

Les gens venaient me voir et me félicitaient pour mon courage. Je les remerciais. Quelques-uns avaient été très émus par mes propos. On sentait qu'ils m'avaient crue.

Puis mon éditeur me présenta des fleurs superbes. C'était la première fois que moi, Élisa T., je recevais des fleurs.

Ensuite, ce furent mes amis et mes proches qui étaient venus de ma ville natale pour ce lancement. Louis était là. Il m'offrit une rose rouge. J'étais contente qu'il ait pensé à moi.

Suivirent les entrevues et les autographes des livres. Je ne savais pas ce que j'allais écrire. Je demandai à Denise de me suggérer quelque chose. J'avais honte de mon ignorance. Les gens me regardaient. On me posait beaucoup de questions.

Les journalistes, la télévision : tout un monde qui m'était inconnu. Je ne les aimais pas. Je voulais rester anonyme. Je ne voulais pas être reconnue.

Le lendemain, un quotidien titrait « Élisa vole la vedette » et mon discours de soixante secondes avait eu un effet choc sur l'assemblée réunie là pourtant pour d'autres fins et surtout pour écouter la ministre Champagne.

Mes rayons de soleil

Les jours qui suivirent le lancement du livre furent éreintants. C'était les conférences de presse et les entrevues, à des stations de radio, de télévision, journaux, ou salons du livre à travers le Québec et le Nouveau-Brunswick.

J'avais un gros poids à porter sur mes épaules. Mon éditeur et l'attachée de presse de la maison m'ont beaucoup aidée. Ils me pardonnaient toutes mes erreurs. Ils n'élevaient jamais la voix. Leur appui fut total. Ils m'enseignaient à mesure ce que j'étais capable d'apprendre. Jamais ils ne m'obligèrent à faire quoi que ce soit qui était contraire à ma volonté. Ils me respectaient enfin pour ce que j'étais en comprenant très bien d'où je venais et les réelles difficultés du chemin que j'avais parcouru.

Ils m'ont écoutée. Ils m'ont vue pleurer. Ils m'ont graduellement délivrée de ma coquille d'enfant battue.

Avec eux, j'avais de la force. J'eus beaucoup de bonheur à leurs côtés. Même si je n'étais pas là, ils communiquaient avec moi, pour s'informer de ma vie. Ils ont toujours partagé mes peines et mes joies. Pour moi, ils étaient de vrais amis. Je me suis toujours dit que s'ils avaient voulu se foutre de moi, ils l'auraient vite fait.

Je n'étais, après tout, qu'une auteure parmi tant d'autres.

Pourtant, ils ont tellement d'ouvrages à lire, à étudier. Ils ont toujours été à mon écoute dans mes besoins les plus variés. Si j'ai à les appeler, n'importe quand, pour n'importe quoi, ils sont toujours là. Ils m'écoutent, me conseillent. Ils me remontent le moral chaque fois. Ils me supportent, m'encouragent. Ils veulent que je garde l'espoir dans mes moments dépressifs, que je reste positive devant l'avenir qui est toujours meilleur que le passé, selon eux.

Ils savent à quel point je les aime.

Jean-Claude, Denise, Lucile et mes enfants, ce sont mes rayons de soleil.

Naissance

Au fur et à mesure que je recevais du courrier, je pris conscience que je n'étais pas la seule personne dans ce monde qui avait vécu le même drame.

Parfois, en lisant les lettres, je me mettais à pleurer. J'étais contente qu'ils se confient à moi. Je répondais à leur misère. Mais je dus arrêter d'écrire à tous ces gens. Le courrier était trop volumineux. Il m'aurait fallu une secrétaire et je n'avais pas d'argent pour m'en payer une.

Le 10 février 1986, j'ai accouché de mon troisième enfant, un petit garçon que l'on a nommé David : un très beau bébé aux cheveux et yeux noirs.

J'étais très heureuse qu'il soit là. J'avais hâte de pouvoir partager ma joie avec Jack et Jessie.

Louis fut très heureux de la naissance de son fils.

David avait été chanceux parce qu'un journal avait publié sa photo, en compagnie de sa mère. Mes deux enfants l'avaient envié pour ça et ils le trouvaient privilégié.

J'avais appris la nouvelle de la naissance de David, à mes deux enfants, dès le lendemain. Marius l'avait mal pris. Pour lui, cet enfant, c'était un p'tit bâtard.

À l'hôpital, j'ai eu beaucoup de visite pendant mon séjour : mon éditeur, l'attachée de presse, les femmes de la maison Halte-Secours. J'étais choyée et heureuse.

Du côté de ma famille, mes sœurs et mon père sont également venus, mais pas mes frères.

On me fit beaucoup de cadeaux.

Puis, ce fut le retour à la maison avec le petit. Je remerciais Dieu de me l'avoir donné en bonne santé. Avec David, peut-être que ma douleur serait moins pénible à supporter. Malgré la naissance d'un troisième enfant, j'étais bien résolue à ne négliger ni Jack ni Jessie, que j'aimais toujours autant. Je parlais à mon bébé et lui disais qu'il était chanceux d'avoir une maman qui pourrait s'occuper de lui tout le temps.

Cette fois, personne sur la terre ne pourrait m'enlever cet enfant.

Ma relation avec David m'a vite rappelé celle que j'avais eue avec les deux autres quand ils étaient de tout petits bébés : je lui fis prendre son bain, puis l'enveloppai d'une serviette et le cajolai. Je lui parlai beaucoup et le berçai. C'était ma troisième poupée à vingt-huit ans...

Ça me faisait très mal de ne pas partager cette joie avec mes deux autres enfants. Ç'aurait été encore plus intense de vivre cela avec ma famille complète.

Le lendemain de mon retour à la maison, Marius me téléphona pour que je puisse garder mes deux enfants.

Cela fut impossible. J'avais eu un accouchement très difficile qui avait nécessité une transfusion sanguine. Je me sentais trop faible.

Mais pour Marius, un accouchement, c'était naturel. Ça ne devait pas être un empêchement pour garder les petits. Il ne voulait rien comprendre au téléphone. Il se fâcha pour mon refus et me menaça : plus jamais je ne reverrais Jack et Jessie.

Comme il fallait être insensible pour me dire une telle chose! J'avais à peine assez de forces pour me tenir debout à la suite de cet accouchement pénible.

Quatre mois difficiles

Pendant quatre mois, je n'ai pu ramener mes enfants à la maison. Marius avait tenu son bout, mis à exécution sa menace.

Je passais mon temps à appeler mes enfants. Ils voulaient me parler, je le savais; mais lui, il refusait.

Je réussis à rejoindre Jessie à son école. Parfois, elle me téléphonait en cachette de son père.

Il n'avait pas le droit d'agir ainsi. Il était obligé de me permettre de voir mes enfants. Sa décision allait à l'encontre de la loi. Mais il en faisait fi. Il avait trouvé une autre façon de me faire souffrir davantage.

J'avais informé mon avocat de la situation. J'étais allée aussi aux Services sociaux. Ils m'ont répondu et expédié d'une façon cavalière, me disant que j'étais jalouse de mon ex-mari.

Quelle réponse pour des professionnels, qui sont là pour aider, pour comprendre! J'en fus sidérée.

Oui, mon mari avait la garde des enfants, mais il n'était pas le propriétaire de ces deux petits. Ils n'étaient pas ses jouets, des choses qu'il pouvait utiliser à son gré. Les deux enfants m'appartenaient aussi. Ils étaient autonomes dans leur pensée, leurs sentiments. Un adulte, quel qu'il soit, n'avait pas le droit de brimer leurs sentiments, leur amour envers leur mère. Marius n'avait pas le droit d'empêcher Jack et Jessie de me voir ou de me parler.

Il les faisait souffrir, tout autant qu'il me faisait souffrir.

Et la personne du CSS qui m'avait traitée de jalouse n'était pas mieux que lui. Cet incident me mit dans tous mes états, à tel point que je redemandai la garde des deux enfants.

Mes deux enfants, c'était ma vie.

Je n'obtins évidemment qu'un refus. On ne pouvait revenir sur le dossier, sur une décision dite objective, à la suite d'une enquête qui avait mis sur la table tous les faits, toutes les circonstances, étalé la personnalité des conjoints pour désigner le plus apte à obtenir la garde. De plus, Louis m'avait signifié son désaccord concernant cette idée que Jessie et Jack viennent vivre avec nous.

Après l'intervention de mon avocat, Marius, cependant, dut se résigner à me permettre de revoir les enfants.

Le retour

Jack et Jessie recommencèrent à venir à la maison. Cela rendait Louis malade, colérique. Il était dans tous ses états. Le temps passait et il ne voulait pas faire de concession. Sur ce point, il ne s'améliorait pas.

Il ne voulait jamais que l'on amène les enfants en auto, de peur de la salir. Je voyais qu'il préférait ma fille parce qu'elle était jolie. Je ne pouvais accepter qu'il refuse Jack. Il se choquait souvent après lui, pour des riens. On aurait dit que l'enfant n'avait pas le droit de vivre. Si Jack avait le malheur de renverser quoi que ce soit ou de briser un objet, Louis se fâchait et le disputait.

Combien de fois je me suis engueulée avec Louis au sujet de Jack!

David grandissait. Jamais Louis ne s'en occupait. Jamais il ne le changeait de couche.

Il le prenait quand il était propre ou qu'il ne pleurait pas. Aussitôt que David pleurait, Louis s'en allait. Il l'aimait quand ça faisait son affaire.

Quand Jessie et Jack venaient à la maison, Louis se mettait à s'occuper de David. Je me demandais s'il ne voulait pas intentionnellement rendre les deux autres jaloux. Cela me choquait.

Avec Louis, c'était toujours l'absence totale de franchise.

Je ne le voyais presque plus, depuis quelque temps. Il faisait beaucoup de voyages et quittait la maison de très bonne heure.

Il travaillait de nuit.

À son retour, le matin, il se couchait toute la journée. Quand il se levait, il fallait que je fasse couler l'eau pour que monsieur prenne son bain. Il se lavait, se faisait la barbe, puis il repartait.

C'était ça, la vie de Louis.

Rapprochement intéressé

Je commençai à recevoir des royautés pour mon livre.

Cela rapprochait Louis de moi. Subitement, j'étais intéressante. Il disait qu'il m'aimait. Il faisait beaucoup de projets, à son avantage, bien sûr.

Une journée que j'avais reçu un chèque intéressant, Louis partit faire le tour des garages, puis revint avec un petit camion, me disant qu'il ne le paierait pas cher.

Je lui dis : « Non! »

Quelques heures plus tard, quelle ne fut pas ma surprise de le voir revenir avec une camionnette, parlant à nouveau d'une occasion exceptionnelle, que le prix était bien en deçà de sa valeur, etc.

Il me demanda, me supplia de lui passer le montant d'argent nécessaire à cet achat.

Mon côté sensible, mon grand cœur, comme toujours, prirent le dessus. Je lui prêtai la somme, me disant que je me devais de lui faire confiance. Je lui avais ouvert une porte. Il en profita, pleinement. Je dus également effacer des dettes qu'il avait contractées : j'ai tout payé.

Il ne me resta plus grand-chose pour moi. Le chèque de la maison d'édition s'était envolé en fumée pour satisfaire les besoins pécuniaires de Louis, surtout pour son caprice d'avoir une camionnette.

Je continuais à lui donner tout l'argent qu'il me demandait.

Faux besoins

Je me suis mise à douter de ces demandes. Je décidai d'être plus vigilante, de le surveiller. Un jour, j'ai découvert le pot aux roses.

Il s'était payé royalement ma tête. Il avait profité de ma confiance, de ma naïveté, de mon grand cœur.

Il cachait dans la camionnette une partie de l'argent que je lui remettais. J'avais constaté, d'ailleurs, qu'il verrouillait toujours son petit camion.

Un jour, pendant qu'il était au téléphone, j'allai au camion. J'y trouvai un portefeuille. Il fut très surpris de voir ce que je venais de faire. Je lui montrai ma trouvaille.

— Louis, c'est quoi ça?

Il resta bouche bée.

— Ce sont les papiers de mon pick-up.

Il était mal à l'aise.

Il prit le portefeuille et le mit dans sa poche.

Je le traitai de tous les noms.

Un autre jour, je suis allée faire un tour à la ville voisine. Je revins plus tôt que prévu. À mon arrivée, je le surpris en train de regarder dans un autre portefeuille.

Il y avait beaucoup d'argent dedans. Pourtant, il m'en avait demandé souvent pour payer ses dettes. Comment se faisait-il qu'il avait cette réserve d'argent? J'avais une très bonne idée d'où provenaient ses économies... Il avait profité de moi.

Je n'avais guère changé. Quand je vivais avec Marius, mes payes du restaurant lui étaient toujours remises. Maintenant, je donnais presque tout l'argent du livre à Louis. J'étais comme ça avec les hommes qui vivaient avec moi.

Je n'avais jamais une « maudite cenne » dans mes poches. Je leur donnais tout. Avec Louis, j'avais quand même conclu une entente, soit de me dire quand il prenait de l'argent dans mon portefeuille.

Le vase vint à déborder. Je voulais un téléviseur et un four à micro-ondes. Je n'avais plus d'argent. J'exigeai qu'il fasse les deux achats, qu'il paye tout, ou bien je le quitterais sur-le-champ. Il est venu avec moi. Il avait l'argent dans ses poches et il a tout payé. Mais je savais très bien d'où provenait cet argent.

Quelque temps après, Marius me demanda d'acheter des bottes d'hiver, des gants, des foulards et des bonnets pour Jessie et Jack. L'hiver était revenu et mes enfants n'avaient pas les vêtements pour se défendre contre le froid sibérien de notre coin de pays.

Marius vivait, à ce moment-là, de l'assurance-chômage et il me dit qu'il n'avait pas l'argent pour habiller les enfants. Je le crus. Il me restait un peu d'argent à la banque. Mes enfants passaient avant tout. Je retirai la somme pour aller les habiller. J'ai dépensé un gros montant.

Mais ça me faisait plaisir. C'étaient mes enfants. Et ils avaient grandement besoin de vêtements.

Louis me fit toute une scène pour ce qu'il avait qualifié d'une dépense folle.

— Tu n'avais pas d'affaire à acheter ces vêtements. C'est lui qui a la garde des enfants. C'était sa responsabilité.

Il fut trois jours sans me parler tellement il était fâché.

Le troisième jour, ce fut à mon tour de sauter les plombs.

— Si tu n'as pas encore digéré que j'aie habillé mes enfants, si tu n'es pas content, tu sais ce que t'as à faire.

Je lui avais lancé cette phrase en plein visage. Il rouspéta :

— C'est moé qui te fais vivre.

— Tu crois. Toi, tu as utilisé mes revenus du livre, mon argent, pour tes fins personnelles. Pourtant, jamais l'inverse n'est arrivé. Tout l'argent que tu gagnes au travail, je n'en vois jamais la couleur. Tu gardes tout pour toi.

Ne lui laissant pas le temps de répondre, je poursuivis :

— Et le chèque mensuel du Bien-Être, qu'est-ce que t'en dis? Je suis supposée en avoir la moitié, mais tu gardes tout.

J'avais toujours eu peur de lui demander de l'argent quand j'étais dans le besoin, même si c'était mon argent. Il chialait, s'emportait toujours. Je n'étais même plus capable de gérer mes chèques des Éditions. Il voulait avoir le contrôle sur tout. Il me fallait sa permission pour dépenser quoi que ce soit.

Il poussa si loin son contrôle qu'un jour il décida de ne plus rien acheter pour les besoins fondamentaux de la maison. La nourriture vint donc à manquer. Lui, il mangeait au restaurant avec l'argent qu'il contrôlait personnellement.

Je dus téléphoner aux Éditions pour avoir une avance sur mes droits d'auteur. Ils acceptèrent et je reçus rapidement un chèque par courrier spécial.

J'achetai beaucoup de nourriture. Je remplis le frigidaire. Je savais que les enfants étaient sur le point de venir me visiter. Je ne voulais pas qu'ils manquent de quoi que ce soit. Souvent, lors de leurs précédentes visites, Louis les rationnait. Maintenant, nous avions le réfrigérateur plein de nourriture, mais monsieur voulait tout pour lui, pour ses lunchs.

Je me devais de priver mes enfants pour lui. Il ne voulait même pas qu'ils aillent dans la remise pour prendre des biscuits. Il les rabrouait, les traitait de gourmands. Pourtant, lui, il avait le droit d'emplir sa boîte à lunch avec les aliments les plus chers. Il traitait Jessie et Jack de crève-la-faim.

Je me mis en colère et lui dis que toute cette nourriture, c'était moi qui l'avais payée avec mon argent.

Chapitre 11

La lumière au bout du tunnel

Je n'étais pas heureuse avec Louis. Mais j'avais peur de le quitter.

Je faisais souvent des tournées pour la promotion de mon livre. Cela me donnait des vacances. Je me sentais bien. Je partais avec l'attachée de presse pendant quelques jours. Je ne lui parlais que très peu de Louis. Je lui mentais. Je voulais protéger cet homme qui vivait avec moi. Je ne voulais pas être jugée pour ce deuxième échec dans ma vie de couple.

Depuis le début, depuis mon entrée au logement de Louis, j'avais regretté mon geste, ma décision de vivre avec lui. Je n'avais pas cessé de faire semblant d'être heureuse avec lui. Parfois, je l'amenais avec moi, lors de conférences que je donnais au sujet de mon témoignage. Il se montrait gentil et affectueux devant les gens.

Mais, derrière tout cela, dans les coulisses, il ne cessait de rouspéter. Il disait ne plus vouloir faire le taxi. Je me devais de le supplier, de le forcer pour venir avec moi. Il critiquait, mais il venait quand même.

Je n'étais jamais bien dans ma peau, avec lui à mes côtés.

Quand je partais en tournée, je faisais garder David. Quand Louis ne venait pas avec moi, il restait à la maison et n'allait même pas voir son fils pendant toute mon absence. Il disait que c'était dur d'aller voir David, que cela le faisait s'ennuyer davantage.

Avec quelle sorte d'homme je vivais?

Je le croyais tout le temps.

Puis, des gens m'ont informée que, quand je partais en tournée de promotion pour le livre, il n'était pas toujours seul au logement...

Plusieurs femmes poussaient même l'audace jusqu'à l'appeler à la maison. Je lui parlais des appels qu'il recevait. Cela le faisait monter sur ses grands chevaux.

Il niait tout.

Un beau jour, j'appris par un de ses copains que Louis me trompait, souvent, non seulement au logement, pendant mes absences pour les tournées, mais qu'il « faisait du parking » dans des lieux isolés pour que personne ne le voie.

J'ai parlé de cela à Julie, sa sœur, ainsi qu'à sa mère. Elles, elles savaient tout de lui. J'étais celle qui vivait avec lui et la dernière, bien sûr, à être au courant.

Je me suis révoltée envers ceux qui savaient tout, mais qui ne me disaient rien. On m'avait tout caché concernant ses aventures. Je tombai même sur une photo d'une femme enceinte et, derrière, c'était écrit : « À mon amour, Louis. »

Seulement à penser que j'avais couché avec lui, le cœur me levait et je me révoltais contre moi, contre ma naïveté. Pauvre femme candide que j'étais et que j'avais toujours été de faire ainsi confiance à tout le monde et de tout croire!

Tout ce qu'il aimait de moi, au fond, c'était l'Élisa T. qui lui apportait de l'argent.

Le lendemain de ma rencontre avec Julie où j'appris tout sur ses aventures avec d'autres femmes, c'était le jour de l'An.

Je téléphonai à la maison Halte-Secours pour leur demander de me dépanner un certain temps. Mais, cette fois-là, j'amenais mon fils David avec moi. Jessie et

Jack étaient avec moi, à la maison, quand j'ai fait cet appel. Tous deux furent très contents de ma décision de quitter Louis.

Jessie prit la responsabilité de téléphoner à sa tante Diane pour qu'elle vienne nous chercher. J'amenai avec moi mes choses les plus précieuses et laissai une lettre d'adieu sur la table.

Je partais sans aucun regret. C'était la délivrance!

J'étais tout de même inquiète de sa réaction. J'avais un peu peur de lui.

À la maison Halte-Secours, je m'installai rapidement. Je berçai mon bébé et lui mis son pyjama. Il s'est endormi sur moi, avec sa bouteille de lait qu'il n'avait même pas finie.

Peu après, je me suis couchée. Mais, trop nerveuse, j'étais incapable de dormir. Je pensais trop. Je suis allée trouver la surveillante, une nouvelle. Nous avons bavardé. Je la trouvais très gentille.

Le lendemain, mon cher Louis est venu nous voir. Il a pris son fils dans ses bras. Je sais qu'il aimait beaucoup ce petit bébé. Il jasa avec moi. Il disait me regretter, mais n'avoua aucune de ses aventures avec d'autres femmes.

La crise de cœur

Il m'annonça la nouvelle que sa mère avait été hospitalisée pour une crise de cœur, la nuit précédente. Louis avait mis la responsabilité de cette attaque sur notre séparation qu'elle avait bien mal prise et qui l'avait, selon lui, traumatisée.

Pourtant, quelques semaines auparavant, j'avais dit à sa mère et à Julie que j'étais sur le point de le laisser, que je ne pouvais accepter qu'il ait des aventures avec d'autres femmes. Elle avait été bien informée de mes intentions. Le récit de Louis ne fit donc pas son effet. Il en parut étonné. Avant de nous laisser, il me donna dix dollars, disant que ça pourrait m'aider pour acheter des couches.

Le lendemain, en ville, en entrant dans un restaurant, j'ai vu Julie assise à une table. J'allai immédiatement la rejoindre. Tout en bavardant, je lui demandai des nouvelles de la santé de sa mère et elle me répondit qu'elle allait très bien.

— Ah oui! Figure-toi que Louis m'a dit que ta mère avait eu une crise de cœur, hier, dans la nuit.

Julie se mit à rire.

— Il t'a bourrée, ma chère, comme d'habitude.

J'étais en colère. Encore une fois, il s'était payé ma tête. Je m'étais fait avoir.

Le lendemain, chez Halte-Secours, Louis vint à nouveau nous rendre visite. Bien vite, je voulus tirer l'affaire au clair.

— Comment va ta mère?

— Elle va très mal. Elle empire d'heure en heure.

— Ah oui! C'est drôle, j'ai parlé à Julie, hier, et elle m'a dit que ta mère n'était jamais allée à l'hôpital et que sa santé était au beau fixe. Même qu'elle était partie quelques jours, en promenade, chez les sœurs de son chum.

Il ne parlait pas. Il était éberlué.

— Louis, combien de fois m'as-tu menti, depuis que je te connais? Hein? Parle, des centaines de fois, combien?

Il resta froid, ne répondit rien.

Je l'avisai de quitter les lieux au plus vite, que jamais plus je ne voudrais le revoir. C'était un menteur et, s'il avait ce défaut, il avait tous les vices de la terre.

La garde de David

J'étais choquée de voir combien j'avais pu être naïve avec Louis. Je demandais à Dieu que David ne lui ressemble jamais, sur aucun point.

J'ai obtenu la garde de mon fils. Louis, cependant, pouvait le voir. Il venait le chercher quand ça lui plaisait, quelques heures. Il écœurait mon enfant. Il le faisait pleurer. Il lui avait acheté un 4 X 4 à piles, mais il refusait qu'il l'apporte chez moi. Le 4 X 4 restait donc chez lui.

C'était un appât pour attirer David.

Nous habitions non loin de chez Louis. Pourtant, il pouvait passer des mois sans venir voir son fils. Quand il venait le chercher, c'était souvent lorsqu'il avait de la visite pour montrer qu'il aimait bien David et qu'il s'en occupait.

L'argent

J'avais bien du mal à joindre les deux bouts. J'étais sans argent. Tout les revenus du livre servaient à payer soit les honoraires de mon avocat, soit mon ex-mari qui avait gagné, en cour, la moitié des droits d'auteur.

J'ai demandé à Louis de me donner vingt dollars par mois pour pouvoir m'aider à habiller son fils. Il a refusé. J'ai baissé à quinze dollars. Un autre refus. Son attitude ne cessait de me décevoir.

Louis était plein de contradictions. Il ne voulait pas me donner d'argent pour m'aider à habiller David et il disait qu'il l'aimait. Pourtant, il avait oublié la fête de son enfant. Pendant trois ans, ce fut très rare qu'il téléphone à son fils. Quand il lui donnait un jouet, il spécifiait bien que c'était papa qui l'avait payé.

Cependant, je n'étais jamais sûre de la provenance de ces jouets...

Depuis que je l'avais quitté, je me sentais si bien. Libre! Je n'avais plus peur.

Mon seul problème, je vivais dans la pauvreté la plus totale. J'ai toujours eu du mal à boucler mon budget. C'est cela qui était le plus difficile. L'argent, toujours l'argent. Vivre sur l'aide sociale, c'est pénible :

quand on paye les choses essentielles, il ne reste plus rien. Parfois, je n'avais même pas assez pour m'acheter de la nourriture.

Dans ces temps-là, je demandais de l'aide ou bien j'empruntais.

C'était très difficile de vivre sans revenu. Ma sœur Diane m'aidait beaucoup. Souvent, elle m'apportait de la nourriture.

J'ai passé des moments atroces. Quand j'avais un peu de marge de manœuvre, j'achetais des cadeaux pour mes trois enfants que j'adorais. Je les gâtais. À tort, bien sûr.

Une fois, j'avais amené Jessie et Jack souper au restaurant. Je savais que cela leur faisait plaisir. Nous étions réunis. Il manquait seulement David. Il était trop jeune pour venir au restaurant. Je le faisais garder chez ma sœur. Le repas passait très vite. Je me sentais à la fois joyeuse et peinée. Je les regardais. Je les étudiais. Je voyais combien ils m'aimaient. Ça me faisait tellement chaud au cœur d'être avec eux.

J'étais bien et heureuse d'être ainsi avec eux pendant une heure. Le repas était terminé. Ils devaient me quitter. Leur père leur avait donné une heure précise pour revenir à la maison.

Avant de se quitter, on s'est embrassés très fort. On s'est regardés presque en pleurant. Je leur dis : « À bientôt, mes enfants. »

Une belle rencontre

Mes enfants venaient juste de partir. J'étais demeurée au restaurant. Je vis un homme entrer. Il s'installa au comptoir et demanda un café.

Peu après, il me parla. Il était gentil. Je ne le voyais presque pas. C'était comme embrouillé. J'étais myope. Je ne voyais pas de loin.

Il était tout petit, vêtu d'un uniforme vert, pantalon

et chemise. Je trouvais qu'il avait une belle voix, tendre et douce. Il m'avait beaucoup impressionnée; tellement que j'ai pensé à lui pendant tout le trajet du retour. Je ne savais pas si j'allais le revoir un jour.

C'était mon désir!

Retour à la ville natale

Là où je demeurais, je me trouvais loin de mes enfants. Je décidai de retourner dans mon milieu pour m'approcher d'eux.

Je demandai l'avis de Marius. Il me donna son accord.

Cela me donnerait l'occasion d'être près des miens. Je me sentirais mieux près de Jessie et Jack.

Marius et moi avons profité de mon retour dans ma ville natale pour nous réconcilier, depuis tant de mois qu'on ne pouvait plus se supporter.

C'était un rapprochement de raison. Je ne pouvais quand même pas oublier qu'il m'avait pris mes enfants quand il en avait obtenu la garde légale. J'espérais que cette plaie guérisse un jour. Mais c'était encore difficile à oublier.

Il m'avait dit que le déménagement ne le dérangeait pas et que je ne lui inspirait aucune crainte au sujet de Jack et Jessie. Il savait combien je les aimais et combien, eux aussi, ils m'aimaient. Il savait que j'étais douce avec les enfants.

Il a fallu une semaine pour concrétiser la décision de déménager.

J'étais redevenue copine avec Marius.

On s'entendait bien, mais il ne fallait pas revenir sur le passé. On voulait que ce soit mort et enterré. Maintenant, nous savions qu'on ne pouvait plus vivre ensemble, qu'on ne s'aimait plus pour être un couple.

Ça, c'était clair.

Quand même, il était bon de voir qu'on pouvait

être copains et vivre dans la même ville, chacun dans son appartement, lui avec Jessie et Jack, moi avec David. On savait que le temps d'arrêter de se déchirer était arrivé.

Réactions des gens

Les jours passaient. J'avais un peu peur des gens de ma ville natale.

Allaient-ils me juger? Allaient-ils vouloir m'adresser la parole? Me parleraient-ils de mon livre *Des fleurs sur la neige*? Quels seraient leurs commentaires? Seraient-ils méchants à mon endroit?

Ça me gênait de sortir de mon appartement. J'étais honteuse d'avoir perdu la garde de mes enfants. Je me disais que la plupart d'entre eux pensaient sûrement que j'étais une mauvaise mère pour mes enfants. J'avais peur de passer comme ma mère pour une batteuse d'enfants.

Tout cela me faisait très mal rien que d'y penser..

Je sentais des couteaux plantés dans mon dos. Une gifle au visage m'aurait fait moins mal.

Il fallut bien que je me décide un jour à sortir. Il était temps que j'affronte les gens de ma ville natale, sachant qu'ils étaient tous au courant de mon histoire, qu'ils avaient lu le livre.

Et je sortis de la maison, d'abord seule. J'étais gênée, mais les gens me saluaient.

Après, je fis des marches avec les enfants. On me faisait de beaux sourires. À d'autres, que je sentais juges de mon histoire, de mon divorce, de mon livre, de ma vie, je leur montrais quand même mon sourire.

Puis, je me sentis bien d'aller où je voulais, dans les magasins, dans les restaurants, bref dans tous les endroits publics. Il restait une gêne, mais ce n'était pas un handicap, car elle avait toujours été présente.

Ma rencontre avec Antony

C'était un samedi. Je travaillais pendant le quart du soir.

Parmi les clients, je remarquai un grand jeune homme aux cheveux noirs. Il mesurait près de six pieds, il était mince. Il portait une belle petite moustache. Je fus frappée par son élégance. Il était assis au comptoir. Je travaillais avec la propriétaire. C'est elle qui le servit. J'étais débordée par le grand nombre de clients. Je le voyais bavarder avec la patronne.

Quand ça devint plus tranquille, je pris une tasse de café. J'étais installée, debout, à l'extrémité du comptoir. Je les écoutais parler. Je trouvais qu'il avait une belle voix, douce. Il riait tout le temps.

Je le regardais souvent. Il avait l'air timide. Il m'attirait beaucoup. J'étais habituée de parler à tout le monde au restaurant. Je me dis qu'il était client comme les autres et que je me devais de lui adresser la parole, d'autant plus qu'il me plaisait. J'étais gênée, probablement plus que lui. Je me décidai à faire les premiers pas et lui parler.

Il ne fallut que quelques minutes pour qu'on soit bien à l'aise, tous les deux. Il avait la conversation facile. Il parlait sur tout, de tout. Il me dit son nom.

Tout en bavardant, j'appris que je connaissais sa sœur depuis plusieurs années. Je l'avais rencontrée à l'école. On ne se parlait pas beaucoup, mais, adultes, nous étions devenues de bonnes amies. On discutait beaucoup ensemble. Souvent, je l'invitais à prendre un café chez moi ou au restaurant.

Je découvrais la raison de ce rire facile d'Antony. Il le tenait sûrement de sa sœur, une fille très ricaneuse et toujours de bonne humeur. Ils étaient pareils, tous les deux, de ce côté.

Tout en lui expliquant la raison, je demandais souvent à Antony de répéter ce qu'il me disait. Il me disait que cela ne le dérangeait pas. Il ne resta pas tellement longtemps au restaurant. Il quitta en me saluant et en disant : « À la prochaine. »

Plus tard, au restaurant, je fis la connaissance de quelqu'un qui pensionnait chez lui. Je le questionnai sur Antony. Qui était-il? Quel genre de gars c'était?

Il ne répondait pas. Il n'avait pas l'air de bien connaître Antony.

— Ça ne fait pas longtemps que je demeure chez lui. Je peux te dire que c'est un homme très tranquille, qui se mêle de ses affaires, discret.

Cette réponse m'emballait. C'est ce genre de gars que je recherchais, qui m'attirait le plus. Je ne m'étais pas trompée quand je l'avais vu au restaurant et qu'il m'avait paru être un homme gentil, agréable, respectueux, loyal, franc, sage.

Antony ne revenait toujours pas au restaurant. J'étais certaine de ne plus jamais le revoir. Je croyais lui avoir fait peur.

Finalement, au bout de deux semaines, il se présenta. Il s'assit encore au comptoir. Nous étions deux serveuses, ce soir-là. Je pus reprendre notre conversation précédente. Je le regardais. Je le trouvais beau. Il était le genre d'homme à travailler dans un bureau. Peut-être était-il un patron, avec plusieurs employés sous ses ordres. Qui sait?

Or il me dit qu'il était boucher, à l'épicerie située juste en face du restaurant. J'y étais allée à quelques reprises, mais jamais je ne l'avais vu, ni remarqué. Il travaillait là depuis huit ans.

Il faut dire que, quand on n'a pas à rencontrer quelqu'un, on ne le voit même pas. J'habitais une petite ville où tout le monde se connaît, mais je ne l'avais jamais vu. Lui, il me connaissait. Il savait que j'étais Élisa T., l'auteure du livre *Des fleurs sur la neige*. Mais il avoua qu'il ne l'avait pas lu, qu'il n'aimait pas ce genre de lecture imprégnée de tristesse, d'événements durs, de haine, de violence, surtout quand ce n'était pas de la fiction.

Il s'en excusa.

— Je ne suis vraiment pas capable de lire le genre de livre que tu as écrit. Tout ce que je sais sur toi, ce sont des gens qui ont lu ton histoire et qui m'ont raconté des faits que tu as vécus et qui t'ont marquée. Pendant un certain temps, ici, dans notre ville, tout le monde ne parlait que de ton livre.

J'étais contente qu'il ne l'ait jamais lu. C'était mieux ainsi, pour moi.

Plus je parlais avec lui, plus il me plaisait, plus je me sentais bien à ses côtés.

Mais les clients entraient et l'ouvrage était là. Il me fallut le laisser. J'avais hâte de finir, que ça redevienne tranquille pour pouvoir me retrouver près de lui. Je ne savais pas si ça lui plaisait que je lui parle tant, mais j'en profitais, me disant que si cela ne lui avait pas plu, il serait parti.

L'autre fille qui travaillait avec moi était occupée, elle aussi, à bavarder avec un jeune homme. On trouvait le temps de s'intéresser aux clients qui nous plaisaient, sans que notre travail en souffre. Tout le monde était bien servi, le ménage était fait.

Ma compagne de travail s'avança pour parler à Antony. Ils avaient l'air de bien se connaître. Ils étaient de bons copains. Cela me soulageait un peu. J'avais déjà un petit sentiment de jalousie. Je n'aimais pas qu'on joue dans mes plates-bandes, qu'on s'aventure sur mon terrain. Quand le restaurant se vida, on resta quatre, soit ma compagne, son ami, Antony et moi. Nous avons eu beaucoup de plaisir.

Antony me taquinait. Il m'appelait Louise. Je n'aimais pas cela. Ça me choquait. Il faisait semblant de ne pas se rappeler mon nom.

Ce soir-là, j'étais très fatiguée. Je ne faisais que rire. Antony faisait le fou. Il avait renversé un verre de Seven-Up par terre. Je lui pardonnai. En d'autres occasions, j'aurais été directe et il aurait su ma façon de penser. Mais avec lui, ce n'était pas pareil.

Antony est demeuré avec moi jusqu'à la fin de mon quart. Pendant que je lavais mon plancher, il continuait à me taquiner. J'ai terminé le ménage et fait ma caisse.

Je le trouvais très amusant. Il me plaisait beaucoup. Il ne se prenait pas pour un autre. Il était reposant. Je me sentais bien à l'aise avec lui.

J'espérais le revoir.

Le travail terminé, il voulut que je prenne les clés de sa voiture.

— Antony, tiens-tu à ta vie?

— Oui, Élisa, pourquoi?

— Reprends tes clés, je ne suis pas capable de conduire une voiture.

— Je ne te crois pas.

— Tu dois me croire. Je voudrais bien te rendre service, mais je ne peux pas.

On s'est taquinés quelques minutes. Finalement, il a pris ses clés. Puis, nous sommes sortis du restaurant, ensemble. Il se dirigeait directement à sa voiture quand je lui dis.

— Au revoir, Antony. À la prochaine.

Je marchais dans une direction opposée.

Il se retourna vers moi.

— Élisa, viens, je vais aller te reconduire.

J'hésitai un peu, mais j'acceptai. Je n'avais pas l'habitude de monter avec des gens que je connaissais à peine. Je lui faisais confiance. Mon cœur me disait oui. Je l'écoutai sans discuter, sans me poser de questions.

Il ne me demanda rien. J'étais contente de l'image

que je m'étais faite de lui. Il m'avait respectée. Il me quitta avec un beau sourire. On se salua. Puis il partit.

J'étais fière de l'avoir connu. Il me donnait un peu de bonheur dans ma vie. Je me sentais moins seule. En sa présence, j'avais réussi à oublier mes échecs sentimentaux.

Quand j'étais seule, je pensais beaucoup à lui.

Je confiai cette rencontre à ma fille. Ça faisait longtemps qu'elle ne m'avait pas vue sourire. Je pleurais, malgré moi, de joie. Antony m'avait redonné la vie.

Nous nous sommes revus souvent. Nous jasions de nous deux, échangions sur nos enfants, nos souffrances, nos joies.

Il m'avoua qu'il avait très peur de moi : il avait entendu des gens qui avaient lu mon premier livre dire que j'étais une femme à problèmes. Cela me faisait de la peine. On me jugeait encore, parce que je n'avais pas obtenu la garde de mes deux enfants.

Cela donnait une mauvaise impression.

J'étais la méchante mère qui avait abandonné ses petits. Les gens n'avaient pas compris que ce n'était pas mes enfants que j'avais abandonnés, mais un milieu où la vie de couple était devenue un cauchemar, une brisure, une chicane, de la violence, de la haine, du ressentiment.

J'avais eu très mal quand il m'avait dit cela.

Je ne croyais pas que les gens pouvaient juger à ce point et en arriver à des conclusions tout à fait erronées, bien loin de la réalité. Ma séparation, ce fut pour me libérer d'un monde qui était en train de me tuer, un monde de tensions qui me menait vers la folie.

Je restais tout de même reconnaissante qu'Antony ait fait preuve d'une aussi grande franchise envers moi.

Après cette discussion, il se passa quelques semaines avant qu'on se revoie à nouveau. On était de bons copains. J'aurais voulu mieux le connaître. Je le trouvais bien sympathique.

Mais il ne paraissait pas tellement intéressé à moi.

Un jour, avant d'aller prendre mon quart, au restaurant, je décidai d'aller à un bar, près de chez moi. Je commençais à quatorze heures. J'avais un peu de temps devant moi. Ce serait l'occasion de bavarder avec des gens. Je m'assis au comptoir du bar, demandai un café. Il n'y avait pas beaucoup de monde.

Quelle ne fut pas ma surprise de voir entrer Antony avec un de ses copains!

Ils ont fait le tour du bar puis ils sont sortis rapidement. Je fus très déçue. Il n'avait pas fait cas de moi. Je n'étais donc qu'une « rien » pour lui.

Quelques minutes plus tard, Antony et son chum revinrent au bar. Ils étaient debout près du comptoir. Alors, je lui fis signe qu'il y avait deux bancs de libres au bar. Il s'approcha de moi et je pris l'initiative :

— Asseyez-vous, je ne vous mangerai pas!

— Élisa, je croyais que tu n'étais pas seule.

— Je suis seule. Je bavardais simplement avec des gens que je connais et qui sont de bons clients au restaurant. C'est un peu difficile de ne pas leur parler, n'est-ce pas?

— Je comprends ça. Moi aussi, je travaille dans le public.

Nous avons jasé, ri pendant quelque temps. Mais je devais me rendre au travail. Il offrit de me conduire au restaurant. Mais il y avait une condition. Je lui demandai laquelle.

— Va déblayer mon char.

— Oui, y a pas de problème.

— T'es pas sérieuse, Élisa, penses-tu que je te laisserais balayer mon char. C'était seulement une blague. Je ne suis pas habitué à me faire servir par les autres, encore moins par une femme.

Sur cette taquinerie, il m'a déposée au restaurant, me promettant qu'il reviendrait me voir avant la fin de mon travail. Il tint sa promesse. Je fus heureuse de le voir entrer avec un groupe d'amis. Ils occupèrent tous une « loge », mais Antony s'est amené, seul, au comptoir. Dans mes moments libres, on jasait. J'aimais cela. Sa présence me plaisait.

Puis, il me dit qu'il allait se coucher.

— Je n'en peux plus. Je ne pourrai jamais tenir le coup jusqu'à huit heures. Je viendrai te chercher après ton quart, si je me réveille.

Il partit en me faisant un sourire que je lui rendis avec grand plaisir. Cela m'attristait un peu, car j'aurais voulu qu'il reste plus longtemps. Mais c'était mieux ainsi : j'avais beaucoup de travail. À la fin de mon quart, à huit heures du matin, il n'est pas venu. Il devait être encore dans un profond sommeil, à l'heure où il s'était couché.

Je quittai le restaurant et me dirigeai chez moi, à pied. C'était une occasion de prendre un peu de bon air avant d'aller dormir. J'en profitais, car mes deux enfants n'étaient pas à la maison. Ils étaient chez leur père. David, lui, était chez ma sœur Diane, étant donné que je n'avais pas été capable de me trouver une gardienne.

Je me reposai.

À mon réveil, je téléphonai à Diane pour prendre des nouvelles de David. Au cœur de notre conversation, je lui appris que j'avais connu un garçon qui me plaisait beaucoup, que je m'ennuyais déjà de lui, que je ne savais plus trop comment l'approcher. Ma sœur me suggéra de l'appeler et de l'inviter chez moi, afin de profiter de ces quelques heures où je n'avais pas mes enfants à la maison.

Je m'en sentais tout à fait incapable. Que penserait-il de moi? Mais j'avais le goût de le faire. Je répondis à Diane que je prendrais le risque.

La veille, au restaurant, Antony m'avait dit qu'il ne faisait jamais les premiers pas, que c'étaient les femmes qui venaient vers lui, que jamais il ne les appelait. Il m'avait donné son numéro de téléphone. Je décidai donc de l'appeler. Je composai.

J'étais si nerveuse. On me répondit. C'était lui, au bout du fil.

— Bonjour, Antony. C'est moi, Élisa. Sais-tu que je t'attends encore au restaurant pour que tu viennes me chercher?

— Tu m'attends?

— Oui.

— Ce ne sera pas long. Je m'habille et j'y vais tout de suite.

— Non, Antony, je blague. Je suis revenue chez moi. Je viens de me lever. Est-ce que ça te tenterait quand même de venir prendre un café chez moi.

— Oh! non, Élisa, ça me gêne bien trop.

— Laisse ta gêne de côté et amène-toi.

J'insistais. Je voulais qu'il vienne. Je m'ennuyais de lui. J'étais seule et j'avais besoin de sa présence.

— Je ne te promets rien. C'est plus non que oui.

— Essaye de venir. Cela me ferait tant plaisir. Je t'attends.

Et j'attendis. Il ne venait pas. Je me sentais seule. Je me disais que je perdais mon temps avec lui. Au fond, il ne faisait rien qui me montrait un quelconque intérêt pour moi. Il n'était pas plus qu'un copain. Et j'avais trois enfants. Peut-être que, pour lui, c'était trop. L'après-midi ne fut jamais si long. Ma maison était vide. Mes enfants étaient absents et Antony ne venait pas. La solitude était lourde.

À l'heure du souper, le téléphone sonna. À ma grande surprise, c'était Antony.

— Élisa, est-ce que ton café est encore chaud?

— Oui, mais il doit être très fort.

— C'est pas grave. Si ton invitation tient toujours, je m'amène.

— Oui, certainement, tu es toujours attendu.

— Je vais souper et pense pouvoir être chez toi entre six heures trente et sept heures.

— O.K., je t'attends.

J'étais si énervée. Dans la maison, je tournais en rond. Je refis du café, tout frais. J'étais impatiente. J'avais hâte qu'il arrive. Je me demandais comment ça allait se passer.

L'heure était arrivée. On frappa à la porte. Il était venu, à l'heure prévue.

Il paraissait aussi gêné que moi. Il voulut expliquer pourquoi il n'était pas venu après mon coup de téléphone.

— Après notre conversation, je suis sorti de la maison. Mais en me dirigeant chez toi, j'ai décidé d'arrêter au bar, puis de prendre une bière. J'avais besoin de réfléchir à tout ça.

Tout en jasant, il me confia qu'il n'était pas prêt à sortir sérieusement avec une femme. Il avait eu beaucoup de déceptions dans sa vie. Il avait aimé. Il avait tout donné pour ne recueillir, en retour, qu'échecs par-dessus échecs. Il ajouta qu'il avait une petite fille, mais qu'il ne l'avait vue que deux fois, depuis sa naissance.

— Aujourd'hui, elle a sept ans. Sa mère est partie au loin, sans me donner d'adresse. Je ne sais pas où elles sont. Je n'ai jamais eu un signe de vie.

Je voyais sa peine, sa souffrance, sur son visage. Cela me rendait triste.

Il me montrait, le cœur gros, les seuls souvenirs de sa fille : deux petites photos. Je voyais la bonté dans cet homme. Je suis certaine qu'il aimait beaucoup sa petite fille, qu'il aurait été un excellent père. Il me répétait combien il aimait les enfants. J'aurais voulu l'aider. J'aurais voulu avoir un pouvoir magique pour faire apparaître sa petite fille. Je trouvais cela affreux, injuste.

Cette femme, la mère de sa fille, avait quitté Antony pour un autre homme. C'est lui qui est devenu le père adoptif de la petite. Je comprenais maintenant sa peur et pourquoi il était resté seul pendant plusieurs années. C'était un homme marqué. Il avait l'air si fragile, sans défense. Il portait en lui quelques blessures du passé. Il avait raison d'être frustré.

Il me fit comprendre qu'il serait préférable qu'on soit de bons amis et que rien ne soit précipité.

— L'avenir nous dira si quelque chose peut se passer entre nous deux.

J'étais d'accord.

Nous avons parlé pendant plusieurs heures. Il me dit que je ne le laissais pas indifférent, qu'il avait de bons sentiments, que je l'attirais.

Cela me fit grandement plaisir. J'avais une raison maintenant d'espérer. Car, pour moi, mon idée était faite : il me plaisait beaucoup et je voulais qu'il vive avec moi. Nous nous sommes embrassés. Il m'a quittée sur cette note.

Par la suite, on s'est revus assez souvent. Il a connu mes trois enfants. Ce fut dur pour lui. Quand les enfants étaient là, on aurait dit qu'ils le faisaient exprès, pour être plus agités. Je m'imaginais que cela lui tombait sur les nerfs. Il paraissait quand même patient. Une fois, je lui ai demandé si les enfants le dérangeaient.

— Ce sont des enfants. Je reste là parce que je veux. Cela fait de la vie. C'est différent de la tranquillité qu'il y a chez moi.

Je m'imaginais toujours que mes enfants le dérangeaient. Il venait de plus en plus souvent chez moi. Ça devenait de plus en plus difficile pour moi d'aimer quatre personnes à la fois. Mon bébé s'attachait beaucoup à Antony. Il l'aimait comme si c'était son propre fils. Et, pour David, Antony était comme son père. Il faisait tout pour l'enfant, lui faisait prendre son bain, le berçait et allait le coucher.

Quand David se levait le matin et qu'il ne voyait pas Antony, il le cherchait partout. Il venait vers moi et je le berçais pendant des heures.

Et lorsque Antony revenait à la maison, David allait vers lui. Il était heureux. David s'était habitué à cette routine. Il savait qu'Antony venait, repartait et qu'il allait revenir. Nous avons passé de bons moments ensemble. Aussi, mes deux plus vieux aimaient bien Antony. Ils n'avaient pas peur de lui, le trouvaient gentil, agréable.

Ils le respectaient beaucoup.

En présence de mes enfants, Antony prenait le temps de les écouter et de leur parler. Je trouvais cela hors de l'ordinaire. Jamais un homme n'avait passé autant de temps à s'intéresser à mes enfants, à s'occuper d'eux. C'était un mystère de le voir se comporter ainsi. Je n'avais jamais vu cela.

Bien souvent, quand il voyait David, il se mettait à genoux par terre et s'amusait avec lui pendant de longues minutes. On aurait dit un père avec son fils. Je trouvais que David ressemblait à Antony, qu'il avait ses manières. À la longue, Antony prit plus de place que moi auprès de mon fils. Je me sentais même rejetée par David. J'en devins jalouse.

Quand il voyait entrer Antony, il se jetait dans ses bras. Souvent, il venait garder mon fils. David ne pleurait jamais en sa compagnie. Quand il était dans les bras d'Antony, il semblait m'ignorer totalement. Cela me faisait mal.

Un jour, je pris la décision que cette relation avec Antony avait assez duré. Ça n'allait plus avec lui et ma vie était devenue un cauchemar, pleine d'événements négatifs. En plus, au restaurant, ça n'allait plus. Mon fils était toujours avec les gardiennes. Je ne le voyais plus souvent. Je ne m'endurais plus moi-même.

Les derniers temps, on ne se parlait presque plus. On était très éloignés l'un de l'autre. Je savais qu'en le quittant, je coupais aussi mes relations avec ses sœurs et ses frères, que j'aimais beaucoup. Ils formaient une famille très unie. Ils étaient tous très aimables. Chaque fois qu'on se rencontrait, c'était la fête. J'aurais toujours voulu vivre dans une famille comme la sienne. Je les avais tous connus lors du réveillon de Noël. C'était beau à voir. Chacun d'eux m'avait parlé, avait été très gentil avec moi. Ce fut un événement fort agréable dont je gardai un bon souvenir.

Malgré cela, après mûre réflexion, un samedi après-midi, je me décidai à rencontrer Antony pour lui annoncer la nouvelle. Ce fut dur, mais il le fallait.

Sa réaction fut immédiate. Il se mit en colère. Il était très frustré. Mais je voulais me retrouver moi-même. Je ne pouvais revenir en arrière. On se fit les adieux d'usage et on se quitta.

Sitôt qu'il fut parti, je regrettai presque mon geste.

Je me dis que ce n'était plus le temps de regretter. Et je savais qu'il ne reviendrait pas. Ce qui était fait, était fait. C'était un gars orgueilleux et rancunier. Je venais de le perdre pour toujours. Il m'avait dit qu'on resterait de bons amis, mais que, pour lui, ce serait très difficile.

Au cours de cette même semaine, j'appris, par quelqu'un d'autre, que je perdrais mon emploi au restaurant. Je pris très mal cette rumeur qui était venue à mes oreilles par personne interposée. Pour en avoir le cœur net, je suis donc allée au restaurant rencontrer le propriétaire.

Il me confirma vite la rumeur, me disant qu'il n'avait plus besoin de mes services.

Ça allait donc de mal en pis pour moi.

Mais, dans un sens, je trouvai un côté positif à tout ça, me disant que cela me permettrait de me reposer, de refaire mes forces mentales et physiques. J'étais épuisée. En plus, ça me permettrait d'être avec David et de vivre une belle relation avec lui. Depuis les douze derniers mois, le petit faisait la navette entre les gardiennes et chez moi. En plus de mon travail au restaurant, j'avais suivi, pendant plusieurs mois, des cours à l'école des adultes.

Au bout d'un certain temps, je sentis mes forces revenir. Je me trouvais reposée. La présence d'Antony me manquait. Je pensais souvent à lui. Je rêvais à lui. Je ne savais plus quoi faire. J'avais même voulu lui écrire une lettre. Je me décidai à la composer, mais je ne l'ai jamais envoyée : j'avais trop peur de sa réaction.

En quelques occasions, quand je n'en pouvais plus de son absence, je lui téléphonais, prétextant que j'avais besoin de lui pour remplir des formulaires gouvernementaux, pour le chômage. Il acceptait. Il venait à la maison. Je le regardais. Je le trouvais beau mais si triste. Quand il repartait, il me fallait des jours pour me remettre. Je regrettais de l'avoir laissé.

J'atteignis le bas-fond de mon ennui, de ma peine de ne plus être avec lui, par ma faute.

Un jour, je décidai d'aller au marché où il travaillait comme boucher. J'avais prétexté que c'était pour acheter des aliments, mais je voulais le voir. Quand il m'aperçut, il devint très mal à l'aise. Les autres nous regardaient. Ils avaient l'air de se demander ce que je faisais près du comptoir de la boucherie. Je me fichais d'eux. J'avais besoin de viande.

J'ai commencé à lui parler. Nous avons jasé quelques minutes et, après qu'il eut rempli ma commande, nous nous sommes salués. Rendue à la caisse, quand j'ai vu Antony, seul, je laissai passer quelques clients avant moi. Je suis allée le rejoindre et lui demandai si cela l'intéressait qu'on aille prendre quelque chose, quelque part, le même soir.

— Pourquoi?

— J'aimerais qu'on se parle. J'ai bien des choses à te dire.

— Je ne sais pas. Je ne peux te dire oui. J'avais d'autres projets pour ce soir. Mais si je le peux, j'irai te rencontrer.

Je lui avais dit à quel endroit je serais. Le soir venu, je m'y rendis.

J'étais installée au bar. Je prenais un café.

Il se présenta au rendez-vous.

— Tu savais que j'allais venir?

— Oui!

Nous avons longuement discuté. Je lui expliquai les raisons de mon comportement quand je l'avais quitté. Les choses ont été tirées au clair. On a tout mis sur le tapis. Antony dut me laisser. Il se disait fatigué et il travaillait tôt le lendemain matin.

Puis, nous nous sommes revus. On a recommencé à sortir ensemble. Il était très gentil avec moi, me faisait beaucoup de cadeaux, des surprises de toutes sortes. Je trouvais cela agréable. Jamais un homme en avait autant fait pour moi. C'était un signe de son amour et de son attachement à moi.

Notre séparation nous avait fait du bien à tous les deux, surtout à moi. J'avais résolu bien des problèmes. Aujourd'hui, je me sens revivre. Je suis heureuse que mon fils David l'aime, qu'il soit attaché à lui. Je ne suis plus jalouse, et mes enfants sont très contents qu'on ait repris ensemble. Je l'aime et j'apprécie vraiment à leur juste valeur toutes les attentions qu'il me porte. Nous voulons nous fréquenter jusqu'au printemps de 1990 afin de voir si nous pouvons former, un jour, une vraie famille.

DISTRIBUTEURS EXCLUSIFS

Distributeur pour le Canada et les États-Unis
LES MESSAGERIES ADP
MONTRÉAL (Canada)
Téléphone : (450) 640-1234 ou 1 800 771-3022
Télécopieur : (450) 640-1251 ou 1 800 603-0433
www.messageries-adp.com

Distributeur pour la France et autres pays européens
DISTRIBUTION DU NOUVEAU MONDE (DNM)
PARIS (France)
Téléphone : 01 43 54 49 02
Télécopieur : 01 43 54 39 15
Courriel : info@librairieduquebec.fr

Distributeur pour la Suisse
(À l'usage exclusif des libraires)
SERVIDIS / TRANSAT
GENÈVE (Suisse)
Téléphone : 022/342 77 40
Télécopieur : 022/343 46 46
Courriel : transat-diff@slatkine.com

Dépôts légaux
Bibliothèque nationale du Canada
Bibliothèque et Archives nationales du Québec, 2009
Imprimé au Canada